AF241052

ÉCOLE SOCIÉTAIRE.

MAISON RURALE D'ENFANTS

A RY (Seine-Inférieure).

SEPTEMBRE 1870.

Comme le coin sous l'impulsion de coups réitérés et successifs s'enfonce peu à peu dans la pièce de bois, de même notre Maison rurale, poussée par des efforts incessants, fait sa place au sein de la commune où elle est implantée. Aujourd'hui les pères de famille et les membres du Conseil municipal accueillent avec unanimité la proposition qui leur est faite de transporter à la Maison rurale l'une des classes communales. Cette petite conquête a son importance. Elle met à notre disposition, pour l'organisation de notre ménage d'enfants, en y comprenant les élèves internes de la Maison rurale, une quarantaine d'enfants. S'il suffit de 120 à 160 pour la démonstration du travail attrayant, il est évident que nous sommes en voie d'y arriver. En toute chose, c'est le premier pas qui coûte. Chacun sait que, dans le commerce, par exemple, les premiers 10,000 fr. sont plus

difficiles à gagner, demandent plus de temps et plus d'efforts que les 100,000 qui suivent. Ce qu'il nous reste à
franchir, pour atteindre le but de la Maison rurale,
présentera donc beaucoup moins de difficultés que par
le passé. Pour peu que nous soyons secondés, nous
serons bientôt en mesure de faire une proposition analogue pour la seconde classe de la commune, ce qui
doublera de suite le nombre de nos enfants. Ce n'est donc
qu'une affaire de temps et de persévérance pour réunir,
autour de notre œuvre, tous les éléments de succès.

Mais les douloureux événements que nous traversons
ne sont-ils pas faits pour nous engager à redoubler d'efforts, afin d'abréger, autant que possible, les délais qui
nous séparent encore du triomphe de notre consolante
et magnifique doctrine. Ce n'est pas quand le Dieu du
carnage plane sur nos contrées, que l'École sociétaire
doit replier son drapeau. C'est au milieu de toutes ces
horreurs que nous devons, au contraire, le porter haut,
lui qui est le signe de la cessation prochaine de toutes
les calamités. Exaltons nos efforts en proportion même
des maux qui frappent la civilisation. Jamais moment
plus propice n'est venu pour nous de faire une propagande active. Nous possédons les moyens de mettre
fin à tout jamais à des guerres qui deviennent de plus en
plus meurtrières. En présence de ces horribles massacres,
dont on ne peut entrevoir le terme, quelle force ne
devons-nous pas avoir près des familles qui sont dans la
désolation!.. Ah! sans doute, nous ne pouvons pas
racheter la vie à tant de pauvres enfants moissonnés au
seuil de l'âge viril, et bien d'autres encore vont tomber
victimes du terrible fléau, car notre École n'est pas assez

influente pour déterminer les puissances belligérantes à une suspension d'armes jusqu'après l'essai de sa belle théorie d'attraction. Mais ce qui est en notre pouvoir, et nous serions coupables de ne pas le tenter, c'est de centupler nos efforts pour hâter le moment de l'essai décisif. Si nous le voulons, le printemps prochain verra cesser, à tout jamais, toutes les horreurs dont nous sommes témoins, et nous aurons porté la consolation dans le sein des innombrables familles dont les fils sont menacés de la conscription. — En ce moment même, toutes voient le fléau prêt à les atteindre dans un avenir plus au moins prochain. En est-il une seule qui ne voudrait pas contribuer, par une légère souscription, à une œuvre dont la réussite pourra les rassurer toutes sur l'avenir de ce qu'elles ont de plus cher?... Donc, apôtres de la Loi d'Harmonie, à l'œuvre, à l'œuvre!...

La Maison rurale d'enfants est bien peu de chose; mais elle va droit au but : l'essai du régime attrayant; et elle y va par la voie la plus rapide : l'expérimentation sur les enfants. Les projets agités par la Commission d'enquête au sein de l'École sociétaire seraient lents à aboutir. Le promoteur de cette enquête m'écrivait lui-même, ces jours derniers : *qu'il ne ferait jamais partie d'un essai sociétaire qui emploierait des salariés.* Si celui-là bat déjà en retraite devant les conclusions de la Commission, que sera-ce des autres? N'est-il pas supposable que tous feront de même, qui pour un motif, qui pour un autre? Il ne restera rien ou presque rien de ces diverses offres de 10,000 fr., 20,000 fr., 50,000 fr. et plus. Ce ne sera pas mauvais vouloir de la part des adhérents, c'est de bonne foi qu'ils se sont montrés favorables au principe d'association ; mais chacun d'eux envisage celle-ci à un point de vue différent. Point d'accord, point d'unité dans leurs convictions, mais des idées vagues et dépourvues de toute base scientifique ; de là, cette divergence qui paralysera longtemps leurs bonnes intentions... Revenons à Fourier ; revenons au Régime d'attraction, et prenons à tâche d'en démontrer l'efficacité par un essai, quelque réduit qu'il soit, mais qui soit immédiat. Si les résultats que nous obtiendrons sont incomplets, qu'importe, ils fixeront l'attention des hauts pouvoirs, plus vite et mieux que ne feraient des volumes de discussion ; l'opinion sera conquise de fait, et l'on pourra procéder à un grand essai, avec l'appui nécessaire, avec toutes les garanties possibles de succès, et quelle que soit, d'ailleurs, la localité où il devra s'effectuer...

A ceux qui douteraient que notre faible initiative ait jamais puissance d'opérer, en faveur de nos idées, une dérivation complète de l'opinion, et par suite nous attirer de puissants concours, et qui, en raison de ce doute, persévéreraient d'une manière absolue dans le projet de commencer une œuvre nouvelle, par voie progressive, dans une autre localité, et avec des ressources réunies, avant tout commencement d'opérations, je réponds en leur posant quelques questions de pratique.

Est-il bon nombre de nos condisciples aptes à organiser plusieurs séries et surtout tourner par des procédés de circonstance certaines difficultés qui pourront se rencontrer dans cette organisation ?...

Quelques-uns pourraient-ils nous dire, pour ne citer qu'un seul exemple, comment on pourrait rattacher au mécanisme sériaire la culture du champignon comestible, culture qui est susceptible d'exercer un certain attrait sur l'enfance ?... Pour établir les rivalités dans un travail de culture, la théorie nous enseigne qu'il faut opérer sur au moins trois variétés ou trois espèces et adapter à chacune d'elles deux ou trois méthodes différentes. Or, on ne cultive qu'une *seule* sorte de champignon et on ne possède sur cette culture qu'*une seule et unique* méthode : comment former la série ?... Cette question prise entre mille, n'est cependant pas la plus difficile à résoudre. Il en est par milliers plus ou moins analogues à celle-ci et dont il faut posséder la solution pour organiser un mécanisme bien équilibré. Est-on, dans l'Ecole sociétaire, en mesure de faire ce travail ? — Rien ne nous le fait présumer. Donc, si l'on veut procéder avec méthode, outre la localité à choisir et les ressources à rassembler il faut aussi aviser à la solution de tous ces problèmes d'Harmonie. Les premières ressources créées réclament évidemment cet emploi. Mais les *recherches pratiques* que se propose la Maison rurale n'ont pas d'autre but que d'élucider pratiquement toutes ces questions d'application. Pourquoi donc ne pas favoriser activement le développement de cette entreprise ?... Est-ce qu'on ne sera pas plus en mesure d'opérer avec aplomb dans l'essai progressif qu'on voudrait tenter ailleurs, si au préalable on est éclairé par les ébauches partielles de la Maison rurale ? Ainsi, alors même qu'on penserait que la réussite de la Maison rurale serait impuissante pour faciliter à l'Ecole sociétaire la réunion de tous les éléments d'un grand essai, il demeure certain qu'elle contribuerait puissamment à aplanir la voie d'une expérimentation progressive à laquelle concourraient toutes les forces réunies de l'Ecole. Et, puisque cet essai progressif projeté aux environs de Paris est momentanément et forcément ajourné, portons toutes nos forces actives sur la Maison rurale. N'est-ce pas la conclusion la plus conforme au bon sens comme à la stricte logique ?

Mais pourquoi désespérer qu'un petit noyau d'enfants, sur lequel on ferait l'application du régime d'attraction ou libre essor des facultés, n'aurait pas assez de puissance pour qu'à son aspect, chacun soit amené à se dire : « Mais il y a vraiment quelque chose de bon dans cette théorie de Fourier ; il faut l'essayer ; peut-être le salut de l'humanité est-il là ; hâtons-nous donc, votons les millions nécessaires au grand essai et suspendons provisoirement toutes nos discussions politiques, faisons trève à toute hostilité jusqu'à ce que nous ayons vu ce qu'il y a au fond de cette doctrine ?... » Pourquoi, dis-je, faut-il désespérer qu'un petit ménage d'enfants puisse exercer par son organisation *unitaire* une telle influence sur l'opinion ?...

Rappelons-nous la puissance de l'infiniment petit. Qu'est-ce que la vapeur d'eau chaude ? Qu'est-ce que l'aiguille aimantée ? Qu'est-ce enfin que ce fluide imperceptible qui circule dans nos réseaux télégraphiques ?... Quand on voit que c'est aux propriétés de la molécule d'eau vaporisée que nous devons d'avoir décuplé la vitesse de nos transports de roulage (40 kilomètres à l'heure au lieu de 4); que l'aiguille aimantée, ce jouet d'enfants, est devenue une boussole de direction matérielle ; que l'étude du bâton de cire électrisé par le frottement, cet autre jouet d'enfant, nous a fourni le moyen de transmettre notre pensée à la minute d'une extrémité du globe à l'autre ; pourquoi reculer à la pensée qu'une autre amusette d'enfants puisse devenir une boussole de direction sociale et un moyen de progrès rapide vers l'Harmonie ?... Eh bien ! doutons, si vous voulez, mais du moins essayons.

JOUANNE.

————————

Après cinquante-cinq ans de calme et de tranquillité relatifs, tout nous fait présager que nous allons entrer dans une période de troubles et d'agitations. Peut-être même touchons-nous à une conflagration générale de tous les États européens. Dans d'aussi fâcheuses circonstances, et quand surtout c'est Paris, sur qui tombe présentement tout le poids des événements, on comprend que le groupe qui dirigeait, dans la capitale, le mouvement de l'Ecole, ait suspendu sa publication et ajourné toute coopération à l'œuvre sociétaire, jusqu'à ce que Paris ait recouvré toute sécurité. Mais en province nous n'avons pas les mêmes raisons de retirer notre concours à l'œuvre sociétaire ; nous devons au contraire redoubler d'efforts pour la faire progresser ; afin que le groupe central, lorsqu'il reprendra les rênes, trouve sa tâche largement facilitée. Plaise à Dieu, qu'il reprenne bientôt sa publication et plaise à Dieu aussi, qu'à ce moment il ait surtout à publier des faits qui seront pour la théorie sociétaire de véritables succès ! A ceux donc d'entre nous qui résident loin du théâtre de la guerre, d'amener les choses à ce point. Nous le pouvons, si nous voulons.

Si tous les abonnés de la *Science sociale* veulent bien

reporter leur concours sur la *Maison rurale d'expérimen-tation sociétaire*, toute publication ne sera pas suspendue. Une série de bulletins sera publiée par nos soins, non-seulement à l'effet de porter à la connaissance de tous la situation et les progrès de la *Maison rurale*, mais encore pour faciliter à chacun de nos condisciples une propagande active au point de vue pratique. A peine sommes-nous quatre cents; demain, si nous le voulons, nous serons quatre mille. Alors on pourra nous appeler *Légion* et le triomphe de notre sainte cause ne tardera pas à suivre.

Je rappelle qu'on peut concourir à l'œuvre de la *Maison rurale* de deux manières :

1° En souscrivant à la *dotation industrielle* des enfants. Cette souscription est toute de bienfaisance et se compose des plus petites sommes. Elle est destinée, avant tout, à la formation de l'attirail industriel des enfants ;

2° En prenant une ou plusieurs *obligations de la Maison rurale*, chacune de 200 fr., lesquelles produisent intérêt à 5 du 0/0 et sont remboursables à la cinquième année de leur émission. Ces obligations ne sont délivrées qu'à ceux des coopérateurs qui auront déjà souscrit pour au moins cinquante fr. à la dotation des enfants.

S'adresser d'ailleurs, pour tous renseignements :

A Ry, près de M. JOUANNE, Directeur de la Maison rurale ;

A ROUEN, près de M. ERNOULT-JOTTRAL, Banquier, rue de Crosne.

Rouen. — Imp. Lecointe frères, L. Deshays et Cⁱᵉ, succ., rue Saint-Nicolas, 30.

ÉCOLE SOCIÉTAIRE.

MAISON RURALE D'ENFANTS

A RY (Seine-Inférieure).

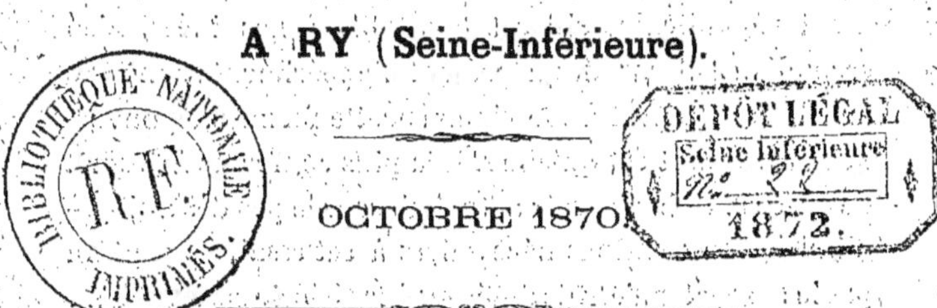

OCTOBRE 1870.

Il est un écueil contre lequel je dois prémunir les adhérents de la Maison rurale. Plusieurs d'entre eux pensent que le progrès social réside dans les changements de gouvernement et les remaniements administratifs, et beaucoup, se fondant sur cette croyance, s'imaginent que le gouvernement républicain, de sa nature plus favorable aux idées neuves, n'hésitera pas, dès qu'il sera consolidé, à fournir à l'Ecole sociétaire les quelques millions que nécessiterait une grande expérimentation de sa théorie. Cet espoir maintient une partie de l'Ecole sociétaire dans une inaction qui peut compromettre la célérité du succès prochain de notre œuvre. Il est donc important de dissiper ces illusions.

D'abord, il est fort douteux que le gouvernement actuel s'affermisse en France. Beaucoup pensent que l'expulsion des allemands de notre territoire sera suivie d'une guerre

civile. D'un autre côté il est à craindre que les souverains étrangers, hostiles aux doctrines républicaines, ne se coalisent pour en finir une bonne fois de l'esprit révolutionnaire dont la France est le foyer, et qui sans cesse menace leur sécurité. En tous cas, pourquoi le gouvernement républicain, s'il est favorable à nos idées, n'en seconderait-il pas dès à présent l'expérimentation ? Le succès affermirait à tout jamais cette forme de gouvernement, si tant est qu'elle soit la plus conforme à l'esprit de justice. Si le pouvoir actuel n'accorde pas dès aujourd'hui les subventions nécessaires à cet essai, ne peut-on pas le suspecter d'être indifférent à la théorie sociétaire ?...

C'est une grave erreur que de croire la forme républicaine plus favorable aux découvertes et aux idées neuves que toute autre forme de gouvernement. L'inventeur de la machine à coudre, Howe, était citoyen de la République des États-Unis, ce qui ne l'a pas empêché de languir plusieurs années dans la misère, privé des ressources dont il avait besoin pour l'exécution de sa merveilleuse machine. Faut-il rappeler que la République de Gênes éconduisit Christophe Colomb comme un visionnaire ?... Je ne prétends pas induire de ce raisonnement, loin s'en faut, que nous ne devons attendre aucun concours d'un gouvernement républicain. Il y a des hommes généreux dans tous les partis. Mais nous devons avant tout compter sur nous-mêmes et sur nos propres efforts. Ne nous laissons entraîner à aucun genre d'illusion et agissons par nous-mêmes ; c'est le plus sûr.

Ce qui paralyse les forces de l'École sociétaire, ce qui l'a jusqu'à ce jour frappée d'impuissance, ce n'est point le défaut de concours financier, ni le manque d'appui des gouvernements; c'est uniquement la divergence des opinions et le défaut d'accord sur les principes fondamentaux de la science. Tout royaume divisé contre lui même périra, dit l'Evangile. Or, telle a été dans le passé et telle est encore aujourd'hui la situation de l'Ecole sociétaire. C'est le manque d'unité dans la doctrine qui seul a frappé de stérilité tous les efforts de cette Ecole.

Généralement, au sein de l'Ecole sociétaire on fait trop peu de cas des enseignements de la science et surtout des recommandations de Fourier, qui toujours pourtant sont frappées au coin de la vérité mathématique. On se passionne souvent pour une idée qui plaît tout d'abord et que pour cela même on adopte avant d'en avoir sondé la valeur au point de vue scientifique ou expérimental, et l'on se met ainsi en contradiction avec la théorie mathématique de l'attraction. C'est ainsi que notre très-sympathique condisciple, M. Faneau, l'ardent promoteur d'un essai progressif dans la banlieue de Paris, déclare (*Science sociale* du 16 juin, page 188) « qu'après longues réflexions, il en est arrivé à douter qu'une première colonie sociétaire puisse s'établir sur quelque point que ce soit de la France, excepté aux environs de Paris. » Or, voici ce que Fourier écrivait à M. J. Muiron, à la date du 11 mai 1819: « On peut essayer l'association avec une poignée de ces misérables familles qu'on voit tous les jours émigrer, s'embarquer pour l'Amérique dans les ports d'Allemagne et d'Angleterre, ou bien avec quelques pauvres paysans, comme seraient les villages de Bons (près Belley) ou de Brégillé (banlieue de Besançon) » Dans tous ses écrits, Fourier affirme que l'on peut essayer l'association sur 400 villageois, et il préfère ce mode d'essai, comme exigeant moins de capitaux. Ceci ne veut pas dire toutefois que l'on ne puisse tirer un bon parti de la population parisienne, ainsi qu'il appert des citations faites par M. Faneau...

Il serait facile de multiplier les exemples de ces opinions contradictoires qui dénotent chez nos condisciples, même les plus zélés, un manque absolu d'aplomb sur les principes (1). Cet oubli des principes provient surtout de ce que l'on ne s'appesantit pas assez sur l'attraction dont l'étude repose sur des minuties que l'on regarde comme indignes d'attention. Aussi la plupart des partisans de la théorie sociétaire seraient-ils bien embarrassés d'indiquer en quoi peuvent différer les moyens d'équilibre passionnel applicables soit à une réunion de familles riches, soit à une réunion de familles pauvres. Cependant, si l'on n'étudie pas ces questions, comment se flatter de pouvoir établir l'Unité dans une association quelconque ?... Une opération préalable qui fixerait les idées de chacun sur ces points trop négligés de la science, rendrait donc de grands services à l'Ecole sociétaire. M. Faneau reconnaît que les hommes d'organisation manquent. Comment former ces organisateurs, si on ne met pas sous leurs yeux une application quelconque de l'abc de la science? C'est l'avantage que la

---

(1) La contradiction se montre quelquefois chez le même écrivain, témoin M. Médius qui, traitant des relations des divers groupes d'une même série, avait en 1833 (*Association par phalange*), émis cette opinion, conforme aux assertions de Fourier, que les groupes dans la même série sont d'autant moins d'accord qu'ils sont plus rapprochés en échelle, et qui, à une dizaine d'années d'intervalle, dans *Baronnie* d'asile, page 124 et 125, formule une opinion diamétralement opposée. Est-ce là de la science ?...

Maison rurale d'expérimentation sociétaire pourrait offrir à tous dès le printemps prochain. Mais si on dédaigne cette occasion facile d'étudier l'attraction sur le vif, on s'exposera à devenir le jouet de quelque illusion; on renouvellera peut-être les écoles du passé...

Avant de procéder à un essai définitif et de grande échelle, il faut donc se mettre d'accord sur les principes, fonder l'unité de doctrine qui garantira l'unité d'action. Le plus petit germe pratique d'attraction aura ce précieux avantage. Il est en voie d'éclosion. En le dédaignant on prouverait de fait qu'on n'est qu'un demi partisan de la doctrine de l'unité universelle dont le premier enseignement consiste à savoir tirer parti des plus petites choses, utiliser les moindres ressorts. L'Ecole rurale de Ry, n'est encore qu'une bien chétive entreprise. C'est cependant là, au milieu de gens soi-disant grossiers, que peuvent s'effectuer les premières applications du principe d'attraction et se produire les premiers rayons de lumière à la clarté desquels on pourrait, avec des chances certaines de succès, procéder ultérieurement d'une manière définitive à une grande démonstration pratique, que celle-ci ait lieu aux environs de Paris, ou dans telle autre localité que l'on décidera.

Telle est la voie tracée par la prudence même. Et pour y entrer il n'est nullement besoin d'attendre le concours du pouvoir. Nous n'avons même pas à nous préoccuper s'il parviendra, oui ou non, à se consolider. Notre tâche est d'arriver le plus rapidement possible à l'application des principes salutaires de la loi d'attraction dont les premières ébauches pratiques mettront fin aux calamités de l'ordre actuel. Plus les circonstances présentes sont fâcheuses, plus il est pressant pour nous de hâter l'achèvement de notre œuvre.

Différer serait un crime de lèse-humanité.

En résumé, il est constant que, pour le moment, la Maison rurale d'enfants est la seule institution qui tende directement à la démonstration pratique de la loi d'attraction ou essor libre des facultés. Tout projet conçu pour être mis à exécution après la guerre demandera assurément de longs délais. Le défaut d'accord entre les auteurs de ce projet et le manque d'organisateurs feront traîner l'entreprise en longueur. La Maison rurale en fixant pratiquement les principes fondamentaux de la science abrégerait ces délais et couperait court à tous les tâtonnements. Puis, est-on certain que la guerre sera de courte durée. Elle peut se prolonger. Un temps d'arrêt peut être suivi de nouveaux troubles qui ne laisseraient pas le temps nécessaire aux préparatifs d'une grande entreprise ; tandis que la Maison rurale par son peu d'importance peut être conduite à son complet développement malgré les plus fâcheuses éventualités. C'est donc une planche de salut pour l'Ecole sociétaire, la seule opération qui, dans les circonstances actuelles, puisse donner l'initiative de la réforme industrielle selon les règles du régime sériaire. Donc, à tous les partisans de l'attraction universelle de hâter ce résultat par un concours actif, sans se préoccuper de l'intervention du pouvoir. Cette intervention viendra à son heure et le succès de la Maison rurale ne pourra que la déterminer plus vite.

Dans une circonstance mémorable, Geoffroy St-Hilaire étant présenté à Fourier lui dit en l'abordant : Et moi aussi j'apporte ma pierre à l'édifice humanitaire.

— « C'est inutile, répond Fourier, j'ai tout fait...» Dans peu de temps la direction suprême de l'expérimentation sociétaire passera en d'autres mains que les miennes. Ceux qui en tiendront le gouvernail pourraient bien aux offres nouvelles de concours, répondre aussi : C'est inutile, nous avons pourvu à tout! Avis aux retardataires. En demeurant trop longtemps dans l'expectative, ils s'exposent à perdre toute participation aux profits, ainsi qu'aux honneurs de la fondation. Qu'ils y songent.

Il ne faut plus qu'un très léger effort pour que la Maison rurale soit en mesure de procéder aux premières applications de la méthode du libre essor des facultés. Quelques milliers de francs y suffiront. Si tous les abonnés de la *Science sociale* souscrivaient à cette œuvre, chacun pour le montant d'un abonnement, il n'en faudrait pas davantage pour atteindre ce premier résultat. Mais combien en est-il qui pourraient faire plus, soit par eux-mêmes, soit en recrutant quelques adhérents par une judicieuse propagande à laquelle pourrait aider une série de bulletins!

A l'œuvre donc, chacun selon ses forces, ses aptitudes et ses ressources. Le temps presse. L'ordre incohérent devient de plus en plus odieux ; aujourd'hui la guerre, c'est-à-dire la rapine et le carnage ; demain peut-être la peste ou la famine, ou quelqu'autre fléau tout aussi horrible. Nul n'est à l'abri et c'est bien le temps où va apparaître toute la vérité des prévisions de Fourier disant: si la civilisation se prolonge, combien de fils mendieront à la porte des hôtels habités par leurs pères !... Laissons donc de côté toute préoccupation politique ou autre. N'ayons qu'un seul et unique objectif : Fonder le premier noyau d'harmonie, le premier specimen de travail attrayant dont l'aspect dessillera tous les yeux et fera converger toutes les forces vives de la société vers nos doctrines de salut et de rédemption.

JOUANNE.

NOTA.— A l'avenir le bulletin ne sera envoyé qu'aux adhérents qui auront souscrit à la Maison rurale pour une somme d'au moins six francs.— Le premier bulletin contiendra la liste de tous les souscripteurs, sauf les noms de ceux qui, désirant conserver l'anonyme, nous en auront donné avis.

Voir le bulletin de septembre pour les conditions de la souscription.

Rouen. — Imp. Lecointe frères, L. Desbays et Ce, succ., rue Saint-Nicolas, 30.

ÉCOLE SOCIÉTAIRE.

MAISON RURALE D'ENFANTS

A RY (Seine-Inférieure).

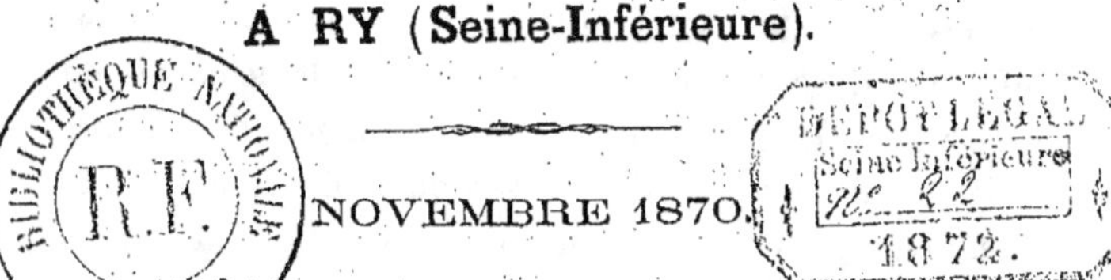

NOVEMBRE 1870.

La Paix universelle, — moyen de la réaliser par l'ex-
tension, en toutes relations, du Principe de solidarité.

L'annonce d'un moyen certain, non seulement de
mettre fin à la guerre actuelle, mais encore d'en rendre
le retour à tout jamais impossible sera-t-elle accueillie
avec faveur ?

Il semble qu'il en devrait être ainsi dans les circonstances actuelles. En effet, les perspectives les plus som-
bres apparaissent à l'horizon politique. Les illusions que
l'on s'était généralement forgées sur l'état moral de notre
époque se sont évanouies tout-à-coup. Beaucoup de gens
s'imaginaient que le progrès intellectuel avait rendu à
peu près impossible toute guerre européenne de quelque
durée. Du moins on n'aurait pas voulu croire que la
guerre entre deux nations civilisées, comme l'Allemagne
et la France, pût-être accompagnée des horreurs qui
rappellent les plus mauvais jours du moyen-âge. On doit

être aujourd'hui pleinement désabusé. Que l'on juge donc par les faits qui se passent sous nos yeux de ce qu'il nous serait donné de voir, si au lieu de la Prusse, c'était la Russie qui eût envahi nos contrées, traînant avec son armée un million de barbares recrutés parmi toutes les hordes de l'Asie et qui n'auraient d'autre but que le pillage, l'incendie, le meurtre et la dévastation ! Cependant si, au lieu de s'attacher, comme nos hommes d'État, à la superficie des choses, on étudie sérieusement la marche du mouvement social, on reconnaît facilement que l'éventualité d'une aggression de l'Europe occidentale par la Russie est dans les événements probables. Si l'état social actuel se prolonge, l'invasion de nos contrées par les armées russes renforcées des hordes de l'Asie est le fait le moins douteux qui doive arriver dans un avenir plus ou moins rapproché. Le but séculaire que poursuit la Russie, c'est la domination universelle. Elle y marche avec une persévérance que rien ne ralentit. L'affaiblissement tout à la fois de l'Autriche et de la France va lui fournir l'occasion de faire un pas de plus vers ce but. Elle ne saurait la manquer. Les triomphes de la Prusse auront donc pour résultat d'accélérer l'accomplissement des desseins de la Russie, et l'Allemagne qui aura mis le feu aux poudres pourrait bien dans un avenir prochain devenir la première victime des agrandissements prémédités de la Russie (1).

L'horizon ne se présente donc pas à nos yeux sous un

(1) La dénonciation du traité de 1856 par la Russie, vient confirmer ces prévisions. Nul doute (alors même que la guerre actuelle ne se prolongerait pas) que de nouvelles guerres ne viennent bientôt troubler les nations civilisées.

brillant aspect, au point de vue de la politique extérieure.
Est-il moins sombre sous le rapport de la tranquillité intérieure des États ? N'existe-t-il sous nos pas aucun
germe de troubles ? Il nous semble qu'il suffit d'ouvrir
les yeux pour être parfaitement édifié à ce sujet et pour
être convaincu que nous nous engouffrons de plus en
plus dans une ère de troubles et de discordes sociales.
L'hostilité des partis, les agitations périodiques qui
naissent tantôt des chômages, tantôt de la cherté des
denrées ou des crises commerciales, sont autant de fer-
ments d'où écloront certainement de nouvelles révolutions et des désordres d'autant plus graves qu'aujour-
d'hui tous les moyens de succès paraissent bons. A l'intérieur comme à l'extérieur on ne peut donc entrevoir
que des perspectives de ruine et de misère. Autant de
raisons qui devraient faire accueillir avec empressement
l'annonce d'un moyen certain de conjurer tous ces
périls.

Et que l'on ne s'imagine pas, avec quelques esprits
généreux, que le gouvernement républicain puisse de lui
même remédier à ces fâcheuses éventualités. Le système républicain n'est qu'une forme spéciale de gouvernement qui ne peut modifier que bien légèrement les
caractères essentiels de l'ordre social, caractères d'où
naissent l'indigence, les fourberies et la guerre avec son
cortège de rapines et de carnage. Ça été une grave erreur
des temps modernes, que d'avoir considéré comme une
perfection sociale, cette forme de gouvernement empruntée aux Grecs et aux Romains. N'était-ce pas chez
ces fiers républicains de l'antiquité que l'on vendait les
cultivateurs sur les foires et marchés, et que le serviteur

était jeté en pâture aux poissons pour la faute bien excu-
sable d'avoir brisé un vase ?... Et n'avons-nous pas vu de
notre temps une grande République inscrire dans ses codes
la peine de mort pour le citoyen généreux, qui apprendrait
à lire à ses esclaves ?... Ne nous faisons aucune illusion à
l'égard des théories républicaines. Les gouvernements républicains sont parfois aussi peu libéraux que les gouvernements monarchiques, témoin la République de Venise
où le Citoyen était plus opprimé que dans les États monarchiques de son voisinage. Que ceci soit dit sans aucune intention d'apologie à l'égard des gouvernements
monarchiques qui tous, à part de rares exceptions, sont
plus ou moins odieux, car ils concentrent en eux tous
les vices de l'ordre social. Ce n'est donc point à la forme
gouvernementale qu'il faut s'attaquer, mais à la forme
sociale elle-même. Quand celle-ci sera modifiée conformément à l'esprit de justice, elle réflétera ses qualités
sur les gouvernements qui alors, Républiques ou Mo-
narchies, resplendiront de justice et de libéralité. Hors
des réformes portant sur l'état social même, nous ne
pouvons attendre aucun bien des changements administratifs quels qu'ils soient. Il peut se faire que le gouvernement actuel soit plus favorable à nos projets de réforme sociale, c'est à nous de profiter de sa protection
et de son concours, mais croire que ce gouvernement fera
par lui-même le bien que nous désirons, serait la plus
amère des déceptions.

Distinguons bien le caractère tranché des réformes que
nous proposons. Elles n'ont rien de commun avec les
théories socialistes qui agitent nos populations ; car ces
théories tendent toujours à des remaniements adminis-

lratifs ou législatifs. Or, il n'est besoin d'aucun changement dans les lois, ni d'aucun décret spécial pour amener
le bien que nous avons en vue, c'est-à-dire pour réaliser
un ordre de choses d'où naîtra la paix universelle entre
tous les États et la concorde générale entre toutes les
classes de la Société.

Étranger à toute espèce de parti politique le moyen
de concilier les Gouvernements et les diverses classes de
la Société est d'une simplicité extrême et d'une expérimentation excessivement facile. Aussi devrait-on puiser
dans cette facilité même d'expérimentation une nouvelle
raison d'en provoquer l'essai dans le plus bref délai.

Toutefois il ne faut pas se dissimuler que la généralité
des esprits s'est toujours montrée hostile aux nouveautés
les plus judicieuses. C'est ce qui est constamment arrivé
pour les découvertes les plus importantes de notre siècle
comme la vapeur et l'électricité. Elles n'ont soulevé à
leur apparition que l'incrédulité générale. On peut même
dire que sous ce rapport les plus grands savants font
ordinairement chorus avec la foule. C'est ainsi qu'Arago
jugeant la télégraphie électrique avant ses premières
applications avait déclaré *ex cathedrâ* que ce moyen de
correspondance ne pourrait tout au plus être utilisé que
pour mettre en communication les divers appartements
d'une même maison. Si une découverte dans l'ordre industriel soulève tant de prévention de la part des hommes
les plus intelligens, alors qu'une masse d'inventions, plus
étonnantes les unes que les autres, ont déjà été réalisées
dans cette sphère et par conséquent auraient dû disposer
les esprits en faveur de nouvelles découvertes, à bien
plus forte raison doit-on s'attendre à l'indifférence et au

dédain pour une amélioration qui sort du cadre industriel et qui a pour objet l'ordre social même dont les relations n'avaient fait, jusques dans ces derniers temps,
l'objet d'aucune recherche scientifique !... C'est à cette
cause qu'il faut attribuer l'infiniment petit nombre
de personnes qui depuis un demi-siècle se sont ralliées
à la pensée qu'il existe des moyens de réaliser au sein
de la Société tout le bien qu'on peut désirer. Le désen-
chantement que les événements actuels ont produit au
sujet de la civilisation et de ses prétendues perfections,
déterminera-t-il un plus grand nombre d'adhésions ?...
Ce serait vivement à désirer.

Ce qui pourrait retarder ces adhésions ou tout au
moins empêcher les concours actifs, ce serait la pensée
que les améliorations annoncées seraient lentes à se produire et que la génération présente pourrait être privée
d'en recueillir les bienfaits. Cette crainte serait vaine.
Les conséquences de la réforme proposée seront immé-
diates.

L'application du principe de solidarité en toutes
relations peut se restreindre à un petit nombre de
familles, trente à quarante au plus. Cette petite opération
suffira pour démontrer la pleine efficacité du principe,
comme moyen de remédier, par son extension à la Société
entière, à tous les fléaux qui, de temps immémorial, sont
le triste partage de notre pauvre humanité. A l'aspect
de cette petite tribu solidarisée, chacun sera convaincu
et partout l'imitation se fera spontanément ; villes et
villages s'organiseront avec empressement selon les règles
de la solidarité, et, en fort peu d'années, sans qu'il soit
besoin d'aucune loi ni d'aucun décret, la transformation

sera générale ; un ordre nouveau sera constitué : l'ordre combiné ou solidaire. Mais on n'attendra point cette transformation universelle pour mettre un terme à la guerre et à l'indigence. Dès la première application sur un petit noyau de 30 à 40 familles (1), toutes les puissances seront d'accord à suspendre les hostilités et prendront des mesures pour venir en aide aux indigents.

La cessation de la guerre dépend donc uniquement de ce premier essai décisif. Or, est-ce une tâche bien difficile que d'organiser, d'après les principes de solidarité ou fusion des intérêts, un noyau de 30 à 40 familles. La seule difficulté se résume à réunir le capital nécessaire à cette petite organisation. C'est donc une opération qu'un homme un tant soit peu opulent pourrait entreprendre à lui seul. Une société d'actionnaires pourrait de même la conduire à bonne fin. Quant à l'adhésion des familles sur qui devrait s'effectuer cette application de solidarité intégrale, elle ne peut faire l'objet d'aucun doute puisque l'on n'aurait à exiger de leur part aucun sacrifice et que l'opération ne pourrait être pour elles qu'une occasion de fortune assurée. Quelques mois pourraient donc suffire à préparer et achever cette expérimentation restreinte d'où dépendra la paix universelle.

Il y a plus. L'efficacité du principe de solidarité appliqué en toutes fonctions, peut se démontrer par une opération bien plus restreinte encore. Il suffit en effet d'une simple École rurale d'enfants, organisée en vue

____

(1) Nous pouvons donner sur le mécanisme intérieur de cette petite organisation solidaire, les renseignements les plus minutieux et les plus satisfaisants.

du libre essor des facultés, pour donner cette démonstration d'une manière pleine et satisfaisante. Le libre essor
des facultés en tous travaux n'a pas d'autre procédé que
celui des solidarités étendues à toutes relations (1). La
pleine liberté concédée à une masse d'individus ne peut
se concevoir que par la fusion de leurs intérêts et facultés
réciproques, autrement dit par la solidarité de tous les
individus de cette masse. Dès qu'il n'y a plus solidarité,
la liberté absolue d'un seul membre de la grande famille
humaine entraîne l'oppression des autres. Or, cette fusion
ou alliance solidaire des intérêts et facultés, peut s'effectuer sur une petite réunion d'enfants occupés à des menus travaux de jardinage et autres. Les bons résultats de
cette application limitée aux enfants donnera l'assurance
d'un égal succès d'une application étendue à 30 ou 40
familles.

La tâche se trouve donc réduite à sa plus grande simplicité. On n'a plus à se préoccuper de convaincre quelque grand personnage, ni de former une grande compagnie actionnaire. Les grands personnages sont généralement absorbés par les préoccupations d'une politique
étroite. Ceux d'entre eux qui laissent de côté les soucis
de la politique partagent sans doute les préventions de
nos hommes d'État ; et, bien que les uns et les autres
aient les plus puissants motifs, aujourd'hui surtout, de
suspecter leur science gouvernementale, il est plus que
probable qu'ils prononceraient sur l'efficacité de nos
moyens un verdict analogue à celui d'Arago contre la

______

(1) Voir les prospectus de la Maison rurale au sujet du *Libre essor des facultés*.

télégraphie électrique (1). D'un autre côté la formation d'une grande compagnie actionnaire tout en présentant les mêmes difficultés entraînerait de plus des lenteurs inévitables. La réunion du petit nombre de souscripteurs nécessaires à la fondation de la Maison rurale d'enfants présente au contraire les plus grandes facilités. Le succès de cette petite opération déterminera l'affluence des coopérateurs pour une plus grande application du libre essor des facultés, et la cause de l'ordre solidaire ou combiné sera gagnée de fait.

Rien de plus opposé à cet ordre solidaire que l'état d'incohérence dans lequel se meut la société civilisée. C'est la divergence des intérêts qui, au sein de cette Société, engendre tous les conflits et toutes les luttes subversives dont la guerre actuelle est un horrible spécimen. Cette guerre aurait-elle pu avoir lieu, si l'intérêt de l'Allemagne et de la France avait été le même, ou s'il y avait eu seulement identité d'intérêt entre le souverain et les habitants de l'Allemagne? Si l'on avait consulté ces derniers, pense-t-on qu'ils se seraient empressés d'abandonner, celui-ci sa femme et ses enfants, celui-là son père et sa mère, pour suivre le roi de Prusse dans sa frénésie de conquête?... Si la guerre a néanmoins eu lieu, c'est que l'intérêt du souverain allemand est en opposi-

(1) Quelque fondée que soit cette probabilité, elle ne doit pas empêcher toute tentative pour gagner à la théorie des solidarités quelque personnage important. C'est à ceux de nos adhérents qui, par leurs relations, peuvent approcher de quelques-uns de ces hommes influents, de tenter de les convaincre. Depuis le simple particulier opulent, jusqu'aux princes et souverains, tous ont à gagner à l'essai de cette théorie, et l'adhésion d'un *seul* d'entre eux abrégerait singulièrement les délais d'expérimentation.

tion avec celui de chacun de ses sujets qui tous auraient désiré qu'on les laissât dans leurs foyers. La première idée qui vient dans un tel conflit, c'est de s'opposer aux desseins du souverain et au besoin renverser son autorité. Mais renverser n'est pas concilier, et telle a été la grande erreur des temps modernes, c'est qu'au lieu de chercher à identifier l'intérêt des souverains avec celui des peuples on s'est appliqué à des systèmes qui ont pour objet de renverser l'autorité des princes. Toujours la violence. Le principe de solidarité concilierait au contraire ces deux intérêts actuellement divergents. Au lieu d'affaiblir la puissance des souverains, l'ordre solidaire augmenterait cette puissance, en même temps qu'il la ferait servir au bien-être des peuples. Qu'importe que les listes civiles et les contributions soient doublées, si le revenu des contribuables est en même temps quadruplé. Dans de telles conditions, le doublement d'impôts est un véritable dégrèvement. Or, tel serait l'un des innombrables bienfaits de l'ordre combiné ou solidaire dont l'essai est si facile.

Pour nous familiariser avec les résultats inouis (1) de cette nouvelle combinaison, usons d'une comparaison. Comparons l'état social actuel avec les progrès de la culture. Certes on doit reconnaître une immense différence de la culture telle qu'elle se pratique aujourd'hui avec ce qu'elle serait, si l'art agricole était encore à créer. Si

(1) Le roi de Prusse a entrepris la guerre actuelle pour parvenir à l'empire d'Allemagne. Le régime des solidarités, s'il l'eut établi dans ses États, l'aurait conduit à la souveraineté de toute l'Europe occidentale. De même ce nouvel ordre procurerait en peu de temps à la Russie une prépondérance universelle qu'elle atteindra difficilement par de longues années de guerre et de dévastation.

l'on ne connaissait ni labours, ni engrais, en quel état de misère serions-nous ?... La nature fait bien croître les plantes utiles, céréales et fourrages ; mais ces plantes croissent naturellement au milieu d'autres plantes nuisibles qui ne leur laissent qu'une place fort restreinte. S'il fallait se borner à la récolte des plantes qui croissent ainsi à l'état sauvage, nos troupeaux n'auraient qu'une bien chétive pâture et nous n'aurions pas besoin de greniers pour enserrer le froment. Mais l'art agricole est venu. Il s'est emparé d'une portion du sol ; il en a détruit par les labours tous les germes des plantes nuisibles ; par les engrais, il en a assuré la fécondité continue, et la terre ainsi préparée, a pu recevoir une semence émondée de toute mauvaise graine. Alors le champ, au lieu de laisser croître une tige de blé ou de trèfle perdue dans un fouillis de plantes parasites, s'est montré uniquement chargé, ici d'une belle récolte de froment, là d'une verdoyante prairie.

Il en est ainsi du champ social. La Providence y fait croître la bonne plante avec les herbes parasites. Mais par l'incurie de l'homme, par l'absence de la science ou de l'art social, les plantes parasites prennent le dessus et étouffent celles qui auraient fait la richesse et la prospérité du corps social. Pour remédier à ces fâcheux résultats, il faut imiter le cultivateur ; il faut prendre une partie du corps social, et, ce champ d'un nouveau genre, il faut le priver de tout germe subversif et ne lui confier que la semence d'où peuvent naître la justice et la concorde. Or, il est dans le champ social plusieurs germes de solidarité qui s'y développent spontanément. Les assurances mutuelles dont les bienfaits sont incontestables rentrent dans cette catégorie d'Institutions dans lesquelles les intérêts individuels viennent se rallier à un intérêt commun. Si la mutualité pouvait s'étendre à l'ensemble des relations sociales, la fraternité universelle serait réalisée. Mais les institutions mutuelles, au sein de nos sociétés incohérentes, se trouvent entourées d'une masse d'intérêts divergents qui mettent obstacle à leur extension. C'est en vain, dans les conditions actuelles, qu'on essaierait de propager ces beaux germes, d'en appliquer le principe à l'ensemble de la société. Ce serait imiter le cultivateur qui, dans son ignorance des procédés de culture, se bornerait à disséminer les bonnes semences sur un sol non préparé. Elles y seraient toujours étouffées par les herbes parasites. Pour imiter le cultivateur habile, il faut donc opérer sur une portion du corps social, sur un certain nombre de familles, et organiser ce petit noyau, de façon que toutes les relations d'industrie ou autres soient uniquement fondées sur le principe de solidarité. C'est là le travail de labour préalable qui ne laissera aucun essor possible aux intérêts divergents, source de tout le mal qui règne dans le corps social.

L'état social actuel est donc comparable à ce qu'était la culture avant l'invention des labours et des engrais, c'est à dire avant la naissance même de l'art agricole, culture qui ne consistait alors uniquement que dans la récolte des fruits sauvages. Jusqu'à ce jour l'art social n'a donc point existé, mais nous pouvons le créer et les résultats dès le début seront immenses.

Que l'on ne nous objecte pas que l'art agricole ne s'est pas formé en un seul jour. La pratique des labours a dû

naître d'un seul effort, et cette invention lorsqu'elle a eu
lieu a fait faire dans le temps un pas gigantesque à la
culture. N'avons-nous pas vu de nos jours des arts entiers
se former de toutes pièces? La photographie à son
début n'était pas assurément ce qu'elle est aujourd'hui,
elle s'est beaucoup perfectionnée, cependant dès le premier jour où Daguerre eût fait son admirable découverte,
l'art de la photographie était créé. Il en sera de même
de l'application en toutes fonctions du Principe de solidarité sur un noyau de familles. Dès ce jour l'Art social
sera constitué. Il aura sans doute d'immenses progrès
à faire pour arriver à la perfection; mais du premier
coup il fera disparaître la guerre, l'indigence, l'injustice,
les fourberies et l'oppression qui caractérisent l'état de
nos sociétés civilisées.

Si notre siècle était plus religieux, il accepterait ces
belles perspectives avec enthousiasme. Il comprendrait
que Dieu a créé l'homme pour le bonheur. Mais la Foi
a décliné dans l'âge moderne. S'étayer de la bonté de
Dieu, de sa Providence infinie ce serait presque se rendre
ridicule aux yeux d'une génération matérialiste qui a
placé le progrès dans des théories hostiles à toute
croyance religieuse. Cependant toutes les traditions religieuses viennent à l'appui de la Rénovation que nous
annonçons. La foi musulmane prêche la guerre sainte.
Or, c'est la guerre sainte élevée à sa plus haute perfection que la propagande qui tend à créer entre tous les
éléments du corps social des liens de solidarité; et l'embryon solidaire que nous proposons d'organiser serait le
triomphe de cette guerre; car il n'y aurait plus d'in-
fidèles, chacun deviendrait strict observateur de la loi

de Dieu dont l'essence est toute de charité, et les hommes
dégagés des ténèbres de l'ignorance et de la superstition,
fruits de la misère et de l'oppression, seraient tous
transformés en autant de vrais et fidèles croyants. Les
Israélites, de leur côté, voudraient constituer un peuple
de pontifes. Comment pourraient-ils atteindre ce but, s'ils
n'établissent pas ces liens de fraternité qui relieront
les hommes entre eux dans un même esprit de bienveillance et d'union. Dieu pourrait-il accepter comme
prêtres et pontifes, les membres d'une nation qui, di-
visés d'intérêts, s'entre déchireraient les uns les autres ?
Et quel autre spectacle peut nous donner la civilisation,
qu'on l'envisage dans tel peuple que ce soit, juif ou
chrétien ? La Foi chrétienne bien plus explicite encore
nous recommande avant tout, de chercher premièrement
les voies de justice, tout le reste devant nous être
octroyé par surcroit. Or, ces voies de justice, objet des
recommandations de Jésus, ne sont autres que les conditions de réalisation du principe de solidarité. Du jour
que ces conditions seront établies au sein de l'humanité, tout le reste sera donné à celle-ci : paix,
richesse et affection. Ce sera le règne de Dieu établi sur
la terre et annoncé par les Saintes Écritures. Alors,
selon le prophète Michée, les peuples pourront transformer leurs armes en ustensiles de labourage et chacun
s'asseoir à l'ombre de son verger où nul ne le troublera.

Si l'avénement du règne de Paix, de Justice et de
Félicité ne tient réellement qu'à l'organisation d'une
petite réunion d'enfants selon certains principes, combien cet essai devient pressant et avec qu'elle ardeur
nous devrions nous hâter d'y procéder !!!

O vous, qui avez reçu le dépôt de ces grandes et consolantes vérités, vous qui savez que de toute éternité la Providence a pourvu à la satisfaction de nos moindres désirs, vous qui croyez à l'immensité des biens que Dieu nous a réservés, à nous ses enfants de prédilection, *filius dilectus*, si peu nombreux que vous soyez, mettez-vous en route, votre nombre se multipliera en chemin, et bientôt sous vos efforts réunis surgira le flambeau de Justice, l'embryon de cet ordre divin dont le Christ nous prescrit la recherche. A son aspect on verra les conducteurs des Peuples confesser l'inanité de leur puissance et les faux-savants de la civilisation abjurer leurs funestes erreurs en frappant de leurs fronts les dalles de nos temples.

Ne semble-t-il pas que le temps soit venu de l'accomplissement des dernières prophéties? Du nord au sud, de l'orient au couchant, l'oreille n'est frappée que de bruits de guerre. Pas un seul village où chaque homme valide ne s'apprête au combat! Ne serait-ce pas l'heure marquée pour l'avènement du JUSTE! que ceux-là donc qui ont foi dans sa venue marchent à sa rencontre et préparent sa voie.

JOUANNE.

CORRESPONDANCE.

« Mon cher Jouanne,

« Votre éloquent appel devrait être entendu. Je ne puis
« que joindre mes efforts aux vôtres et conjurer ceux
« de nos amis qui n'ont pas encore souscrit à la Maison

« rurale, de le faire au plus tôt, ainsi que ceux qui l'ont
« déjà fait de faire un nouvel effort comme je suis
« décidé à le faire moi-même.

« Que l'on songe qu'il s'agit du salut de l'humanité !
« Nous n'avons pas seulement à vaincre les 20 ans
« d'inertie que nous venons de subir, mais encore
« dix-huit siècles d'égarement de l'esprit et de la raison
« humaine; car depuis la mort du Christ, les scribes et
« les pharisiens de notre époque se sont évertués à per-
« vertir et à égarer l'humanité. Nos efforts pour la ra-
« mener dans la bonne voie ont donc bien besoin d'être
« soutenus. Si le groupe parisien n'était pas éloigné de
« nous, je suis convaincu qu'il comprendrait comme
« nous-mêmes que le moment est venu et qu'il nous
« aiderait de tout son pouvoir. Peut-être donc en ce
« moment à Paris nos amis préparent-ils le terrain pour
« la semence prochaine. Espérons et continuons notre
« œuvre.

« Tous mes vœux et tout mon cœur vous
« accompagneront.

« Votre ami,

ERNOULT-JOTTRAL. »

N.-B. — L'étendue de ce bulletin nous force d'ajourner au prochain
la liste des souscriptions et adhésions. Ceux de nos correspondants
qui auraient quelque raison de conserver l'anonyme, sont priés de
nous en donner avis.

Voir au bulletin de Septembre pour les conditions de souscriptions.

Rouen. — Imp. Lepointe frères, L. Deshays et Cⁱᵉ, succ., rue Saint-Nicolas, 30.

ÉCOLE SOCIÉTAIRE.

MAISON RURALE D'ENFANTS
A RY (Seine-Inférieure).

DÉCEMBRE 1870.

Les événements se succèdent toujours avec la même rapidité. Pendant que notre bulletin de novembre était sous presse, l'armée allemande envahissait notre département et faisait son entrée dans la ville de Rouen. Comme beaucoup d'autres départements nous voici donc isolés du reste de la France et privés de toute communication ; et notre dernier bulletin n'aura pu parvenir qu'à un très-petit nombre de nos amis et condisciples. Que cette situation ait un terme prochain ou bien qu'elle se prolonge, pouvons-nous y trouver une raison fondée de suspendre notre œuvre ou de cesser toute publicité?...

Il nous semble au contraire que plus le mal est grand, plus il devient pressant de faire connaître à tous que nous possédons le moyen certain d'y remédier. Qu'on le sache donc, la méthode du libre essor des facultés peut non-seulement réparer en quelques mois les ruines qui s'accumulent sur nos riches contrées, mais encore prévenir à tout jamais le retour de tant de calamités.

Lorsque Christophe Colomb s'embarquait, il espérait seulement se frayer une nouvelle route vers les Indes, et ce fût tout un Nouveau-Monde qu'il découvrit. Il en est de même de la théorie du libre essor des facultés. Au premier abord, elle semble conduire tout simplement au perfectionnement de nos systèmes d'éducation, tandis qu'elle nous mène droit à une sorte d'organisation, qui n'est rien moins qu'un nouveau monde industriel, un ordre nouveau, l'ordre combiné ou sociétaire, fondé sur la solidarité intégrale et la fusion des intérêts, d'où naîtra la richesse générale par le quadruple produit, la concorde entre toutes les classes de la société, le règne de la justice et de la vraie liberté, dont nous n'avons que des notions fausses ou confuses, enfin la paix universelle entre tous les Etats.....

Si dès bienfaits aussi, inespérés sont la conséquence d'une première application de la méthode du libre essor des facultés en éducation, ne sera-ce pas un coup de fortune inouï pour tous les coopérateurs de l'œuvre et spécialement pour les familles qui auront contribué à la fondation de la Maison rurale d'enfants, où cette première application doit s'effectuer?..... Que chacun donc se hâte d'apporter son concours à une œuvre qui se présente avec de si hautes espérances. C'est au plus profond des abîmes que parfois la main de Dieu se fait sentir et que la Providence, alors que les hommes semblent renoncer à toute espérance, fait luire à leurs yeux attristés des lumières inattendues qui réconfortent l'âme et raniment les cœurs. Les temps actuels ne nous montrent que des familles en deuil et des mères éplorées; point d'autre avenir que des larmes, la ruine et la désolation!... Mais voici qu'une découverte laissée depuis cinquante années dans l'oubli par un coupable dédain, nous fait entrevoir la fin prochaine des orages sociaux et nous découvre à l'horizon un soleil plus radieux. Prenons confiance et redoublons d'efforts pour hâter l'heure de la délivrance, sans nous préoccuper des railleries de quelques incrédules. Ils se moquaient de nous, il y a, quelques années, lorsque nous prévoyions l'imminence des malheurs qui viennent de fondre sur notre pauvre France. Ils se moqueront encore des espérances que nous attachons au succès de notre petite entreprise. Toujours on a vu le dédain et la raillerie s'attacher aux idées neuves et aux découvertes importantes. Soyons assez judicieux pour passer outre, et les railleurs seront bientôt couverts de confusion.

JOUANNE. »

« Marseille, le 25 novembre 1870.

« Monsieur et très-honoré Condisciple,

« Tout ce qui se passe si vite au temps présent, impose
« à tous les hommes acquis à la doctrine sociétaire de
« venir en aide à l'entreprise pour laquelle vous montrez
« tant de courage, de prudence et de persévérance.

« L'idée d'une réforme sociale appliquée à l'enfance a
« toujours été partagée par le groupe fondateur de l'école
« sociétaire ; notre cher doyen lui-même a souvent ex-
« primé le vœu de voir mener à bonne fin la Maison
« rurale de Ry ; enfin le problème de l'éducation at-
« trayante commence à fixer l'attention du monde savant.
« Dès lors, tout membre de l'école sociétaire doit s'inté-
« ressser à cette œuvre qui arrivera bientôt, espérons-le,
« à la démonstration du régime attrayant.

« Puissions-nous en même temps reprendre bientôt
« l'étude des questions sociales qu'il est si urgent de

« résoudre, pour avoir raison de la civilisation et de son
« funeste entêtement : cause unique des douloureux
« événements que nous traversons.

« Cette convulsion sera-t-elle enfin la dernière, sera-ce
« le dernier soupir de nos vieilles sociétés ? Oui, si tous
« les hommes dévoués à la doctrine se donnent pour
« tâche d'agir continuellement par la parole sur la sphère
« qui les environne ; si tous nos amis répandent les idées
« sans lesquelles on tenterait en vain de résoudre le
« problème social ; enfin, si tous les partisans de la
« cause font, ainsi que vous, habilement et vigoureuse-
« ment leur devoir.

« . . . .

« Pour augmenter le chiffre des dotations, il convien-
« drait d'adresser le bulletin mensuel à des personnes
« que je vous désignerai comme étant sympathiques à
« nos idées. Le nombre en est toujours croissant dans
« notre ville, où j'ai fait pendant quinze mois régu-
« lièrement, tous les dimanches, un cours de sociologie
« à la *Ligue Marseillaise de l'Enseignement*, et où je con-
« tinue à propager la doctrine sociétaire, individuelle-
« ment et par la voie des deux journaux de la localité...

« Recevez, etc.,

« GUIZOU aîné, rentier. »

A la date du 27 novembre, M. F. Sorrel nous écrit de
son côté, de Couleuvre (Allier), offrant pour un essai de
la théorie sociétaire ou du libre essor des facultés un
domaine bien bâti, d'une contenance de 70 hectares,
d'un seul tenant, et meublé d'une cinquantaine de têtes
de bétail, espèce bovine et chevaline, etc.....

Rouen. — Imp. Lecointe frères, L. Deshays et Cᵉ, succ., rue Saint-Nicolas, 30.

ÉCOLE SOCIÉTAIRE.

MAISON RURALE D'ENFANTS

à RY (Seine-Inférieure).

JANVIER et FÉVRIER 1871.

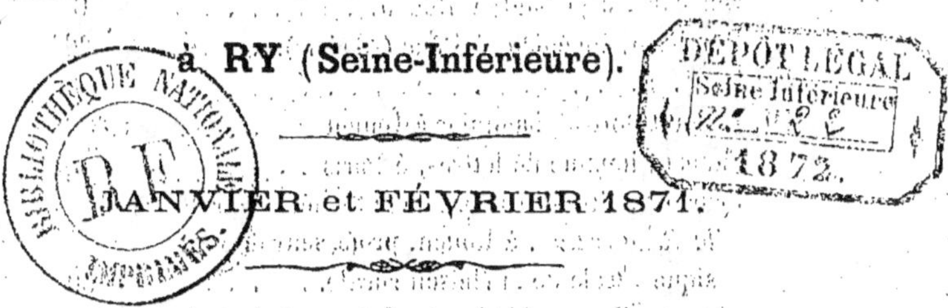

Souscriptions au 31 Décembre 1870 (1).

Un Anonyme.	10 fr.
MM. Anceau, à Lille	5
Artaud (Alfred), à Marseille	12
Bazin fils, à Saint-Etienne-en-Bresse (Saône-et-Loire)	5
Bezolle (l'abbé), à Paris, produit d'une collecte	49
Boulanger, architecte à Athènes	500
Boureulle (de), lieutenant-colonel d'artillerie en retraite, à Grenoble	100
A reporter.	681 fr.

(1) Quelques adhérents nous ont envoyé leur souscription comme abonnement au bulletin. Je rappelle que cette publication est toute gratuite. Créée au moment de la suspension de *La Science Sociale*, elle est appelée à disparaître dès que l'Ecole sociétaire aura pu reprendre la publication de son journal. Nous ne prenons donc aucun engagement de publicité. Le bulletin de la Maison rurale sera envoyé régulièrement aux seuls souscripteurs de cette institution et par exception aux personnes sympathiques que ces derniers voudront bien nous désigner. Il recevra d'ailleurs l'extension qu'il conviendra en proportion des concours qui nous seront accordés et selon les désirs qui nous seront exprimés.

Report.	681 fr.
MM. Chaslé-Brenezay, à Souzay (Maine-et-Loire). .	200
Collenot, ancien notaire à Sémur (Côte-d'Or) .	100
Dalbergue, à Paris.	2
J. Delbruck, au Langoiran (Gironde)	200
Delacour, négociant à Rouen.	15
Durrbach, ingénieur à Bône (Algérie).	20
Mme E. R. D.	6
MM. Ernoult-Jottral, banquier à Rouen	1,600
Faneau, homme de lettres, à Paris	6
Fruchart, Vice-Président de la Société chorale *la Renaissance*, à Rouen, professeur de musique vocale de la Maison rurale.	60
G***, par l'intermédiaire de M. Ernoult-Jottral.	2,000
Mlle Ganzin, à Lyon	20
M. Ch. Goûté, propriétaire à Ouchamps (Loir-et-Cher).	250
M. et Mme Griess-Traut, à Alger	250
MM. Guizou aîné, à Marseille.	6
Ed. Héring, pharmacien à Barr (Bas-Rhin) . . .	250
Th. Héring, id. id. id.	250
Joffroy, pharmacien à Paris.	20
Jouanne, directeur de la Maison rurale.	20,000
Jubinville, négociant à Rouen.	60
Lacombe, capitaine en retraite, à Bône (Algérie)	5
Lamarche, décédé à Passy-Paris.	12
Leboiteux, chef d'escadron d'artillerie en retraite, à Chatellerault.	60
Mme Legros, de la société mutuelle l'*Unité fraternelle*, à Ry.	800
MM. Lequeux-Planchon, propriétaire à Rouen. .	60
Margollé et Zurcher, à Toulon	6
Paillard, négociant à Paris.	50
A reporter.	26,989 fr.

	Report.	26,989 fr.
MM. Pierlot, médecin, décédé à Jouaville (Moselle).		60
Pignatel, fabricant de malles, à Marseille . . .		6
Poncin, juge de paix, à Barr (Bas-Rhin). . . .		20
Quaintenne, garde du génie en retraite, à Lille		110
Richard, directeur des études de la Maison rurale, à Rouen		60
Sairaison, serrurier à Rouen.		460
Salomon, ancien libraire, à Strabourg.		350
Sannier, pharmacien, à Doudeville (Seine-Inf.)		340
Le Dr Savardan, décédé à la Chapelle-Gaugain (Sarthe).		18
La Société Bizontine de capitalisation.		200
MM. Sorrel, propriétaire, à Couleuvre (Allier). . . .		20
Spies-Laurent, maître de pension, à Marseille.		12
Le Dr Suin, à Limésy (Seine-Inférieure) . . .		4,600
Templier, caissier, à Lille		520
Vieuxbled, menuisier, à Rouen		460
	Total.	34,225 fr.

Nota.—Dans ce total de 34,225 fr., est compris le montant des obligations s'élevant présentement à 7,400 fr. Ces obligations de 200 fr. chacune produisent 5 p. 0/0 d'intérêt au souscripteur et sont remboursables à la cinquième année de leur émission. Il n'en doit être émis que jusqu'à concurrence de la somme de 12,000 fr. Tout souscripteur d'une obligation doit au préalable avoir versé une somme de 50 fr. à titre de don pour la *Dotation industrielle* des enfants de la Maison rurale.

———

Outre les souscriptions, un genre de *concours* très utile à la Maison rurale, consisterait non seulement à procurer des élèves à cette institution, mais encore à intervenir personnellement dans la surveillance de l'administration de la Maison, soit comme membre du conseil de famille, soit comme surveillant ou surveillante des différents exercices, selon l'extension que prendra l'établissement. C'est une fonction qui conviendrait parfaitement à quelques petits rentiers, hommes ou femmes, pour qui ce serait une véritable distraction.

CORRESPONDANCE (1).

Caveyrac (Gard), 31 Janvier 1871.

« Monsieur et très honoré Condisciple,

« La suspension d'armes me fait espérer que ma lettre pourra
« vous parvenir. Il me tarde de savoir si vous et les vôtres, et
« l'Ecole rurale de Ry, vous n'avez pas eu à souffrir de cette
« guerre cruelle (2).

« J'espère que la paix sortira de l'armistice. Ce sera alors le
« moment de faire tous nos efforts pour prévenir de nouveaux
« malheurs et mettre enfin la pauvre humanité dans la voie de
« sa destinée. Pour cela le concours et la bonne entente de tous
« les membres de l'Ecole sociétaire ne seront pas de trop.

« Il me semble qu'il y aurait deux choses à faire.

« 1° Tenter un essai surtout avec des enfants, qui sont sans
« préjugés, qui se laissent facilement entraîner par l'impulsion
« de la nature, dont l'enthousiasme est facile à exciter. . . . .

« 2° Fonder un grand journal politique, où toutes les questions
« actuelles seraient largement traitées au point de vue de l'orga-
« nisation sociale. . . . . .

« J'ai reçu plusieurs de vos circulaires, si je n'y ai pas ré-
« pondu, c'est que j'ai cru que, tant que durerait la guerre,
« le moment d'agir n'était pas venu.

« Je serais heureux d'avoir de vos nouvelles et de connaître
« vos espérances et vos projets.

« Agréez, ...   Dr PANCIN. »

(1) Ceux de nos correspondants qui désirent conserver l'anonyme, sont
priés de nous l'exprimer d'une manière positive.

(2) Quoique les Allemands aient pullulé dans notre petit bourg,
comme dans tous les villages voisins, la Maison rurale est encore vierge
de leur contact; aucun pied allemand n'en a foulé le sol. Mais à
l'approche des hordes du roi Guillaume, les familles, sous le coup d'une
appréhension bien naturelle, ont gardé leurs enfants près d'elles; de
sorte que notre institution est restée veuve de ses jeunes élèves. Ce
n'est qu'un temps d'arrêt momentané.   J.

Impuissance de la Politique moderne.

Ceux de nos amis qui avaient conservé quelque illusion au sujet des théories politiques doivent être parfaitement édifiés aujourd'hui, ce me semble, sur la valeur tant de ces théories que des hommes qui les représentent. Voici bien des années que je proteste contre l'erreur qui tend à supposer dans ces théories quelque voie réelle de progrès social. Il n'en est rien; loin d'éclairer la marche de l'humanité, elles n'aboutissent qu'à obscurcir les intelligences et précipiter les peuples dans les abîmes. Que les cœurs généreux se hâtent donc d'abandonner ces théories trompeuses et qu'ils reportent l'ardeur de leurs convictions sur les moyens réellement certains de remédier aux misères de l'humanité et de réaliser la véritable fraternité.

Celle-ci ne peut naître que d'une réforme radicale dans l'organisation de l'industrie. Les voies de cette réforme nous sont connues et il suffira d'une petite expérimentation sur une trentaine de familles pour dessiller tous les yeux et gagner toutes les convictions, celles des princes comme celles des peuples. (1)

Le gouvernement de la défense nationale aurait pu revendiquer cette brillante initiative. D'après les espérances exprimées dans notre bulletin de novembre (page 16 1/2), il aurait dû être informé des conséquences inouïes qui peuvent jaillir d'une telle expé-

(1) Nous pouvons donner aux personnes qui ne connaissent pas les ouvrages de l'École sociétaire les renseignements les plus satisfaisants sur cette petite organisation solidaire de trente familles; soit verbalement, soit par note spéciale.

rimentation. En tout cas, quelques-uns de ses membres devaient connaître d'ancienne date, l'existence de la théorie sociétaire. S'ils avaient voulu sérieusement le bien-être des masses, ils auraient voté dès le commencement de septembre, les fonds nécessaires pour cet essai. L'Ecole sociétaire pourvue de moyens d'action suffisants se serait mise à l'œuvre, sans que ce gouvernement eût été distrait des préoccupations que lui imposaient les nécessités de la défense. A la fin de septembre, le terrain aurait été choisi et le personnel d'expérimentation formé. Octobre, novembre et décembre auraient été employés aux préparatifs, et dès le courant de janvier les résultats obtenus, quelque incomplets qu'ils eussent été, auraient cependant suffi pour arrêter la guerre et déterminer la Prusse à traiter avec les conditions les plus honorables pour la France.

Pour le malheur de notre patrie, les gens que les questions politiques absorbent ont l'esprit inaccessible aux larges conceptions. La politique moderne possède cette fâcheuse propriété de rétrécir le génie des hommes qui s'en occupent. Enfermés dans le cercle étroit d'une opposition systématique, ils ne peuvent se faire à l'idée d'un ordre social différent de celui qui existe, encore moins s'élever à la conception d'un ordre de choses qui satisferait tout à la fois les aspirations des peuples et les exigences des souverains. Pour eux, le progrès se résume à renverser le pouvoir et à s'en partager les débris; et c'est pour arriver à ce triste résultat qu'ils poussent aux révolutions les populations dont ils trompent la confiance.

Il est temps que les hommes de bien rompent définitivement avec ces théories mensongères. C'est en vain que, pour justifier l'opposition qu'elles font à l'autorité, on objecterait l'insuffisance de liberté sous les divers gouvernements qui se sont succédés depuis un demi-siècle. J'affirme qu'il a toujours existé sous ces différents régimes assez de liberté pour la propagation de la doctrine sociétaire, *dégagée de tout alliage politique*. Une plus grande dose de liberté nuirait plutôt à cette propagation qu'elle ne lui serait utile. En effet, la liberté absolue, illimitée, telle que la rêvent certains *libéraux* pour la presse et les réunions, en favorisant la propagande des théories les plus subversives, étoufferait par cela même dans leur développement les idées et les doctrines les plus judicieuses. Proclamer la liberté absolue, dans l'état incohérent de nos sociétés, c'est imiter la folie du cultivateur qui répandrait sur son champ toutes espèces de graines, sous ce vain prétexte que les bonnes semences sauront bien faire leur place au soleil. Erreur profonde! les herbes parasites prendraient le dessus et les plantes utiles se trouveraient complètement étouffées.

Est-ce à dire que l'introduction dans l'ordre social d'une pleine et entière liberté soit absolument impossible? Non; mais pour que cette liberté, objet des aspirations de l'humanité, ne devienne la cause d'aucun désordre au sein du corps social, il faut qu'elle soit *régularisée dans son essor*; et cette régularisation de la liberté, régularisation dont l'absence rend la marche des gouvernements si difficile de nos jours, la politique moderne n'en possède point les conditions pratiques. La théorie des garanties et solidarités, chacun de nos condisciples le sait, résout seule ce difficile problème d'une liberté pondérée par double et quadruple contrepoids. Ainsi régularisée dans son essor, la liberté, cet épouvantail des gouvernements contemporains, se transformerait en un levier de justice, d'ordre et de progrès réel. Ce ne serait pas l'affaire des agitateurs ; mais ce serait la sécurité des peuples et des souverains, un gage assuré de stabilité pour nos frêles sociétés qui menacent de s'écrouler à chaque génération. A ce point de vue on peut hardiment appeler l'attention de qui de droit sur un genre de liberté doué d'une si précieuse propriété. Mais en même temps on est conduit à appeler également l'attention sur la théorie des solidarités ou théorie sociétaire qui seule fournit les moyens scientifiques d'établir cette liberté pondérée. Et, comme il n'est rien tel que des faits pour frapper les intelligences, on est encore amené à l'obligation de se mettre en mesure de produire ces faits ; et prouver l'excellence de cette théorie par un léger essai. La tâche des hommes vraiment libéraux se résume donc uniquement à réunir assez d'adhérents pour cet essai décisif. Il n'en faut qu'un petit nombre et pour le recruter nous avons jusqu'à ces derniers temps joui d'une liberté suffisante.

Nous avons eu et nous possédons encore assez de liberté pour faire connaître et propager la magnifique doctrine des garanties et solidarités. Prenons garde de compromettre ce peu de liberté. Peut-être se prépare-t-il en ce moment même une réaction formidable contre les idées prétendues libérales. Je désire que ma prévision ne soit pas fondée ; mais si une telle réaction vient à se produire, il est à craindre que l'autorité ne confonde dans une même réprobation, et les théories subversives dont nous reconnaissons tout les premiers le néant, et la théorie socié-

taire elle-même, à laquelle nous attachons le plus grand
prix, puisqu'elle seule contient les idées neuves et fécondes d'où sortira le salut du monde social. Gardons-
nous donc de tout pacte avec le faux libéralisme
des hommes politiques. Ne prenons aucune part aux
événements du présent. Notre isolement d'aujourd'hui
fera notre force de demain.

Pendant que la politique contemporaine sème la ruine
et le deuil sur notre belle France, concentrons tous nos
efforts sur la Maison rurale ou *Ecole d'éclosion des instincts
et vocations*, poussons activement, vigoureusement cette
institution à son plein développement et nous ne tarderons pas à obtenir de ce faible essai de la théorie sociétaire, des résultats qui serviront de point de départ à
des réformes d'une telle importance, qu'en fort peu
d'années et sans qu'il en coûte ni une seule larme ni
une seule goutte de sang, elles auront élevé la gloire et
la prospérité de notre chère patrie à un dégré jusqu'alors
inconnu.

JOUANNE.

Apôtre et Détracteur.

24 Février 1871.

Parmi les nombreux articles de journaux récents, j'en
ai noté deux qui caractérisent bien la situation des
esprits à notre époque.

L'un de ces articles est de notre intelligent condisciple Eug. Nus, l'harmonieux auteur des *Dogmes nouveaux*.
Le *Journal de Rouen* qui reproduit cet article, extrait de

l'*Opinion nationale* du 4 Février, applaudit fortement aux conseils de M. Eug. Nus. Celui-ci indique deux puissants remèdes à la situation. Le premier c'est la formation d'une Assemblée honnête. Sans doute l'honnêteté dans un gouvernement est une excellente chose ; mais notre condisciple me permettra de trouver le remède bien insuffisant. Louis XVI était le plus honnête homme de son royaume et toute sa probité n'a pu conjurer la révolution dont il fût lui-même la première victime.

Le second remède indiqué par M. Eug. Nus, c'est la réforme de nos mœurs ; mais le moyen d'effectuer cette réforme, M. Nus ne le dit point. Nos sociétés civilisées sont en période de déclin et les mœurs suivent naturellement le courant : elles se pervertissent. L'Ordre sociétaire ou combiné replacerait ces sociétés sur la voie ascendante du vrai progrès, et par suite les mœurs iraient s'améliorant. L'Ordre sociétaire peut seul inaugurer le règne des bonnes mœurs. Seul aussi, ce nouveau régime peut mettre un terme aux maux du présent et conjurer de nouvelles calamités. M. Nus, apôtre de la Doctrine sociétaire, sait tout cela aussi bien que le premier d'entre nous, pourquoi garde-t-il le silence ? Si des hommes d'un aussi beau talent que M. Nus n'osent point aborder la grande question de l'Association, comment fonderait-on *dès à présent* un grand journal politique où toutes les questions actuelles seraient, selon le vœu de M. Pancin, *largement traitées* au point de vue de l'organisation sociale ?...

Le deuxième article est de M. Eug. Pelletan. Celui-ci s'extasie sur la République des États-Unis, qu'il nous donne comme modèle. Les institutions démocratiques des États-Unis seraient, selon cet ancien détracteur de la théorie sociétaire, l'unique cause de la prospérité matérielle de ce grand pays. D'autres verraient la cause de cette prospérité dans le vaste territoire et la population relativement faible de cette contrée, dans son isolement qui permet d'y réduire presque à rien le budget de la guerre, etc.; mais cette appréciation judicieuse ne ferait pas l'affaire du parti républicain. Chose étrange! Hier encore la République américaine considérait l'esclavage comme un palladium de l'ordre social, tandis que l'Europe monarchique était la vraie terre de liberté : tout esclave qui en touchait le sol était libre de fait. Et c'est cette Amérique où les préjugés de race sont le plus invétérés que l'on nous donne comme modèle d'organisation !... Mais le torrent est aux idées républicaines; il faut trouver quand même une perfection à ce système.

Des gens qui n'étaient rien moins que républicains hier, nous disent aujourd'hui, avec satisfaction, que la République va s'affermir en France. Quelques-uns plus enthousiastes battent déjà les mains à l'approche du *règne de la Démocratie.* O illusion! Ce ne serait que le règne des sophistes! La civilisation aux abois penche sur le bord de l'abîme ; quelques pas de plus et la force des choses la précipiterait sous le régime odieux de la féodalité commerciale ; c'est la seule perfection qu'elle puisse attendre des sophistes. Quel aveuglement chez ces détracteurs de la théorie sociétaire! De cette théorie qui pourtant procurerait à tous les hommes qui ont le talent de M. Pelletan, autant d'illustration que la civilisation leur réserve de honte dans l'avenir...

Heureusement que la Providence nous a ménagé des moyens faciles d'enrayer la marche subversive de l'ordre social ! Ces moyens consistent simplement à réaliser la théorie sociétaire sur les enfants, comme le conseille le D' Pancin (page 4 de ce bulletin). Les enfants sont exempts des préjugés sophistiques. Ils sont tout à l'impulsion de la nature. Hâtons-nous donc de produire par leur intervention les faits qui inspireront une foi moins timide aux apôtres et qui feront tomber des yeux de nos détracteurs le bandeau qui obscurcit leur vue.

JOUANNE.

Pendant que ce bulletin s'imprime, la paix se conclut. Le calme va donc renaître dans nos contrées si douloureusement éprouvées. A nous membres de l'Ecole sociétaire de profiter de ce temps de répit pour achever notre œuvre. Pour cela, deux étapes seulement sont à parcourir. C'est d'abord l'achèvement de la Maison rurale ou *Ecole d'éclosion des vocations* dont le succès procurera à l'Ecole sociétaire les moyens d'atteindre la deuxième étape, c'est-à-dire la *Tribu progressive et solidaire* de trente à quarante familles. Alors sa tâche sera remplie. L'imitation se fera en tous pays. La guerre, la misère, l'oppression et la fourberie, caractères essentiels des Sociétés civilisées et barbares, disparaîtront, et la *Fédération Européenne* se constituera. La politique va s'évertuer à produire, en opposition avec *l'Unité allemande*, de nombreux projets de *Fédération latine* qui tous avorteraient. La petite Tribu d'ordre solidaire où combiné déterminera la formation immédiate de *l'Unité fédérative* de l'Europe et par suite du monde entier. Que l'Ecole sociétaire chargée de fonder cette Tribu rédemptrice s'élève donc par la foi et le dévoûment à la hauteur d'une aussi grande mission !...

Rouen.— Imp. Lecointe frères, L. Deshays et Cⁱ, succ., rue Saint-Nicolas, 30.

ÉCOLE SOCIÉTAIRE.

MAISON RURALE D'ENFANTS

à RY (Seine-Inférieure).

MARS 1871.

Rien de commun entre la Théorie sociétaire et le Socialisme.

Les personnes qui n'ont qu'une connaissance confuse et superficielle des principes de l'Ecole sociétaire, sont portées à confondre les Théories de cette Ecole avec les doctrines subversives que l'on désigne généralement sous le nom de socialisme. Il importe de rappeler que les systèmes des socialistes n'ont aucun rapport avec la Théorie sociétaire. Celle-ci est toute conciliante, servant les intérêts de tous, les intérêts des peuples, comme ceux des princes, les intérêts du pauvre comme ceux du riche. La Théorie sociétaire, loin de porter le trouble dans les empires, ne demande qu'une légère épreuve sur un nombre déterminé de familles. Elle n'a pas besoin de renverser l'ordre établi pour arriver à cette expérimentation partielle et décisive ; il suffira d'un petit nombre d'adhérents et d'un protecteur influent pour en assurer le succès. Dès que cette expérimentation aura eu lieu les résultats seront d'une telle évidence que chacun à l'envi voudra généraliser cette nouvelle organisation. Comment se propagent les inventions dans l'ordre industriel, n'est-ce pas par l'adhésion spontanée des classes intéressées ? Le manufacturier qui substitue à l'ancien moteur de son usine, la machine à vapeur, y est-il contraint par une loi ? Non ; c'est spontanément et par l'évidence des avantages que cette innovation lui présente, qu'il en adopte l'emploi. C'est ainsi que se propagera le mécanisme sociétaire, mais avec une rapidité mille fois plus grande, parce que son adoption intéressera tout le monde et réalisera de tels bienfaits que chacun voudra en profiter sans délai.

Ces caractères sont-ils ceux qui distinguent les théories socialistes ? Assurément non. Celles-ci tendent constamment à bouleverser l'ordre social dès qu'on en veut faire la moindre application. On en voit la preuve palpable dans l'état de trouble, dans lequel notre malheureux pays est plongé. Les socialistes loin de nier leur participation à ces désordres s'en font eux-mêmes gloire. Il est donc de la plus haute importance pour nous de prémunir le public contre toute tendance à confondre la Doctrine sociétaire avec ces systèmes de bouleversement social.

Le principe fondamental de la Théorie sociétaire, c'est le ralliement aux trois autorités qui sont : l'autorité religieuse, l'autorité gouvernementale et l'autorité scientifique.

La Théorie sociétaire sert les intérêts de l'autorité religieuse en ce que l'ordre combiné qui surgira de l'expérimentation de cette théorie, rendra au clergé des diverses communions, *et au septuple,* les biens que lui ont ravis les révolutions. C'est l'opposé des tendances des novateurs socialistes qui veulent le spolier du peu qui lui reste. Outre la fortune et la considération qui s'y attache, la Théorie sociétaire procurera à l'autorité religieuse un bien plus grand avantage encore, celui de ramener dans le giron de la foi, les populations qui s'en écartent de plus en plus.

Quant à l'autorité politique ou gouvernementale, laquelle est de plus en plus en butte aux attaques des partis, la Théorie sociétaire sert ses intérêts en détruisant les germes des révolutions par le bien-être dont elle dotera les populations. Chacun se trouvant heureux par le quadruple produit et le libre essor des facultés demeurera sourd aux sollicitations des agitateurs ; d'ailleurs il n'y aura plus de fauteurs de désordre, quand les ambitions trouveront toutes un essor régulier dans les nouvelles carrières que leur ouvrira l'Ordre combiné. Enfin la Théorie sociétaire comble les vœux de l'autorité administrative par le quadruple produit qui permettra de restaurer les finances dont les révolutions accélèrent la ruine en tous pays.

Conforme aux vues des deux autorités, religieuse et administrative, la Théorie sociétaire serait-elle moins d'accord avec l'autorité scientifique ? Celle-ci n'admet que trois ressorts d'investigation : l'observation des faits, le calcul et l'expérimentation. Elle tient pour suspecte d'erreur toute hypothèse, toute théorie qui n'a pas la sanction de ce triple critérium. Or, ces trois moyens d'investigation scientifique sont justement les voies de recherches sur lesquelles s'appuie la Théorie sociétaire. Elle part en effet de la connaissance pratique des hommes, de l'observation de leurs facultés naturelles. Elle, coordonne par le calcul un milieu industriel justement approprié à l'expansion libre et pondérée de ses facultés. Enfin elle appelle comme dernière sanction une expérimentation partielle.

Tels sont les principes fondamentaux de cette Doctrine sociétaire méconnue depuis un demi-siècle. Ces principes n'ont pas varié et pour ne parler que de la concordance de cette doctrine avec les vues de l'autorité administrative, voici ce qu'écrivait en 1808 le fondateur de l'École sociétaire. — (*Des Issues de la Civilisation*) :

« Des esprits superficiels ne manquent jamais de dire,
« lorsqu'on leur parle de fonder l'Association : « Hé
« bien! comment cela s'accordera-t-il avec le Gou-
« vernement ? Il empêchera, etc. . . . . »

« C'est bien mal connaître les gouvernements. Ils
« sont ennemis des nouveautés en affaires sociales,
« parce que toutes les innovations nommées théories
« sociales sont philosophiques, tendant à restreindre
« l'autorité du gouvernement, assujétir les ministres
« à des responsabilités. Il n'est pas étonnant qu'il se
« défie de ces théories et qu'il les entrave. Si vous dé-
« tournez l'eau qui fait agir un moulin, le meunier ne
« manquera pas de vous faire un procès. Dans le même
« sens, les gouvernements ne peuvent manquer d'être
« en désaccord avec la philosophie et de plus avec les
« opérations purement industrielles qui leur enlèveraient
« partie de leur domaine. Quant à l'Association, voyant
« qu'elle agrandirait ce domaine au lieu de l'entamer,
« loin de l'entraver, tout gouvernement souhaitera
« qu'elle obtienne plein succès.

« Que veulent tous les gouvernements ? Du pouvoir
« et des trésors. Pour accroître leur pouvoir il faut qu'ils
« trouvent le moyen de centralisation universelle. C'est
« le régime d'Attraction industrielle où le gouvernement
« se trouve directeur de toutes les branches de l'industrie,
« et où le produit devenant quadruple permet au gou-
« vernement de doubler son revenu, tout en diminuant
« de moitié la masse relative de l'impôt.

« On voit par là que la route du bien social est fort
« différente de celle qu'ont prise les philosophes de
« tous les siècles, et qu'au lieu de restreindre l'auto-
« rité et les gouvernements, il faut donner plein essor à
« leurs vœux d'empiètement en autorité et en revenu.
« Mais il faut fonder leur accroissement de pouvoir
« et d'impôt par le Régime sociétaire qui satisfait les
« aspirations de la multitude, en même temps que celles
« des gouvernements, effet que j'ai mentionné impli-
« citement dans la clause de faire coïncider l'intérêt
« individuel avec le collectif, et l'intérêt collectif avec
« l'individuel.

« Le vice radical de nos théories sociales est donc de
« ne pas être en accord direct avec les gouvernements,
« en association active avec eux, en participation de
« bénéfice pécuniaire. Aussi les gouvernements n'ont ils
« d'autres ressources que de prendre le plus qu'ils
« peuvent sur leur nation, qui, de son côté, se sous-
« trait le plus possible à leur rapine. C'est duplicité
« d'action, discordance en finance comme dans tous les
« régimes civilisés. Établissons cette doctrine plus mé-
« thodiquement.

« Les gouvernements sont sur la terre l'image de

« Dieu, non par leur caractère, qui est très odieux en
« civilisation, ... mais ils représentent Dieu, à titre
« de foyer d'unité, centres de direction du mouvement;
« ils sont sur la terre ce que le soleil est dans l'empyrée,
« un pivot de mécanisme, et, par cette raison, Dieu a
« voulu que les tentatives d'amélioration sociale se
« conciliassent avec les vues des gouvernements. Fussent-
« ils tous aussi atroces que Néron, Mahomet, etc. il
« n'est pas moins nécessaire de concorder avec eux en
« tentatives de progrès social. Ce qui le prouve, c'est
« que la nature frappe d'impuissance toute entreprise
« qui contrarie le gouvernement. On en voit la preuve
« en système représentatif dans les revers constants de
« l'opposition que le ministère sait paralyser au moyen
« d'une majorité vénale, si bien définie par Walpole,
« qui avait en portefeuille le tarif de toutes les probités
« parlementaires.

« Est-ce faire injure à Dieu que de le supposer
« consentant à ces infamies? Il doit les tolérer par
« double motif : 1° pour faire connaître aux hommes
« que la civilisation est une fausse route, un abîme
« d'injustice, un cercle vicieux dont ils doivent cher-
« cher l'issue et non le perfectionnement; 2°, pour
« observer les règles suivant lesquelles tout devant être
« faux hors du mécanisme voulu par Dieu, il est dans
« l'ordre que, dans la civilisation et la barbarie, les chefs
« et les subalternes trouvent leur intérêt dans la voie
« du vice, puisque dans l'ordre divin ou sociétaire, ils
« trouvent leur bénéfice à suivre la voie de la vertu. »

Tout en effet est si bien régularisé, si bien pondéré
dans l'ordre sociétaire ou divin, qu'il devient impossible

à une autorité quelconque d'abuser de son pouvoir.
Aucun prince, aucun magistrat ne peut songer à commettre un tel abus ; la fusion des intérêts établit un tel
état de choses qu'en déviant des lois de la stricte justice,
le souverain comme l'administrateur lèseraient leurs
propres intérêts : on sert ses intérêts personnels en servant les intérêts de la masse, et le pouvoir ne peut s'exercer qu'au profit de tous. Aussi, loin de vouloir apporter
des entraves à l'exercice du pouvoir, les peuples, dans
ce nouvel ordre, n'auront d'autre désir que d'accroître
la puissance et les prérogatives des grands. Jamais les
princes ne furent aimés des peuples en civilisation, ils
le seront véritablement dans l'ordre combiné ou sociétaire.

Sont-ce là les résultats que l'on peut attendre des factions socialistes ou démagogiques ! Combien il est temps
qu'on se mette en mesure d'expérimenter enfin une découverte d'où peuvent découler des bienfaits aussi
inespérés !...

Pernicieuse influence de Paris.

Quand Paris par sa révolte insensée met le comble
aux maux de la Patrie, n'est-ce pas le moment de rappeler que l'une des causes qui ont le plus contribué aux
malheurs de la France doit être attribuée au monopole
exclusif de cette capitale. En concentrant tout dans Paris,
on y a favorisé la formation d'une coterie littéraire
qui, adoptant le principe que nul ne peut avoir d'esprit,
de raison et de génie qu'elle-même, s'est donné la tâche
d'étouffer toute idée, toute découverte, pour peu qu'elle
vienne heurter ses préventions ou ses intérêts égoïstes

Rien de semblable n'a lieu en Allemagne où toutes les villes un peu importantes sont pourvues de grands établissements littéraires et scientifiques, qui entretiennent entre ces différentes cités des rivalités émulatives, gage d'impartialité dans l'appréciation des idées neuves : toute théorie condamnée dans une université conserve la chance d'être accueillie favorablement dans une autre. En France, quand la coterie des beaux esprits de Paris a prononcé son arrêt, il est sans appel. C'est ainsi qu'au commencement de ce siècle, elle condamna la Théorie sociétaire. L'auteur de cette magnifique découverte rapportait dans les termes suivants, en 1815, l'arrêt de sa condamnation, ainsi que les avantages que la France avait déjà recueillis de cet arrêt :

« On sait tout, en France, quand on a appris à dire, « d'un ton impertinent : *c'est impossible*. En conséquence, « les journaux de Paris décidèrent, en 1808, qu'il était « *impossible* que j'eusse découvert le calcul d'attraction ; « *impossible* de continuer l'étude des trois branches « d'attractions négligées par Newton et Leibnitz. Pour « toute réponse, je renvoyai le jugement de ce débat au « temps. On peut sur les sept années écoulées depuis, « établir un parallèle d'épreuve et d'achèvement. Si « l'épreuve eût été faite en 1809, l'achèvement aurait « lieu aujourd'hui, l'harmonie serait pleinement orga- « nisée, même au sein des régions les moins accessibles, « comme les contrées d'Afrique et d'Australie. Quel « bénéfice les Français ont ils trouvé à différer sept ans « l'avènement du globe à l'unité, à rester sept ans de « plus en civilisation ?

« La France pour sa part a perdu, dans le cours de

« ces sept années, plus de 12 à 1,300,000 hommes
« dans les combats, indépendamment des fléaux révo-
« lutionnaires. Or, ce n'est pas être le bon plaisant, que
« de payer de sa tête comme ont fait les Français. Ne
« doivent-ils pas frémir en pensant que si le calcul de
« l'attraction est juste, on pouvait le mettre à exécution
« dès l'an 1808. Les plaisants ont à se reprocher tout
« le sang versé et tous les fléaux endurés depuis le mau-
« vais accueil qu'ils firent à cette découverte. J'étais
« bien assuré que cette insulte serait lavée dans des
« fleuves de sang français.

« En effet, c'était en 1808 que commençait la guerre
« d'Espagne; on entrevoyait l'incendie qu'elle pourrait
« allumer sur les deux continents. Le prolongement
« de la civilisation devait nécessairement coûter des
« torrents de sang. On jouait trop gros jeu, en sacrifiant
« à une plaisanterie l'avantage d'échapper subitement
« aux révolutions.

« Les Français fidèles échos de la cabale philoso-
« phique de Paris aimèrent mieux railler que de réfléchir
« sur cette alternative de pacification subite; leur facétie
« a été funeste aux vainqueurs comme aux vaincus...

« Les autres civilisés, depuis 1808, n'ont guère moins
« souffert que les Français. L'Amérique jusque-là pai-
« sible a été, sur tous les points, criblée de révolutions
« et de carnage. Jamais la civilisation n'a été si com-
« plètement bouleversée dans les deux continents.

« Quelques superstitieux pourraient voir, dans cet
« événement, l'intervention divine, et croire que la pro-
« vidence a voulu, par une tourmente générale, punir,
« pendant sept ans, les civilisés d'une raillerie anticipée

« sur l'invention du code divin. Les lois du mouvement
« social démontrent que Dieu n'intervient pas direc-
« tement dans ces incidents partiels, et qu'ils sont aban-
« donnés au mécanisme périodique, à la série périodique.

« Depuis 1808, il a conduit les événements comme si
« le destin se fût engagé à punir la civilisation, et surtout
« les Français. Est-il d'affronts, de fléau dont ils n'aient
« été accablés depuis ? La nation française et le nom
« français sont devenus la risée du genre humain. Les
« victoires même des Français sont des crimes pour
« ceux qui les ont remportées. L'opprobre, la ruine,
« la servitude publique, enfin toutes les calamités qui
« ont assailli, dévoré cette nation, datent de l'époque où
« elle insulta à la découverte du calcul de l'attraction.
« La capitale où cette découverte fût insultée a été deux
« fois envahie, souillée par les outrages de ses ennemis;
« elle croyait commander au monde, elle en est devenue
« le jouet. Je le répète, si j'avais eu quelque pouvoir
« sur le destin, aurais-je pu lui demander une ven-
« geance plus éclatante ?

« *Discite justitiam moniti et non temnere divos.* »

Celui qui écrivait ces lignes repose sur les hauteurs
de Montmartre, s'il lui était donné de sortir de sa tombe,
il pourrait contempler dans le lointain les hordes étrangères qui, *pour la troisième fois*, ont envahi et souillé
cette capitale dont les sophistes insultèrent à la révé-
lation de la loi divine; plus près de lui il verrait cette
même capitale livrée à la merci d'une faction et menacée
de toutes les horreurs de la guerre civile. Tels sont les
fruits des sciences mensongères et perverses qui ont
prévalu depuis 1808, contre la doctrine sociétaire!

Les armées françaises prisonnières à l'étranger, la France occupée par l'ennemi, agitée par les discordes civiles, le deuil des familles, la ruine du pays!!!! le révélateur de la loi d'attraction, est-il assez vengé des outrages qui l'acceuillirent, et n'est-ce pas le cas ou jamais de s'écrier avec les livres saints :

Et nunc erudimini.....

CORRESPONDANCE.

Symptôme de réveil.

15 Novembre 1870.

« ..... Initié à la Doctrine sociétaire en 1837, j'ai contri-
« bué aux dépenses de propagande jusqu'en 1850. Nous avions
« alors des chefs que nous adorions et en qui nous avions pleine
« confiance.

« Mais à cette époque néfaste pour l'Ecole sociétaire, nos
« chefs ont, à mes yeux du moins, commis un crime de lèze-
« humanité en abandonnant les principes d'ordre pour passer
« dans un autre camp où ces mêmes principes avaient été cons-
« tamment ridiculisés et baffoués : l'Ecole est tombée.

« On a eu des regrets ; je l'ai su, alors qu'on cherchait par-
« tout à reformer la gerbe que notre chef, adoré de nous tous,
« et par cela même responsable devant nous, venait de lancer
« au vent, dans un moment d'orgueil et d'erreur.

« Mais le mal était fait, et à la confiance se substitua la dé-
« fiance la plus absolue dans les hommes, au point de vue sur-
« tout de la manière dont ils comprennent leur responsabilité
« vis-à-vis des membres qui constituent leur groupe.

« A partir de cette époque, je restai complètement étranger à
« toute propagande faite au nom de l'Ecole sociétaire, bien que
« les ouvrages de cette Ecole restassent les seuls que j'eusse

« toujours infiniment de bonheur à lire : ce n'est que depuis
« dix-huit mois, deux ans à peine, que la *Science sociale* m'est
« adressée.

« Si, en raison du peu de rapport que j'ai avec cette revue,
« il ne m'appartient point d'en parler, je m'estime cependant
« fort heureux de l'avoir reçue, puisque c'est à elle que je dois
« le bonheur d'apprendre que bientôt la théorie sociétaire peut
« passer dans le domaine des faits. »

X***

Extraits divers.

Lille, le 2 Mars 1871.

« . . . . . Quoiqu'il en soit, soit pour l'idée, soit pour l'ap-
« plication, ou simultanément, encore une fois ne nous décou-
« rageons pas. Profitons de l'entr'acte politique qui se prépare
« pour redoubler d'énergie, de bonne volonté.

« Nous n'en sommes plus à nous laisser abattre, pas plus qu'à
« nous raffermir sur des apparences, n'est-ce pas ?... »

TEMPLIER.

Besançon, 7 Mars 1871.

« . . . . Toutes ces excellentes choses (les bulletins) ont été
« accueillies par mes entours, comme par moi-même avec la
« satisfaction la plus complète. Novembre et Décembre surtout
« nous ont enchantés à haut degré. La foi à votre science, à
« votre prudence, à votre capacité, à votre réussite est ici
« désormais absolue. Nous n'attendrons plus que le rétablisse-
« ment des voies régulières et sûres pour vous faire tenir tout le
« *quibus* disponible en notre possession...

« J'ai mis le Dr Pellarin en demeure de s'unir à nous pour
« que nous tardions peu à suppléer la *Science sociale* en défail-
« lance, moyennant un bulletin bi-mensuel, édité au besoin à

— 13 —

« Besançon par mes soins, si, comme je le crois, sa publication
« y aurait lieu aux moindres frais possibles... »

                                           J. MUIRON.

                                           Lille, 16 Mars 1871.

« Oui, c'est plus que jamais le moment de redoubler de
« bonne volonté en ne nous laissant plus séduire par le mirage
« républicain ou du progrès à toute vapeur. Avis à nos amis de
« Paris que je désirerais voir coopérer, et apporter un concours
« plus actif à l'œuvre *pivotale* que vous poursuivez avec autant
« de circonspection que de courage...

« Puisque vous continuez à publier un bulletin mensuel
« veuillez me compter pour 50 fr., dans les frais de
« propagande... »   TEMPLIER.

                                           Strasbourg, 16 Mars 1871.

« .... Si vous avez été frappé comme nous par le fléau de la
« guerre, au moins vous restez à la France, tandis que nous,
« après 42 jours de bombardement continu, nous voilà alle-
« mands, mais j'espère pour un temps seulement...

« Je n'ai jamais pu donner mon approbation à un établisse-
« ment d'enfants que s'il peut et doit grandir. Je désire que Ry
« soit dans ces conditions et que vous ayez du succès. Le grand
« mal pour l'Ecole, c'est de n'avoir pas d'hommes pratiques.
« Il est temps de se mettre à l'œuvre et surtout de faire conver-
« ger nos efforts sur un seul point. Vous avez bien raison, les
« événements ne devraient pas nous empêcher dans notre mar-
« che ; mais ils nous arrêtent tout de même ; on parle dans le
« vide dès qu'on parle d'autre chose que de la guerre. Ayons
« toutefois bon courage et serrons nos rangs, nous savons que la
« victoire est pour nous. »   SILBERLING, Père.

                                           Marseille, 24 Mars.

« .... Vous avez raison mille fois, la civilisation ayant donné

« tout ce qu'elle pouvait de bon, ne peut actuellement produire
« rien qui vaille. Il faut en sortir. Mais je crois qu'il serait bien
« de ne rien demander à *aucun* gouvernement que sa bienveil-
« lance, si possible !... »   E. CHAUMONT.

Correspondance rétrospective.

Paris, le 1er Novembre 1868.

« .... Votre *Maison rurale d'expérimentation sociétaire* me
« paraît digne à tous égards de la sympathie et de l'appui de
« tous ceux qui s'intéressent au progrès social en général, et en
« particulier aux essais de réalisation sociétaire. Mon concours
« ne peut être que celui de la publicité de l'*Économiste français*,
« publicité peu étendue, mais choisie. Je vous l'offre très-volon-
« tiers, c'est-à-dire que je porterai à la connaissance de mes
« lecteurs les communications d'une étendue modérée (et les
« autres par extrait) que vous jugerez utile de leur faire parvenir.
« Quand des résultats pratiques seront réalisés, je redoublerai
« d'empressement à les faire connaître.
« Mais je ne pourrai au début, du moins, aller plus loin...
« Mes vues personnelles ne sauraient aller au-delà ; et surtout
« elles écartent entièrement la prétention de devenir le chef de
« la *Société de fondation*... A mon avis le progrès local doit
« prendre ses chefs sur place... Le modèle du genre est la
« *Ligue du bien* de mon ami Jean Macé, qui ayant été conçue à
« Beblenheim, village d'Alsace, y a fondé son centre d'action et
« de propagande, d'où elle rayonne sur toute la province...
« Paris n'intervient que trop dans les œuvres départementales
« où il introduit à peu près toujours des principes de froid et de
« mort.
« La fonction de Paris est l'élaboration des idées, la publicité
« des faits, le ralliement sympathique des individus et des
« groupes épars dans toute la France ; à l'occasion la lumière

« d'un conseil verbal ou écrit ; mais non l'intervention person-
« nelle des chefs d'une école dans les applications...

« Je joins donc mes vœux les plus sincéres pour votre réussite
« à tous ceux qui vous ont été déjà exprimés et vous serre cor-
« dialement la main en pensée, à titre d'homme de bien, de
« progrès et de dévouement, qui donne un bon exemple à tous
« nos condisciples en science sociale, parmi lesquels je vous
« prie de me compter. »   JULES DUVAL.

C'est à dessein que je publie la lettre ci-dessus de
notre regretté condisciple J. Duval, à qui j'avais proposé d'accepter hardiment le patronage de la *Maison
d'enfants*. Les organes de la petite presse comme la
revue qu'il dirigeait n'ont de brillant avenir que par
l'adjonction de quelque œuvre pratique, comme aurait
pu être pour l'*Economiste français*, la Maison d'enfants,
si M. Duval n'avait pas décliné l'honneur du rôle que
je lui proposais.

Un groupe de province m'engageait à m'entendre avec
nos condisciples de Paris et faisait de cette entente la
condition *sine quâ non* de son concours. Je dus par con-
descendance faire quelques tentatives. On voit par l'insuccès que j'éprouvai près de M. Duval que les publi-
cistes de Paris n'entendent intervenir dans aucune œuvre
pratique. C'est restreindre leurs efforts à une action
simpliste, et le simplisme ne mène à rien. Aussi dans
ces dernières années la revue que dirigeait M. J. Duval
ne faisait-elle que végéter, malgré tout le talent de son
rédacteur.

La lettre de M. J. Duval contient un aveu précieux
qu'il convient de noter ; c'est ce germe de froid et de
mort qu'a son avis Paris introduit dans toutes les œuvres

où il intervient. Comment expliquer cette funeste influence, si ce n'est, par le monopole que la presse de Paris constitue au profit exclusif des fausses doctrines philosophiques ? Ces doctrines sont dans l'impuissance absolue de rien créer, elles communiquent cette impuissance à leurs adeptes. Aussi le bon sens souffle-t-il à ces derniers que, pour conserver le prestige de leur plume, il est de leur intérêt de se concentrer dans un rôle passif, se bornant à critiquer, contrôler, donner des conseils, toutes choses qui n'engagent nullement leur responsabilité ; si une œuvre échoue, ils démontrent en quoi on a failli et comment il eût fallu opérer pour réussir ; si elle réussit ils en reportent habilement l'honneur à leurs sciences chimériques. C'est ainsi que se fait à Paris le commerce de la controverse philosophique. Que nos condisciples des départements fassent donc leur profit des aveux de M. J. Duval.

J'ai reproduit dans son entier le passage de la lettre de M. J. Muiron où le vénéré doyen de l'École sociétaire témoigne de sa confiance dans le directeur de la Maison rurale. Toutefois je ne me fais point illusion sur mes faibles mérites et je n'accepte pas les éloges exagérés de notre vénéré doyen. Mon but est d'ailleurs fort restreint. Il se résume à produire quelques faits, à l'appui du principe d'attraction, et qui frappent suffisamment l'attention de nos condisciples pour que ceux-ci se déterminent spontanément à réunir toutes leurs forces en un seul faisceau, à l'effet d'entreprendre, *eux-mêmes*, une œuvre plus importante et qui soit décisive; et, dans cette évolution nouvelle de l'École sociétaire je ne prétends revendiquer que l'honneur du soldat qui, placé aux avant-postes, détermine par un premier coup de fusil l'action générale d'où devra résulter la victoire.   JOUANNE.

Rouen. — Imp. Lecointe frères, L. Deshays et C⁰, succ., rue Saint-Nicolas, 30.

ÉCOLE SOCIÉTAIRE.

MAISON RURALE D'ENFANTS

à RY (Seine-Inférieure).

AVRIL 1871.

Interrompue dans sa marche par les événements politiques, la Maison rurale a repris son développement progressif, sauf quelques modifications dues aux circonstances. C'est ainsi que le projet d'y transférer l'école communale (bulletin de septembre) a été provisoirement écarté, et que la réouverture, au lieu de s'effectuer par l'admission des pensionnaires, a débuté par l'entrée des élèves externes.

C'est avec une quinzaine d'enfants seulement, pris dans la localité, que les exercices de jardinage et autres ont recommencé et se continuent journellement, sous la direction de l'instituteur communal, M. Desbuissons. Successivement, cette organisation s'étendra à un plus grand nombre d'enfants (1)

De son côté, le Conseil de famille de la Maison rurale

(1) Les familles qui voudraient faire admettre leurs enfants en qualité d'élèves internes doivent se faire inscrire dès à présent, la réouverture du pensionnat devant avoir lieu incessamment.

s'est réuni cette année, pour la première fois, le 16 avril.
Il s'est occupé de plusieurs questions relatives à l'achèvement des constructions et a fixé les époques ultérieures
de ses réunions, dont la plus prochaine aura lieu le
quatrième dimanche du mois de mai. Espérons que
désormais, rien n'arrêtera plus le développement de
notre œuvre.

Comme on le verra plus loin, par la liste des souscriptions, celles-ci n'abondent pas. Il serait cependant
bien désirable que les vingt dernières obligations de la
Maison rurale fussent promptement souscrites. Alors
cette institution pourrait sortir de sa période de *transition*.
Quoiqu'il en soit, nous pouvons dès à présent préparer
l'organisation définitive de la *Société de Fondation*, qui
marquera l'entrée de notre œuvre dans une phase
nouvelle.

L'organisation, *toute de transition*, dans laquelle nous
sommes restés jusqu'à ce jour, au point de vue financier,
avait pour objet principal, de recruter à la Maison
rurale un noyau d'adhérents. Pour les avoir sérieux, il
convenait de les engager pécuniairement au soutien de
l'œuvre et, pour faciliter ce concours immédiat, il était
nécessaire de fournir certaines garanties. C'est le but
qu'a rempli l'organisation financière actuelle qui arrive
à son terme. Greffée sur la société mutuelle l'*Unité
fraternelle*, pour les fonds de la dotation industrielle
des enfants, cette organisation plaçait la Maison rurale
sous le contrôle de cette Société, à qui reviendrait, en
cas d'insuccès, tout le matériel de la dotation industrielle;
elle écartait par cela même tout soupçon de spéculation
purement individuelle, en assurant aux fonds de la

dotation un but incontestable de bienfaisance. Enfin, par les obligations produisant intérêt et remboursables après cinq années d'émission, cette même organisation facilitait des concours relativement importants, en laissant aux adhérents la faculté de se retirer, sans avoir rien risqué pécuniairement, si après quelque temps d'essai, l'œuvre venait à ne plus leur convenir.

Ces dispositions organiques auront eu pour résultat de faciliter la réunion des éléments nécessaires à la constitution d'une Société de fondation, qui sera formée de personnes partageant les mêmes vues et s'inspirant des mêmes principes. L'unité de but et de convictions sera ainsi assurée parmi les fondateurs. Cette unité importe au plus haut degré, surtout pour une œuvre qui n'a pas encore atteint l'objet pour lequel elle est instituée, et qui n'est pas encore en possession de ressources suffisantes pour se flatter de l'atteindre dans un temps donné. Il se peut qu'elle y arrive promptement, comme il est possible qu'elle ait encore à subir de nouveaux délais. Or, dans cette dernière éventualité la bonne entente des coopérateurs est de rigueur absolue.

Aujourd'hui, chacun de nos condisciples, chacun des coopérateurs de la Maison rurale a pu apprécier le but de cette œuvre. La lenteur même de ses premiers développements a dû contribuer à former les convictions. Bref, chacun doit être arrivé à ce point de pouvoir se prononcer en pleine connaissance de cause. C'est pourquoi je crois devoir, dès à présent, engager chacun de nos condisciples à déclarer son intention formelle relativement à la part qu'il pourrait prendre dans la formation de la Société projetée, laquelle serait une société en commandite, pouvant ultérieurement se transformer en société anonyme. Il n'y aurait point d'actions; chacun fixerait le montant de sa souscription, et celle-ci pourrait être aussi faible que possible. (1) Cette formation de société ne porterait aucune atteinte à l'organisation actuelle de la dotation des enfants, formée de dons volontaires. La Société pourrait également laisser subsister les obligations qui constitueraient un placement de fonds pour les sociétaires. La déclaration que je prie chacun de mes coopérateurs ou condisciples de m'adresser, ne doit pas être considérée comme un engagement définitif; ce ne sera qu'un simple renseignement : l'engagement pour chacun ne résultera que de son adhésion ultérieure à l'acte de Société.

Quoique le nombre de personnes bienveillantes groupées autour de la Maison rurale soit fort restreint, nous ne devons pas nous effrayer de ce petit nombre, mais nous mettre à l'œuvre sans nous arrêter à l'insuffisance *apparente* de nos moyens. Faisons chacun ce qu'il nous est possible; Dieu fera le reste. Nous ne devons considérer, en effet, que l'urgence de réaliser notre magnifique théorie du libre essor des facultés. Or, jamais besoin plus pressant ne se fit sentir de cette réalisation. Impossible de se faire illusion sur la marche des choses. Un aveuglement irrésistible pousse la civilisation à de nouveaux désastres. Sous l'influence d'une politique d'avortons, la guerre civile allumée dans Paris est prête à éclater dans toutes les grandes cités. Les con-

(1) Je dois déclarer que ma souscription personnelle de 20,000 f. fera partie du capital social.

cessions libérales, pourront donner un instant de calme ; mais loin d'anéantir les germes des révolutions, elles en faciliteront plutôt l'éclosion dans un avenir prochain. Pouvons-nous en effet méconnaître que la liberté n'est pas faite pour la civilisation où elle porte le désordre dès qu'on essaie de l'y introduire ? Ne le voyons-nous pas par l'expérience des vingt années qui viennent de s'écouler ? Le suffrage universel, qui devait, selon les partisans du système républicain, inaugurer l'ère du progrès social, a servi, ils le confessent eux-mêmes, à justifier tous les abus du gouvernement impérial. L'indé-pendance des municipalités pour laquelle le sang coule aujourd'hui, ne servirait de même qu'à favoriser de nouveaux abus.

La civilisation moderne est en pleine décadence. Encore quelques pas et l'imminence de sa chute appa-raîtra aux yeux les moins clairvoyants. Aussi que d'orages s'amoncellent à l'horizon ! que de commo-tions, que de bouleversements se préparent sous l'influ-ence des passions qui s'enveniment de plus en plus, et qui propagent entre les diverses classes de la société les feux de la haine la plus implacable ! ! Mais, il existe une voie sûre pour conjurer les épouvantables calamités vers lesquelles nous entraîne fatalement la marche des événements. Et cette voie, c'est la réalisation du régime sociétaire, dont l'efficacité peut se démontrer sur une réunion d'enfants, et dont la généralisation spontanée constituera l'ordre combiné, lequel utilisera tous les germes de bien que la civilisation transforme toujours en ressorts de discorde, et qui, en un mot, réalisera tous les bienfaits que nos pseudo-réformateurs promettent vainement.

Dans ce nouvel ordre, plus de divisions, plus de haines entre les diverses classes de la société. Par suite de la fusion des intérêts, qui est l'une des conséquences pratiques du régime sociétaire, les princes, les grands, les millionnaires, transformés en démocrates passionnés, y deviendront les amis les plus ardents du travailleur, dont ils soutiendront les intérêts avec la plus grande sollicitude. Aussi, en retour de cette protection affectueuse, seront-ils idolatrés de la foule. Tel sera, entre mille autres résultats aussi inespérés, le fruit d'une doctrine scientifique, qui spécule tout à la fois sur les intérêts du riche, comme sur l'intérêt du pauvre, et qui s'est constituée d'après l'étude du cœur humain et la stricte observation de la nature. Quel contraste avec les conséquences désastreuses des systèmes d'agitation socialiste, qui, dépourvus de toute base scientifique, poussent les citoyens d'un même empire à s'entrégorger !

Hâtons-nous donc de préparer l'avènement prochain de cet ordre merveilleux. Une école qui a su réaliser à une époque, au profit d'un journal politique, des rentes de dévouement, s'élevant annuellement à cent mille fr., pourra, quand elle le voudra, réunir le demi-million nécessaire à l'épreuve décisive de cette doctrine rédemptrice. Pour qu'elle soit portée spontanément à cet acte de volonté, que faut-il ?... Semblable à Moïse, qui hésitait à frapper le rocher, cette école s'inspire d'une foi timide ; créons quelques faits qui soient à ses yeux la confirmation pratique du principe d'attraction ou essor libre des facultés, alors elle prendra confiance dans sa force et n'hésitera plus en face du rôle glorieux qui lui est réservé. La Maison rurale d'enfants n'a pas d'autre objet que de créer ces faits. Mettons-la donc en mesure de les produire dans le plus bref délai, et l'école sociétaire cessant de marcher à la remorque des pseudo-réformateurs prendra sa place à la tête du vrai progrès.

Si notre appel de septembre dernier aux abonnés de la *Science sociale* avait été plus fécond en résultats, la Maison rurale aurait pu ce mois-ci ménager à ses adhérents une agréable surprise. Le sept avril aurait pu être marqué cette année par des faits qui auraient consolé bien des cœurs. Par une coïncidence particulière, ce jour était un vendredi saint. Or, c'est le vendredi saint de l'année 1819 que furent découverts les procédés d'association qui rendent possible la pleine démonstration du régime sociétaire au moyen des enfants seuls ; précieuse découverte qui abrégera bien des délais, par les facilités d'exécution ! Si l'école sociétaire n'a pu marquer ce jour mémorable par quelque fait saillant, qu'elle se hâte d'agir, et l'an prochain, à pareille date, elle pourra célébrer, par son triomphe définitif, le premier centenaire de son Fondateur.

JOUANNE.

SOUSCRIPTIONS.

MM. BROSSER, à Boulogne (Seine). . . . . 10 fr.

    CHAUMONT, à Marseille. 250

    ESTIENNE, ex-typographe, à Cosne (Nièvre). . . 25

    Ch. KUSS, à Colmar. 6

    Le Dr NICOLAS, à Bonnet, (Hautes-Alpes). . 10

    SILBERLING Père, à Strasbourg. 12

    SILBERLING Fils, à Sachsenbourg, en

       Carinthie (Autriche). 6

    Report du Bulletin de Février. 34,225

    Total au 30 Avril. 34,544

CORRESPONDANCE.

Sachsenbourg, en Carinthie (Autriche),

le 4 Avril 1871.

« . . . . . Les tristes événements par lesquels nous venons
« de passer, et dans lesquels la civilisation s'est encore montrée
« dans toute son horrible laideur, m'ont jeté loin de mes
« foyers. . . . (1).

« Comme vous, je crois que loin d'être défavorable, le
« moment actuel est au contraire plus favorable que jamais,
« pour appeler l'attention sur la doctrine sociétaire et pour

(1) L'an dernier, M. Silberling était employé dans l'administration des
ponts et chaussées, à Strasbourg. Que de carrières, comme la sienne
auront été bouleversées par la guerre! Notre vénéré condisciple,
M. Salomon, de la même ville, se prépare à quitter l'Alsace, devenue
prussienne! Combien il est urgent de réaliser la Théorie sociétaire qui,
seule, peut à bref délai réparer les maux de la guerre et rendre leurs
foyers à nos chers condisciples!

« hâter sa bienheureuse application. Puissent tous nos condis-
« ciples associer leurs efforts pour hâter, soit par leur
« concours matériel, soit par leur concours moral, la réalisation
« de l'application sériaire sur une poignée d'enfants.

« ... Je vais tâcher de faire insérer dans divers journaux
« qui ne sont pas hostiles aux idées d'association et de solida-
« rité, quelques articles relatifs à la méthode du libre essor des
« facultés; les jardins d'enfants de Frœbel, ont acquis déjà, en
« Allemagne une popularité assez étendue, et en partant du
« point de vue de l'extension à donner à la méthode Frœbel, il
« ne sera peut-être pas trop difficile de gagner des adhérents à
« la méthode sériaire.

« Les événements funestes que nous traversons encore actu-
« ellement ne suffiront-ils donc pas pour dessiller les yeux de
« nos condisciples trop pusillanimes et ne verront-ils pas enfin
« qu'il est de la dernière urgence de se grouper autour d'un
« seul et même noyau, pour donner la vie à un germe d'attraction
« capable de fermer à tout jamais l'ère des guerres et des
« révolutions, et pour ouvrir celle de la paix et de l'harmonie
« universelle.

SILBERLING Fils.

Carondelet (Etats-Unis), 10 Avril 1871.

« Je réponds à votre lettre du 3 mars dernier, dans laquelle
« vous m'annoncez la paix, en m'engageant à partir de suite
« pour me joindre à vous. Puisque je vous ai demandé cette
« faveur, je suis tout disposé à le faire aussitôt que le calme
« sera rétabli ; mais je crains que ce ne soit pas pour ce prin-
« temps, d'après les événements qui se sont passés le 18 mars,
« et que vous ne pouviez prévoir dans votre lettre du 3.

« Ensuite, d'autres raisons m'obligent à retarder mon départ
« de quelques mois.

« Si d'ici le mois de septembre il ne m'arrive pas d'accident,
« je pourrai me joindre à vous et contribuer au succès de votre

« œuvre, dans la mesure de mes forces et de mes capacités. Je
« regrette vivement de ne pouvoir partir de suite, mais ce
« m'est impossible en ce moment.

« .... Il ne faut pas songer à l'Amérique pour le moindre
« concours ; c'est le pays de l'égoïsme par excellence ; les
« Américains sont trop suffisants ; ils n'ont de confiance qu'en
« eux et ne veulent rien recevoir ni adopter que ce qui est
« américain ; c'est pour cette raison que je n'ai pu vous être
« d'aucune utilité pour les différentes choses que vous m'avez
« demandées.

« Je désire donc vivement que la vraie paix se fasse et que
« vous puissiez continuer votre œuvre en France. C'est de là,
« selon moi, que doit sortir la vraie liberté. Ce sont là mes
« vœux les plus chers et mon espoir le plus ardent. .....

J. P. YUNGER.

———

Marseille, le 26 Avril 1871.

« .... Après la lecture de l'article de votre bulletin de Mars :
« *Rien de commun entre la théorie sociétaire et le socialisme,*
« j'ai pensé qu'il convenait de faire connaître l'opinion que vous
« avez émise, et qui est aussi celle de tous ceux qui ont bien
« saisi les principes de l'école sociétaire. J'ai donc mis sous les
« yeux d'un grand nombre de personnes votre bulletin, et je
« suis très heureux de vous apprendre que votre article a été très
« apprécié par ceux mêmes qui, très souvent, avaient répété,
« sur notre doctrine, des jugements erronés, et lui avaient prêté
« les vues les plus sottes et les plus absurdes. Je dois vous dire
« aussi qu'à cette occasion, une trentaine de livres de l'école
« ont été achetés par quelques personnes qui veulent étudier la
« doctrine à ses propres sources.

« Avec quelle rapidité marcherait notre idée, si sur tous les
« points, tous les partisans de la cause faisaient habilement et
« vigoureusement leur devoir ; aujourd'hui surtout, qu'en pré-
« sence des questions d'actualité, si menaçantes pour les classes

— 11 —

« supérieures et pour l'ordre social, le monde aveugle semble
« cependant plus accessible. On s'accorde généralement à recon-
« naître que notre époque appelle une reconstitution de la
« Société sur des bases nouvelles, mais on doute des moyens de
« cette reconstitution. Puisque, SEULS, nous avons la solution
« pacifique de ces questions qui se débattent avec si peu de
« savoir, répandons les idées si salutaires auxquelles le monde
« refuse encore son attention ; mais s'il est un temps qui
« approche, c'est celui où il aura bientôt intérêt à favoriser
« nos efforts ; alors, après avoir longtemps semé dans les larmes,
« nous moissonnerons dans la joie. . . . . .

GUIZOU Aîné.

Correspondance rétrospective.

La lettre dont je publie ci-dessous un extrait ne m'était
point adressée personnellement, mais à l'un de nos
condisciples qui faisait quelques démarches pour obtenir
des concours à la Maison rurale. Il s'était adressé au
Fondateur de la *Commune modèle* de Frotey, M. Guyard·
Or, voici ce que celui-ci répondit à cette proposition de
concours :

Paris le 25 Janvier, 1868.

Mon cher Monsieur N***

« . . . . . Je suis bien décidé maintenant à ne plus perdre
« mon temps à des réformes matérielles impossibles, sans la
« réforme religieuse et morale.

« Si vous teniez à connaître le *Fusionisme*, il y a des réunions
« dans votre quartier, ... Je vous engage beaucoup à y
« assister. Vous y apprendrez beaucoup, si, comme je le crois,
« vous cherchez sincèrement la vérité.

« C'est au Fusionisme que je veux consacrer le reste de ma vie,
« et je ne consentirais à m'associer à l'œuvre de Ily, que dans
« le cas où cette œuvre se ferait au point de vue fusionien.

« Etudiez le Fusionisme et vous serez de mon avis.

« . . . . . Je vous exhorte de nouveau de toute mon âme à
« étudier le Fusionisme et vous y trouverez, comme moi, la
« plus large compensation, une compensation infinie de vos
« déceptions. . . . .

                                        A. GUYARD.

M. Guyard se trompait en assimilant à des réformes
exclusivement matérielles, le régime sériaire qui doit
être appliqué à la Maison rurale. Mais une erreur bien
plus grave, commune du reste à tous les philosophes
tant des siècles passés que du temps présent, c'est de
penser que le bonheur de l'humanité tient à des réformes
religieuses (le *Fusionisme* est une nouvelle religion).
L'expérience des siècles ne nous enseigne-t-elle pas que
ces réformes ne sont au contraire que des brandons de
discorde ? La théorie sociétaire, d'accord en cela avec les
enseignements de l'histoire, réprouve toute doctrine qui
tendrait à des innovations religieuses. Ce qu'elle
demande à ses adeptes, c'est un retour sincère à *l'esprit
religieux*, mais nullement l'adhésion à telle croyance
plutôt qu'à telle autre.

Si le clergé ne suit pas les voies conformes au vœu
des masses, il n'en peut être autrement dans l'ordre
civilisé, où tous les intérêts sont *divergents*. L'ordre
sériaire ou combiné, qui résultera de l'application de la
théorie sociétaire, pourra seul établir la *convergence* des
intérêts particuliers, leur fusion avec l'intérêt collectif,
et par conséquent faire cesser un état de choses dont les
résultats sont de nature à provoquer souvent notre indi-
gnation, mais qui, après tout, ne sont imputables qu'à
l'incohérence du mécanisme civilisé, dont le caractère
essentiel est de produire en toutes relations constamment
le contraire du bien. Les réformes religieuses, quelles
qu'elles soient n'y pourraient rien. Ces principes sont
l'a b c de l'art social ; en les méconnaissant, M. Guyard,
a témoigné qu'il ne possédait sur la théorie sociétaire
que les notions les plus fausses.

Rouen. — Imp. Lecointe frères, L. Deshays et Cᵉ, succ., rue Saint-Nicolas, 30.

ÉCOLE SOCIÉTAIRE.

MAISON RURALE D'ENFANTS

à RY (Seine-Inférieure).

MAI et JUIN 1871.

Souscriptions au 30 Juin 1871.

MM. Boulogne, à La Capelle (Aisne)	6 fr.
Brosser, à Boulogne (Seine). déjà souscripteur	10
M. et Mme Cailhabet, à Florence (Italie)	60
MM. Collenot, ancien notaire à Sémur (Côte d'Or), déjà souscripteur	100
Guizou aîné, à Marseille, déjà souscripteur . . .	4
Jubinville, négociant, à Rouen, déjà souscripteur	200
Le Dr Louiset Mme Louis, à la Nouvelle-Orléans	250
Malatier aîné, à Velluire (Vendée)	5
Maumenet, à Nîmes	50
Moreau-Jamet, à Châteauroux (Indre) . . .	10
Pagliardini, à Londres	50
Le Dr Pancin, à Caveyrac (Gard)	50
Le Dr Suin, à Limésy (Seine-Inférieure), déjà souscripteur	200
L. Templier, à Lille, déjà souscripteur, souscription omise au Bulletin d'avril . .	50
Report du Bulletin d'Avril	34, 544
Total au 30 Juin	35, 589 fr.

Il m'a paru convenable de laisser s'écouler deux mois entre le dernier bulletin (avril) et celui qui devait suivre immédiatement. Dans cet intervalle, les concours ont pu se dessiner; par suite, chacun de nos adhérents pourra se faire une idée plus juste de la situation.

Le bulletin d'avril constatait, depuis décembre dernier, 319 fr. seulement de nouvelles souscriptions. Comme on le voit par la liste ci-dessus, les mois de mai et juin ont été plus fructueux, puisqu'ils ont produit 1,045 fr. Si les concours continuent d'arriver dans cette proportion, nul doute que nous soyons bientôt en mesure de produire des faits marquants en faveur du principe d'attraction ou essor libre des facultés.

Un coup d'œil jeté en arrière permettra mieux encore à nos adhérents d'apprécier le développement progressif des concours acquis à notre œuvre.

Ce fût en 1857, deux ans après la fondation de la Société mutuelle l'*Unité fraternelle*, que le projet de Maison rurale d'asile au profit des enfants de cette Société, fut mis en avant et qu'eut lieu un premier appel de concours. Or, de 1857 à 1862, époque de la première constitution de l'œuvre, à part la souscription relativement élevée de M. le Dr Suin, l'ensemble des autres souscriptions, pour la dotation industrielle des enfants, n'atteignit point 200 fr., et jusqu'en 1868, c'est-à-dire pendant les dix premières années, ces souscriptions ne s'élevèrent qu'à 876 fr.! Celles des deux années 1868 et 1869 atteignirent à elles seules 875 fr. Enfin, l'année 1870 produisit un chiffre exceptionnel de 4,624 fr. Si l'on retranche de cette dernière somme une souscription extraordinaire de 3,070 fr., fournie par deux seuls souscripteurs, il reste encore, pour cette seule année, un total de 1,554 fr., qui accuse une progression marquée sur le résultat des années précédentes.

La souscription aux obligations a suivi à peu près le même développement.

La Maison rurale, longtemps stationnaire au point de vue des concours pécuniaires, suit donc aujourd'hui une marche progressive, et cette progression né paraît pas devoir s'arrêter, malgré les fàcheuses circonstances que nous venons de traverser, puisque pendant les six premiers mois de cette année, les souscriptions, tant à la dotation des enfants qu'aux obligations, s'élèvent, ainsi qu'il est constaté aux bulletins d'avril, mai et juin, au total de 1,364 fr. Plusieurs de nos coopérateurs nous font espérer de nouvelles souscriptions, nous sommes donc dans une voie ascendante, et ce fait est bien de nature à engager tous les partisans de la théorie sociétaire à seconder de leurs efforts cette évolution pleine d'espérance.

La Maison rurale d'enfants, il est également bon de le rappeler, avait été conçue en vue d'en faire une annexe de l'école communale. C'était la voie la plus économique pour arriver promptement à une application fructueuse de la méthode du libre essor des facultés dans l'enseignement. Je né me dissimulais pas cependant que de graves difficultés pourraient se présenter sur la route. J'avais sondé le terrain par la fondation de la société mutuelle, et je savais à quoi m'en tenir sur certaines dispositions hostiles. Cette perspective ne m'empêcha point de commencer quelques préparatifs. L'étude de la série périodique dont le mécanisme règle le cours des événements ne nous enseigne-t-elle pas que les choses se modifient avec le temps, aussi bien dans les moindres villages que dans les plus grands empires! Toutefois, les changements prévus tardant à se produire, je dus modifier le projet primitif et aviser à faire de la Maison rurale un pensionnat libre et indépendant. C'était prendre une voie plus dispendieuse, et, partant, beaucoup plus longue. Cependant, dès l'an dernier, malgré l'insuffisance des préparatifs, on put risquer l'admission de quelques pensionnaires, et ce petit noyau se fut certainement accru, sans les événements politiques qui ont arrêté tant de choses. Bref, aujourd'hui, après ce temps d'arrêt forcé, notre situation, comme l'an dernier, est telle que les préparatifs pour l'institution du pensionnat sont encore incomplets, mais que, d'un autre côté, toutes les entraves qui existaient, au point de vue des enfants de la localité, ont complètement disparu.

J'entre dans ces détails parce que ceux de nos adhérents qui sont éloignés de la Maison rurale sont portés à croire que cette œuvre est fondée sur de larges bases, tandis qu'elle pivote, au contraire, dans un cercle excessivement restreint. L'un d'eux, qui habite l'Alsace, ne s'était-il pas figuré que nous disposions déjà de 150 enfants! Non; nous n'en avons qu'une quinzaine, et ce petit nombre ne doit même compter que pour la douzaine, par suite des absences occasionnées par des causes diverses. Ce nombre d'enfants, pris dans la localité, nous suffit pour le moment. Ce qu'il faudrait adjoindre à ce premier noyau, et le plus tôt possible, ce serait une douzaine d'élèves internes, tirés, autant que faire se pourrait, de la ville; non pas qu'il soit impossible d'atteindre un

nouvel échelon autrement que par l'admission de ces
pensionnaires, mais parce que le concours de quelques
enfants tirés de la ville, nous serait d'une plus grande
utilité, sous certains rapports, que ne seraient de nouvelles recrues prises parmi les enfants élevés à la campagne. La Maison rurale, qu'on ne l'oublie pas, doit
procéder, dans son organisation, par des voies toutes différentes de celles que suivent les autres établissements
d'éducation. C'est ainsi que plus tard on devra se conformer, dans le choix des enfants, à certaines conditions
d'âge, de caractère et autres, qu'il est inutile d'énumérer,
mais qui seront de rigueur pour le succès de la nouvelle
méthode.

Si nous pouvions, au moment de la rentrée des
classes, réunir, comme je viens de le dire, une douzaine
d'enfants de la ville, remplissant déjà certaines conditions d'éducation, au lieu de les amalgamer purement et
simplement avec les autres élèves, comme on le ferait
dans les autres institutions, et comme je le ferais moi-
même, s'il ne s'en présentait que 5 ou 6, il est probable
que ces nouveaux élèves seraient tenus complétement
isolés des autres pendant quelque temps, et livrés à des
exercices différents, afin de jeter entre ces deux groupes
les germes d'une émulation qui, après quelques semaines, produirait des résultats que les praticiens de
la vieille méthode de contrainte se reconnaissent impuis-
sants à réaliser. Ces résultats seront plus longs à obtenir
si, pendant quelque temps encore, nous nous trouvons
réduits au seul emploi des enfants de la localité, ou s'il
ne leur est adjoint que 5 ou 6 enfants de la ville. Fondée
sur un principe diamétralement opposé à celui des mé-

thodes actuelles, est-il étonnant que la méthode du libre
essor des facultés emploie des voies et moyens prépara-
toires tout autres que les voies et moyens de ces méthodes surannées?

Dans la limite des concours qui nous sont présentement acquis, le développement de la Maison rurale ne
peut encore s'effectuer que par échelons successifs, et ce
sont ces progrès de chaque jour qui faciliteront l'arrivée
de nouveaux concours, dont l'importance, s'accroissant
suivant une progression géométrique, ne tardera pas à
élever nos moyens d'action à un degré de puissance que
l'on peut à peine entrevoir.

Quelque peu nombreux que nous soyons, ne nous dé-
courageons donc point. J'ai bien résisté à dix années d'indifférence, sans perdre espoir. J'étais même résolu de
marcher, alors même que tout concours m'aurait manqué et avec mes seules et faibles ressources que le temps
aurait accrues. Si je m'étais découragé, il n'y aurait rien
de fait aujourd'hui, tandis que nous sommes bien près de
toucher au but de nos plus ardents désirs, lequel consiste
à fixer l'attention générale sur la magnifique théorie
d'attraction. Lorsque nous serons arrivés à cette période
de notre évolution, l'École sociétaire se verra inconti-
nent mise en possession de tous les moyens nécessaires
pour l'essai intégral de sa théorie, lequel marquera la
plus grande et la plus merveilleuse révolution qui ait
jamais eu lieu depuis que l'humanité existe. Elevons donc
nos cœurs à la hauteur d'une aussi noble tâche, et que nos
efforts combinés fassent enfin et promptement surgir le
premier rayon de lumière sur la merveilleuse et providentielle doctrine dont nous sommes les faibles apôtres.

Pour diriger les premiers enfants de la Maison rurale, à peine a-t-on employé la *cent millième* partie des ressorts qu'indique la théorie d'attraction ou du libre essor, et, quelques faibles et chétifs que soient les résultats, j'en suis pourtant étonné. Les essais réitérés que j'ai faits depuis quelques années sur les enfants m'ont convaincu que l'application intégrale de tous ces ressorts produirait des merveilles vraiment inattendues. Bientôt, si nous le voulons tous, nous n'aurons plus qu'à nous croiser les bras et laisser faire ces jeunes enfants. Dès qu'ils seront seulement une trentaine, l'École sociétaire pourra hardiment leur confier son drapeau ; la conquête du monde civilisé et barbare suivra de près, et l'heure de l'avénement du règne de justice et d'harmonie ne tardera point à sonner. Hâtons-nous donc d'achever les préparatifs nécessaires au recrutement et à l'organisation de cette petite cohorte libératrice.

JOUANNE.

Importance de la Mutualité.

Les Sociétés mutuelles, comme beaucoup d'autres institutions, sont des germes de bien que la nature fait éclore spontanément au sein de l'humanité, laissant à celle-ci le soin de rechercher et mettre en œuvre les moyens de les développer. Mais, contrairement à ce qui arrive aux plantes utiles qui, après être restées longtemps confondues avec les plantes sauvages, finissent, à un moment donné, par frapper l'attention et deviennent l'objet d'études sérieuses, par lesquelles on apprend à tirer tout le parti possible de ces plantes jusque là dédaignées, les germes de bien que nous offre le champ social furent au contraire toujours et constamment négligés de la science, et cela au grand détriment du progrès social. C'est ainsi, par exemple, que le principe de solidarité qui caractérise les institutions mutuelles, s'il avait été généralisé de nos jours dans son application, aurait assurément prévenu les calamités dont nous avons été témoins.

Que les corps savants et les hauts pouvoirs sociaux n'aient pas entrevu l'importance de ce principe salutaire, il n'y a dans ce fait rien de surprenant; Notre siècle habitué aux petitesse d'une politique étroite et mesquine, s'est toujours montré inaccessible aux grandes conceptions. Sa vue n'a pu jusqu'à ce jour dépasser les bornes de l'horizon, tel que l'ont délimité les lois du hazard. Nul savant n'a osé aborder l'hypothèse d'un ordre social organisé autrement que celui qui est sous nos yeux; nul ne s'est imposé la tâche de chercher, par des améliorations sagement combinées, à transformer cet ordre odieux d'où naissent à chaque génération de nouvelles calamités (Nul, si ce n'est le fondateur de l'Ecole sociétaire). Mais ce dont on a lieu d'être étonné, c'est que l'Ecole sociétaire, qui sait quelles magnifiques destinées sont réservées au genre humain, ait méconnu l'importance de la mutualité, comme voie d'acheminement à ces destinées et quelle soit demeurée sourde aux avances qui lui étaient faites par l'un des siens, en vue de l'engager à se consacrer résolument à l'étude et au développement du principe de solidarité.

A l'époque de la fondation de l'*Unité fraternelle*, plusieurs lettres furent en effet adressées à la rédaction du journal de cette Ecole, afin de la décider à suivre cette voie et tout d'abord à prêter son concours à cette Société naissante. Alors l'Ecole sociétaire avait été cruellement éprouvée dans les luttes politiques auxquelles elle avait pris part, bien à tort selon quelques-uns. Mais en suivant la voie qui lui était indiquée, elle se fut vite relevée de cette chûte et n'eut pas tardé à conquérir une large influence sur la marche des choses. Nul doute que l'extension du principe de solidarité en toutes relations n'eût prévenu les fâcheux événements, dont nous subissons tous les tristes conséquences. Or, l'Ecole sociétaire pouvait prendre cette initiative; en ne le faisant point, elle a témoigné qu'elle partageait elle-même le manque de foi et d'espérance qui caractérise notre pauvre siècle.

Depuis l'an dernier, comme on le voit par la liste des membres honoraires de l'*Unité fraternelle*, quelques membres de l'Ecole sociétaire ont, quoique tardivement, apprécié l'importance de la mutualité. Notre infortuné condisciple, Faneau, avait même conçu le projet de provoquer la réunion de toute l'Ecole sociétaire, en une vaste association solidaire. Mais aujourd'hui le temps a marché, la question des Sociétés mutuelles a perdu de son opportunité et peut être reléguée au second plan. Le principe d'attraction ou du libre essor des facultés peut nous conduire bien plus rapidement au but. C'est pourquoi sans négliger de prêter la main à la Société mutuelle de Ry, qui se rattache par tant de liens à la Maison rurale d'enfants, c'est avant tout sur celle-ci, que doivent se concentrer tous nos efforts.

— 10 —

Société de Secours mutuels l'Unité Fraternelle.

Situation au 31 décembre 1870.

I. — MOUVEMENT DU PERSONNEL.

Au 1ᵉʳ janvier 1870, la Société comprenait 137 membres, dont 116 participants et 21 membres honoraires.

Pendant l'année, 30 membres nouveaux ont été admis, dont 15 membres participants et 15 membres honoraires. Par contre, 4 décès et 5 radiations ont eu lieu parmi les membres participants; 1 membre honoraire a donné sa démission et 3 autres sont décédés.

De sorte qu'au 31 décembre 1870, la Société est composée de 155 membres, dont 123 participants et 32 honoraires.

Pendant cet exercice, la Société a payé aux membres participants 131 jours de maladie, et 70 associés ont pris part aux secours, tant pour maladies que pour de simples indispositions.

La Société compte 4 membres participants admis à la pension de retraite.

II. — SITUATION FINANCIÈRE.

Recettes.

Droits d'admission........	25 fr.	»
Cotisation des membres participants..............	962	10
Amendes..............	8	»
Cotisation des membres honoraires..............	376	»
Dons..............	34	»
Recettes diverses : Souscriptions spéciales pour la fête du mois de mai, etc..........	196	20
Intérêts des fonds placés....	27	»
Total des Recettes.....	1,628 fr. 30 ci.	1,628 fr. 30

Dépenses.

Frais de gestion.	180 fr.	»
Honoraires des médecins . . .	244	»
Médicaments.	461	20
Secours en argent.	80	90
Frais funéraires.	204	»
Dépenses diverses : fête du mois de mai, etc..	369	35

Total des dépenses. . . 1,539 45 ci. 1,539 fr. 45

Excédant des Recettes. . . . . 88 fr. 85

Avoir en caisse de fin 1869.. . . . . . . 555 68

Total de l'avoir en caisse au 31
décembre 1870. . . . . 644 fr. 53

Nota. — Outre cet avoir en caisse, la Société possède un fonds spécial de retraite qui dépasse 6,000 fr.

Membres honoraires au 30 Juin 1871.

MM. le marquis DE POMMEREU, au château du Héron.

le vicomte Robert DE POMMEREU, au château du Héron.

POUYER-QUERTIER ❊, ministre des finances.

l'abbé CHAUMONT, curé de Ry.

le Dr THIBAULT, maire de Ry.

GRIVET, adjoint au maire de Ry.

CORROYER, membre du conseil municipal à Ry.

GOBIN, commerçant à Ry.

GEUFROY, propriétaire à Elbeuf-sur-Andelle.

CAVELIER, propriétaire à Grainville-sur-Ry.

VALLET, cultivateur à Grainville-sur-Ry.

Eug. CAMPION, propriétaire à Martainville-sur-Ry.

le Dr HOLLEY, à Martainville-sur-Ry.

DENELLE fils, à Saint-Denis-le-Thibout.

LEQUEUX-PLANCHON, propriétaire à Rouen, *souscripteur de la Maison rurale.*

MM. Jubinville, négociant à Rouen, *souscripteur de la Maison rurale*.

Fruchart, vice-président de la société chorale *La Renaissance* de Rouen, *souscripteur de la Maison rurale*.

Louis Lécalar, industriel à Rouen.

Salomon, ancien libraire à Strasbourg, *souscripteur de la Maison rurale*.

Boulanger, architecte à Athènes, *souscripteur de la Maison rurale*.

Mme Mignerot, à Paris.

Mlle Gagneur, à Paris.

M. Just Muyron, ancien chef de bureau de la préfecture du Doubs, doyen de l'Ecole sociétaire, à Besançon.

Mlle Becquet, à Besançon.

Mme veuve Becquet, née Muyron, à Besançon.

Mlle Louise Muyron, à Besançon.

Mme E. R. D., *souscripteur de la Maison rurale*.

MM. le Dr Jounin, à Paris.

Fontana, agent-comptable, à Paris.

Dans cette liste devrait figurer le nom de M. Faneau, dont le concours nous était acquis de l'an dernier; mais voici la triste nouvelle que l'on a pu lire dans le *Journal de Rouen* du 14 juin :

« Un jeune médecin de Paris, le Dr Faneau, fils d'un chirurgien qui jouit d'une assez grande réputation dans la capitale, a péri d'une affreuse façon, pendant la guerre civile :

« Directeur de l'ambulance de Saint-Sulpice, au moment où les troupes régulières y arrivèrent, il venait de déclarer à l'officier qui les commandait, que l'ambulance ne contenait que des malades, lorsqu'un coup de feu partit d'une fenêtre et frappa un soldat.

« On crut que l'infortuné docteur était complice de cette lâche agression et on le passa par les armes. »

Rouen. — Imp. Léon Deshays et Comp., rue Saint-Nicolas, 30.

ÉCOLE SOCIÉTAIRE.

MAISON RURALE D'ENFANTS

à RY (Seine-Inférieure).

JUILLET et AOUT 1871

Souscriptions au 15 Août 1871.

MM. E. Baudry, à Blois.	3 fr.
J. B. Caron, architecte, à Paris.	1,250
Ernoult-Jottral, banquier, à Rouen, déjà souscripteur.	1,000
Grosjean, capitaine en retraite à la Heycourt (Meuse).	10
Hébert, ouvrier typographe, à Gisors (Eure) .	2
L. Lécalard, industriel, à Rouen, membre honoraire de la Société mutuelle l'Unité Fraternelle	500
L. Templier, à Lille, membre honoraire de la Société mutuelle l'Unité fraternelle (1) déjà souscripteur	1,250
Report. du 30 Juin	35,589
Total au 15 Août.	39,604 fr.

(1) C'est par erreur que le nom de M. Templier a été omis dans la
liste des membres honoraires de l'Unité Fraternelle, insérée au dernier
Bulletin (Mai et Juin). — Une autre omission dans la même liste, est
celle de M. Monnier, commerçant, à Rouen.

Par suite des souscriptions récentes, dont mention ci-dessus, il ne reste plus qu'un très petit nombre d'obligations disponibles, et, d'après les intentions que nous ont manifesté quelques adhérents, il est à peu près certain que le prochain bulletin annoncera la clôture de cette souscription. Il devient donc opportun de s'occuper, sans plus de retard, de la formation de la Société de fondation, dont il a été question au bulletin d'avril. Le pensionnat de la Maison rurale va rouvrir dans quelques semaines ; c'est une nouvelle raison de ne pas différer plus longtemps cette organisation, dont le résultat sera d'apporter à notre œuvre de nouvelles garanties de stabilité, et, il faut espérer, de succès prochain.

Toutes les personnes qui portent intérêt à la Maison rurale d'enfants peuvent souscrire, dès à présent, à la formation de cette Société. Leur souscription ne sera, toutefois, considérée comme définitive que du jour de leur adhésion à l'acte de Société, et, en cas de versement de fonds avant la publication de cet acte, le montant de leur souscription effectuée leur serait remboursé, si l'acte constitutif de ladite Société de fondation n'emportait pas leur adhésion.

Comme par le passé, les sommes les plus minimes seront reçues. Cependant, il paraît convenable de limiter au minimum de 10 fr. les plus petites souscriptions pour la Société de fondation. Les versements qui n'atteindraient pas ce minimum seraient exclusivement affectés à la dotation des enfants. J'engage même ceux de nos adhérents qui ne pourraient disposer que d'une faible somme, à élever néanmoins leur souscription au-delà du minimum ci-dessus, sauf à stipuler que le versement s'en effectuerait par fractions dans l'intervalle de quatre à cinq ans.

<hr>

Le Mémorial des Deux-Sèvres et la Théorie sociétaire.

Le *Mémorial des Deux-Sèvres* publiait, le 23 juin dernier, un article intitulé : *le Socialisme et les Princes*. Dans cet article, adressé sous forme de lettre à M. de la Falaise, en son château de Saint-Martin-sous-Vouzeuil, l'auteur, qui ne s'était pas nommé, me prenait à partie pour avoir affirmé, dans le Bulletin de mars, que le socialisme et la Théorie sociétaire n'ont rien de commun. Selon lui, ce seraient les rameaux d'un même arbre et la Théorie sociétaire serait même le tronc de l'arbre, d'où la conséquence que toutes les doctrines socialistes seraient le produit de la Théorie sociétaire. J'ai répondu à cet article par une lettre que le rédacteur du *Mémorial des Deux-Sèvres* a bien voulu insérer dans son numéro du 25 juillet et que la plupart de nos adhérents connaissent aujourd'hui. Mais, dans son numéro du 13 juillet, le même journal avait inséré une deuxième lettre du correspondant de M. de la Falaise, deuxième lettre, dont je n'ai eu connaissance qu'après l'envoi de la mienne. L'auteur s'y montre on ne peut plus bienveillant pour la Maison rurale d'enfants, dont il expose longuement les avantages. Toutefois, tout en le remerciant de cette adhésion franche et nette à la Maison d'enfants, je n'en persiste pas moins dans mes premières déclarations par lesquelles je repousse toute assimilation avec les doctrines socialistes. Je considère comme une

tactique des plus maladroites de la part de certains
membres de l'Ecole sociétaire, de vouloir confondre leur
cause avec celle du socialisme, contre lequel l'opinion
publique se révolte et avec juste raison. Ils ont d'autant
plus tort qu'ils se mettent en cela en pleine opposition
avec la vérité.

Un écueil contre lequel viennent se heurter la plupart
des écrivains, en civilisation, c'est de prendre ce qui
devrait être pour ce *qui est*, et la confusion dans laquelle
tombent ceux de nos condisciples que je combats n'a pas
d'autre source. Ainsi, le correspondant de M. de la Falaise dit que le socialisme *est* l'ensemble des doctrines
qui s'occupent de l'organisation de la Société. Il serait
dans le vrai, s'il disait que le socialisme *devrait être*
l'ensemble de ces doctrines. Mais, en réalité, cela n'est
pas, et le socialisme est tout simplement l'ensemble des
idées fausses qui servent à colorer, de notre temps, la
guerre du pauvre contre le riche, laquelle existe à l'état
permanent dans les sociétés civilisées et barbares.

Cela est si vrai que les chefs du socialisme ne voient
dans les principes qu'ils mettent en avant, qu'un moyen
d'agiter les masses, les soulever pour les faire servir à
leurs desseins, qui ne sont autres que de s'emparer du
pouvoir. Quant à l'efficacité de ces principes, au point
de vue pratique, ils n'en croient pas un mot. C'est donc
un tort des plus graves aux partisans d'une doctrine aussi
positive que l'est la Théorie de l'Attraction, de s'allier,
ne serait-ce que nominalement, à des doctrines auxquelles ne croient pas ceux-là même qui s'en font les
promoteurs.

Depuis cette publication dans le *Mémorial des Deux-*

Sèvres, l'auteur des deux lettres à M. de la Falaise s'est fait connaître. J'ai là sous les yeux une lettre de lui, dont je transcris ci-dessous quelques passages, en y intercalant mes propres réflexions.

« Le *Mémorial* du 25 juillet m'a apporté votre
« lettre qui m'a surpris; mon premier mouvement a été
« d'y répondre, mais j'ai bien vite reconnu que ce se-
« rait une maladresse, en effet, nous sommes d'accord,
« il n'y a entre nous qu'une querelle de mots. La défi-
« nition du socialisme sur laquelle porte toute votre
« argumentation a été empruntée au *Catéchisme du So-*
« *cialisme*, de Barrier; elle est adoptée pas tous les
« auteurs civilisés ou socialistes. Pouvez-vous, parce
« qu'une dénomination généralement acceptée vous
« déplaît, la repousser de votre autorité privée?... »

Je réponds que, quelle que soit la définition que certains écrivains ont pu donner du socialisme, celui-ci est considéré généralement, et avec raison, comme une doctrine de désordre et de bouleversement, et que cela suffit pour que nous devions nous garder, comme du feu, de confondre avec cette doctrine révolutionnaire et subversive, notre doctrine à nous : la Théorie sociétaire ou d'Attraction, laquelle est toute conciliante, servant les intérêts de tous, du riche comme du pauvre, des gouvernements comme des peuples. La Théorie sociétaire est fondée sur la science, le calcul et l'observation, tandis que le socialisme n'est qu'un rameau de la philosophie contemporaine, qui n'est elle-même qu'un ensemble de systèmes arbitraires, un tissu d'erreurs. Comme le socialisme, la philosophie ment à la définition que lui donnent ses partisans. Qu'est-ce, en effet, que

— 6 —

cette philosophie aussi orgueilleuse que mensongère? Quelle définition en a-t-on donnée? Les uns ont dit qu'elle est la science par excellence qui traite de l'homme et de ses relations avec l'univers et Dieu; les autres qu'elle est la science des causes : autant d'auteurs, autant de définitions aussi trompeuses. La philosophie ne nous a jamais rien appris sur l'homme, Dieu et l'univers; elle ne nous a révélé aucune des causes du mouvement. Elle a divagué depuis trois mille ans sur toutes ces choses, et si bien embrouillé les questions qu'elle a fini par engouffrer l'esprit humain dans un labyrinthe inextricable.

L'Ecole sociétaire est entrée en possession des seules notions importantes que nous ayons encore sur l'homme et ses rapports avec l'univers et Dieu; seule elle tient en main la clef qui nous initiera à la connaissance des causes. C'est pourquoi elle doit démasquer la philosophie, dévoiler les erreurs et les perfidies de cette prétendue science, et la poursuivre dans toutes ses ramifications, telles que l'économie politique, triste legs du siècle dernier, et le socialisme, cet odieux produit du siècle présent. Parce que des erreurs seraient généralement acceptées, serait-ce un motif de ne pas les repousser?...

Notre correspondant poursuit : « Les *communeux* s'intitulaient républicains-socialistes, pour cela, les républicains n'ont pas pensé à rejeter leur nom. » Sans doute, et les républicains honnêtes et amis de l'ordre se sont bornés à protester contre les doctrines des *communeux*, contre toute assimilation à ces ennemis de la société. Ici, la comparaison de notre contradicteur manque de justesse. Il y avait des républicains avant

qu'il n'y eût des socialistes. De même, l'Ecole sociétaire
existait avant l'Ecole socialiste. Les membres de l'Ecole
sociétaire qui veulent s'attribuer la dénomination de
socialistes ressembleraient donc aux républicains qui
voudraient se ranger sous cette même bannière. On voit,
au contraire, les républicains protester contre cette
confusion.

« Il n'y a pas alliance parce qu'on est désigné par le
« même mot, dit notre condisciple, et je crois bien que
« le pape ne se croit pas solidaire de la reine d'Angle-
« terre, de l'empereur de Russie et de l'empereur d'Al-
« lemagne, bien que tous fassent partie de la grande
« famille chrétienne, » c'est très vrai; aussi, bien qu'il
y ait parmi les Français des gens qui sont indignes sous
tous rapports, nous ne nous croyons point solidaires de
leurs méfaits et il ne peut entrer dans notre esprit de
vouloir pour cela changer notre nationalité. De même,
bien qu'il y ait parmi les membres de l'Ecole sociétaire
des hommes qui contreviennent parfois et fàcheusement
aux principes de cette Ecole, nous ne pouvons, ni ne
voulons pour ce fait rejeter notre caractère de membre
de cette Ecole, partisan de sa sublime doctrine. Mais
prendre le titre de socialiste ce serait imiter le Français
qui renoncerait à sa nationalité parce qu'il y aurait
des criminels parmi ses compatriotes, ou le chrétien qui
abjurerait sa religion, parce que quelques-uns de ses
coréligionnaires contreviendraient aux principes chari-
tables de l'Evangile.

Notre condisciple termine par cette observation :
« Le mot socialisme a de bien profondes racines dans
« l'Ecole sociétaire; nous avons : *Principes du socialisme,*

« le *Socialisme devant le vieux monde, Catéchisme du socia-*
« *lisme*, etc. » C'est vrai, et c'est un malheur. Ce sera la
grande faute de quelques-uns de nos condisciples d'avoir
établi cette confusion, à tous égards préjudiciable au
progrès de notre belle cause. On s'explique cette fausse
direction par l'impatience des disciples de l'attraction et
le dédain dont leur doctrine était l'objet de la part du
siècle.

Comme les mauvaises herbes dont la multiplication
marche rapidement, les doctrines socialistes, venues
après la Théorie sociétaire, se sont vite propagées au
sein de la masse ignorante, si prompte à se laisser prendre aux apparences. Au lieu de se résigner à l'isolement les partisans de l'Attraction industrielle ont cru
qu'ils agiraient sagement en se glissant parmi ces novateurs, qu'ils pourraient les gagner à la cause de la véritable Association, ou tout du moins profiter de leurs
succès. Là est leur excuse.

Je pense que tout ce qui précède a suffisamment élu-
cidé la question soulevée par le correspondant du *Mémorial des Deux-Sèvres.* Il dit que nous sommes d'accord
et qu'il n'y a entre nous qu'une querelle de mots. Mais
sous les mots se cachent les faits et il est dangereux de
confondre sous une même désignation les faits subversifs et les faits harmoniques.

La première règle d'une bonne méthode c'est de distinguer le genre harmonique du genre subversif, entre
lesquels il y a autant de différence qu'entre le vrai et le
faux. Le loup et le chien sont deux animaux que la
nature a créés sur le même moule. C'est, à quelques
légères différences près, la même organisation ; mais

quelles différences dans les mœurs! Le loup ennemi de
l'homme, s'attaquant à ses troupeaux et parfois à
l'homme lui-même! Le chien, au contraire, fidèle serviteur de l'homme et gardien de ses troupeaux! Même
différence entre l'abeille et la guêpe; celle-ci ne produisant rien d'utile, dévorant les fruits de nos vergers et
poursuivant ses déprédations jusque dans nos maga-
sins; l'autre si utile par son double produit de miel et
cire! N'a-t-on pas agi judicieusement en distinguant par
des noms différents ces animaux de mœurs si opposées,
quoique moulés sur un germe identique, développé
chez l'un en sens harmonique et chez l'autre en mode
subversif! Et pourtant, la confusion ici aurait eu
des conséquences bien moins fâcheuses que de ranger
sous un nom commun les Doctrines qui sont, les unes
perturbatrices de l'ordre social, et les autres conservatrices de ce même ordre !...

La propagande sociétaire a eu tort de prêter à une
telle confusion. Ne renouvelons point les fautes du
passé. Il ne s'agit pas toutefois de recommencer cette
propagande purement théorique. Malgré ses fautes, elle
a fait avancer nos idées. Cela est incontestable. Aussi,
nous n'avons point à revenir sur nos pas, mais à poursuivre la route par le chemin le plus direct. L'Ecole
sociétaire ressemble au voyageur qui, parti de Paris,
aurait pris la route de Lyon pour se rendre à Bordeaux;
s'apercevant de l'erreur à Dijon, serait-il sensé à lui de
rebrousser chemin jusqu'à Paris? Non, il serait plus
sage de prendre à la traverse par Moulins, Guéret et
Périgueux. Or, le chemin de traverse que doit prendre
aujourd'hui l'Ecole sociétaire, c'est la propagande par

les faits. Mieux que la parole les faits démontreront aux yeux de tous combien notre Théorie du quadruple produit et nos procédés de répartition équilibrée diffèrent des élucubrations de l'esprit philosophique.

Nous n'atteindrons pas avec les seuls enfants ce double résultat de quadruple produit et de répartition conforme à l'esprit de justice ; mais nous pourrons mettre en évidence l'efficacité du principe du libre essor des facultés appliqué à l'enseignement, l'excellence de la distribution sériaire en conformité avec les facultés innées de l'enfant ; d'où naîtra la possibilité d'employer ce dernier à des travaux productifs qui favoriseront en même temps son instruction. Ces résultats et beaucoup d'autres que nous pourrions énumérer feront pressentir aux yeux des moins clairvoyants les avantages qu'une étude sérieuse nous fait entrevoir d'une plus large application de la Théorie d'Attraction.

Pour cette application partielle sur les enfants, qu'est-il besoin d'invoquer les doctrines d'erreur qu'enfante la pauvre civilisation ? Elle est si pauvre de génie, si dénuée d'intelligence qu'elle ignore les premières conditions que prescrit le simple bon sens en fait d'innovations. La voilà en train d'appliquer à notre malheureuse patrie tout un système de décentralisation dont elle n'entrevoit ni les avantages, ni les inconvénients. La plus simple sagesse conseillerait d'essayer ces nouvelles mesures sur deux ou trois départements au plus ; non, elle en étend l'application à toute la nation. Si la mesure est défectueuse, c'est la France entière qui en pâtira. C'est peut-être le germe de nouvelles révolutions qu'on va semer ainsi sur toute une vaste contrée ; qu'importe à nos

hommes politiques; la tranquilité du pays et la stabilité
de l'ordre sont leur moindre souci. Quand on vante à un
jardinier les propriétés utiles d'une graine, il se garde
bien d'en couvrir son jardin ; il en sème seulement un
petit carré et ce n'est qu'après cet essai qu'il se décide à
une culture plus étendue. Les grands génies de la politique civilisée ne sont pas, dans leur spécialité, à la hauteur du bon sens d'un apprenti jardinier. Laissons-les
expérimenter leurs tristes réformes sur la France entière,
cette pauvre patiente qui a déjà tant souffert de tant
d'essais désastreux ! Quant à nous, marchons progressivement, essayons notre Théorie sur un petit coin de
terre ; à mesure que cet essai produira de bons résultats
nous en étendrons progressivement le cadre et peut-
être arriverons-nous bientôt à découvrir à tous les yeux
les sentiers du vrai progrès dont s'éloigne de plus en
plus la masse des civilisés, conservateurs aussi bien que
révolutionnaires.

Que nos condisciples entrent donc hardiment, et sans
plus différer, dans cette voie de salut. Si l'an dernier les
abonnés de la *Science sociale* avaient souscrit à la Maison
rurale, chacun seulement pour le montant d'un abonnement, l'épreuve que nous voulons tenter serait effectuée
aujourd'hui et l'Ecole sociétaire, réunie en congrès, s'oc-
cuperait présentement des préparatifs de la grande expérimentation décisive. Ne différons donc pas plus longtemps, et si les vétérans de cette Ecole, découragés par la
longueur des délais qui ont retardé la période des applications, restent indifférents à la Maison rurale, que ceux-
là qui s'y rallient redoublent d'efforts et nous gagnent
des adeptes nouveaux. Ils trouveront dans les journaux

de province des feuilles aussi bienveillantes que le *Mémorial des Deux-Sèvres* et qui accueilleront favorablement
leurs communications. Que la souscription s'étende partout, et, puisque les princes et les puissants demeurent
sourds à nos appels, aussi bien que les écrivains influents
qui s'obstinent à rester embourbés dans les ornières du
sophisme, que les petits et les simples apportent leur
obole à l'entreprise d'où sortira la Régénération sociale.
Ce sont eux qui ont le plus à gagner à cette révolution
pacifique, pourquoi n'en deviendraient-ils pas les principaux agents? A l'œuvre donc, et sans tarder.

Le Républicanisme et la Théorie sociétaire.

Puisque nous venons de vider la question du socialisme, frère puîné du républicanisme, autant en finir
aussi avec ce premier-né de la philosophie civilisée.

Voici ce que m'écrivait, en juin dernier, un partisan
de l'Ecole sociétaire, froissé de mes critiques à l'endroit
des théories républicaines. Je réponds à sa lettre paragraphe par paragraphe.

« J'approuve complètement vos idées sur l'impuis-
« sance de la politique relativement à la Théorie socié-
« taire, mais n'êtes-vous pas inconséquent en attaquant
« dans votre bulletin les républicains?... » Pourquoi
inconséquent, si les doctrines républicaines sont aussi
impuissantes à faire le bonheur des peuples que les
autres doctrines politiques? Les républicains, « à qui,
« ajoute mon correspondant, vous n'avez certainement

« rien à reprocher, » forment, au contraire, un parti
sur qui doivent retomber les plus graves reproches.
N'est-ce pas ce parti qui a contribué à renverser tous
les gouvernements qui se sont succédé, en France, depuis
un demi-siècle, et cela, sans aucun profit pour l'ordre
public et la prospérité du pays ? Les républicains se sont
constamment montrés hostiles à l'autorité, et la Théorie
sociétaire enseigne que la voie du véritable progrès consiste, au contraire, à se rallier aux vues de l'autorité.
Un parti sème l'erreur dans tous les rangs de la société,
propage de funestes illusions sur les prétendues perfections de ses faux systèmes politiques, et il ne faudrait
pas le démasquer !...

« Car, poursuit notre correspondant, s'ils (les répu-
« blicains) n'ont rien fait pour nous, matériellement
« parlant, au moins ne nous ont-ils jamais persécutés,
« comme l'ont fait ceux qui paraissent avoir vos préfé-
« rences, je ne sais pour quel motif. »

Si les républicains ne nous ont point persécutés, devons-nous leur en savoir gré ? Pour persécuter, il faut
avoir en main le pouvoir, et les républicains n'ont jamais pu conserver la puissance, qu'à diverses reprises
les circonstances leur ont donnée ; leur règne a toujours
été éphémère. Mais, s'ils n'ont pas eu le pouvoir de persécuter, ils avaient celui de nous cribler de sarcasmes
et de railleries et ils en ont souvent usé. Quant aux préférences que le défenseur du parti républicain me prête
pour des gens qui auraient persécuté l'Ecole sociétaire,
s'il entend par là les hommes du pouvoir, le gouvernement, peut-être trouvera-t-on une atténuation à ces
persécutions dans la faute même que l'Ecole commit en

s'alliant, à une époque, aux partis hostiles à l'autorité. La voie du véritable progrès, je le répète, consiste à se rattacher à celle-ci, entrer dans ses vues; ce qui n'implique point cependant qu'on doive se rendre solidaire de ses erreurs et ne jamais lui résister quand elle tombe dans l'arbitraire et les abus. Ce ralliement tout scientifique n'est point une préférence, encore moins une sympathie.

« Les membres de l'Ecole sociétaire, dit notre corres-
« pondant, n'ont jamais rencontré de sympathie que
« chez les républicains, et c'est déjà beaucoup que de
« trouver d'un côté un peu de sympathie, si passive
« qu'elle soit, quand, de l'autre côté, on n'a rien à at-
« tendre que des injures, des calomnies, des sarcasmes
« ou pis encore. »

Si certains républicains ont témoigné quelques stériles sympathies aux idées sociétaires, on pourrait en citer et des plus éminents qui n'ont eu pour ces mêmes idées que le dédain le plus profond, sans compter ceux qui ont pris rang parmi nos détracteurs; comme aussi, on pourrait citer, dans le camp opposé, nombre de personnes qui ont eu pour la doctrine sociétaire cette *sympathie passive*, dont se contente notre trop facile contradicteur. L'auteur de la lettre au *Mémorial des Deux-Sèvres* (*le Socialisme et les Princes*) prétend que les princes d'Orléans étaient très sympathiques à nos idées. Il raconte que le duc de Montpensier, dans une soirée aux Tuileries, aurait dit : « Tamisier et moi, nous avons joliment prêché la Doctrine sociétaire en Algérie. » A quoi Louis-Philippe aurait spirituellement répondu : « Vous prêchiez dans le désert. » Ce n'est pas en Algérie qu'il

eût fallu propager la Théorie sociétaire, mais en
France, et il eût fallu faire plus que de la propager, il
eût fallu l'appliquer sur un coin de terre. Le duc de
Montpensier aurait pu assumer cette tâche, et s'il l'eût
fait, non-seulement, il eût prévenu les événements qui
ont causé la chute de sa famille, mais il se fût acquis,
de plus, une gloire sans égale. Mais il n'éprouvait pour
la Théorie sociétaire, comme les républicains de notre
correspondant, que cette sympathie toute passive qu'en
arithmétique on chiffrerait par zéro.

Le défenseur du républicanisme poursuit : « Et puis,
« à quoi bon ces attaques politiques, quand le terrain
« brûle, quand si peu de chose suffit pour allumer le
« brandon de la guerre civile; pourquoi ne gardons-
« nous pas le silence, sinon par système, au moins par
« patriotisme. »

Eh! c'est, au contraire, quand le terrain brûle qu'il
convient de prémunir les esprits contre le danger qu'ils
peuvent courir en se laissant séduire et entraîner par
de perfides théories. Dans de telles circonstances, le patriotisme consiste à démasquer ces faux systèmes qui
ont causé tant de désastres dans notre infortuné pays.
Plût à Dieu que l'Ecole sociétaire eût eu la voix assez
puissante et assez influente pour désabuser tant de malheureux qui se sont laissé fasciner par les doctrines des
communeux, et qui, victimes de la guerre civile, sont
tombés sous le plomb meurtrier, ou gémissent dans nos
prisons, insuffisantes à leur nombre!...

« Permettez-moi donc, dit en terminant notre corres-
« pondant, de ne pas approuver ces professions de foi
« antirépublicaines qui déparent votre bulletin. Elles

« peuvent blesser beaucoup de monde et ne sont utiles
« à personne. Nous suivons le même drapeau, parce
« que nous sommes partisans de la Doctrine sociétaire ;
« mais, si pour cela il fallait faire profession de
« royalisme, au risque d'allumer la guerre civile, je ne
« pourrais me joindre à vous, et je crois que la plupart
« de ceux qui s'intéressent à votre œuvre pensent comme
« moi. »

Si mes attaques contre l'impuissance des Théories républicaines à fonder le bonheur et la prospérité de notre
pays, blessent certaines personnes, c'est un malheur ;
tant pis pour ceux qui ne savent pas endurer qu'on leur
démontre les funestes erreurs dans lesquelles ils se four-
voient. Mais je crois qu'en insistant sur les perfidies de
ces faux systèmes, je puis être utile à quelques personnes
et spécialement à beaucoup de partisans de l'idée sociétaire qui, n'ayant pas suffisamment approfondi la Théorie de l'Attraction, se laissent encore séduire par le mirage démocratique, trop oublieux, en cela, des torts
immenses qu'une telle faute a déjà causés à l'Ecole sociétaire.

Parce qu'on reconnaîtra la fausseté du système républicain, comme voie de salut social, cela n'implique pas
nécessairement qu'on doive faire une profession de foi
royaliste, comme le prétend le condisciple dont je combats ici l'opinion.

Tout homme qui a bien compris la Théorie sociétaire,
sait que l'Ordre civilisé ne peut engendrer que le mal et
que les divers partis qui s'y disputent l'influence, ne
sont et ne peuvent être que des agents perpétuant le mal.
Tout principe, si excellent qu'il soit en théorie, se trans-

forme en ressort vicieux dès qu'on l'introduit dans la société civilisée. C'est pourquoi toutes les idées libérales et généreuses auxquelles se laissent prendre les républicains sincères, excellentes si l'on veut, en principe, ne peuvent cependant qu'aggraver le mal, dès qu'on les introduit en civilisation. Elles ne trouveront d'application judicieuse et fructueuse que dans l'ordre combiné ou sociétaire. Tout homme qui a profondément étudié la Théorie d'association vraie ne peut donc se rattacher à aucun des partis que présente l'ordre civilisé. Il s'élève au-dessus de ces partis et ne voit qu'une seule chose : la voie d'acheminement à l'ordre combiné qui seul pourra utiliser tous les germes de bien, concilier les partis actuellement hostiles et fonder le bonheur général, celui du riche comme celui du pauvre. Il n'a qu'une seule attache qui le retienne à l'Ordre civilisé, celle du ralliement à l'autorité, et, dans les circonstances actuelles, comme l'autorité se présente sous la forme républicaine, tout en reconnaissant les nombreux inconvénients de cette forme gouvernementale, son devoir est néanmoins de l'accepter franchement, car tout changement de gouvernement est préjudiciable à la masse.

Nous devons donc souhaiter que le gouvernement républicain dure le plus longtemps possible, pour que nous ayons le loisir d'achever tranquillement notre œuvre. Et, comme le passé nous montre le peu de stabilité de cette forme de gouvernement, nous devons mettre à profit le calme momentané qu'elle nous procure et nous hâter de mettre en évidence les bienfaits de notre Théorie, dont la généralisation mettra fin aux révolutions qui menacent d'ensanglanter de nouveau, non-

seulement notre belle France, mais l'Europe et le monde
entier.

Pense-t-on que l'Europe monarchique soit disposée à
souffrir longtemps à ses côtés un Etat républicain aussi
étendu que la France ? Ce serait pour elle une menace
incessante. Je parlais dans l'un des bulletins de l'imminence d'une réaction formidable. N'avons-nous pas à
craindre en effet l'intervention de l'Europe entière pour
en finir une bonne fois de la France qu'elle considère
comme un foyer d'agitation qui, à chaque génération,
trouble la tranquilité de l'ordre européen. Si les puissances étrangères tolèrent en France le gouvernement
actuel, c'est qu'elles y verront pour nous une cause
d'affaiblissement par les dissensions intestines qu'il fera
naître. Dans l'un et l'autre cas, c'est une bien triste
perspective pour notre chère patrie. Puisque la Théorie
d'Attraction nous offre le moyen certain de conjurer un
tel avenir, hâtons-nous donc, toute affaire et toute préoccupation cessantes, d'en faire jaillir aux yeux de tous
l'immense et bienfaisante portée. Nous le pouvons par
une facile application sur les enfants.

Conclusion sur les fausses Théories sociales et politiques.

Parce que je combats les fausses doctrines qui s'at-
taquent à l'autorité, en civilisation, ce n'est pas une
raison pour croire que je sois disposé à prodiguer
l'encens aux représentants de cette autorité. Rien de

moins digne de notre admiration que les hommes à qui
le pouvoir est dévolu dans nos sociétés subversives.
L'horreur des champs de bataille suffirait seule à nous
rendre odieux les hommes qui se font gloire de tels
massacres; comme aussi, l'esprit de superstition dans
lequel sont entretenues les masses ignorantes suffirait à
nous inspirer la plus grande aversion pour les ministres
de la religion, dont l'enseignement propage des croyances
déshonorantes pour la Divinité.

Mais, ces tristes résultats pourraient-ils justifier
l'esprit de révolte et d'impiété? A peine seraient-ils une
légère atténuation, surtout pour les hommes qui se
targuent de quelque science. Car, c'est le rôle spécial de
la science que de chercher les moyens de faire disparaître le mal au sein de l'humanité, et les autorités sont
coupables de ne pas avoir sommé les corps savants de
remplir cette tâche.

Aujourd'hui que ces moyens sont pleinement découverts, toute tendance hostile à l'autorité n'aurait plus la
moindre excuse, surtout pour les membres de l'Ecole
sociétaire qui peuvent *par eux-mêmes, quand ils le voudront,* réaliser le spécimen d'ordre combiné dont l'aspect
entraînera l'imitation générale. Ne sont-ils pas déjà
assez répréhensibles d'avoir tant différé d'accomplir
cette tâche. Ils l'auraient pu depuis longtemps. *Cela sera
démontré.* Loin donc que les partisans de l'association
puissent se croire fondés dans leurs attaques contre
l'autorité, c'est au contraire celle-ci qui serait en droit
de reprocher à l'Ecole sociétaire, en général, et à chacun
de ses membres, en particulier, de compromettre les intérêts de l'humanité en ajournant indéfiniment l'expéri-

mentation d'une découverte aussi précieuse et aussi bienfaisante que celle de l'Association industrielle, dont cette École est devenue l'heureux dépositaire.

JOUANNE.

Rectification au Bulletin de Janvier.

Dans la liste des souscripteurs, ligne 2, au lieu de M. Anceau, lisez M. Ravet-Anceau.

Dans la même liste, M. de Bourceulle, a été qualifié de *lieutenant-colonel d'artillerie en retraite*. Or, M. de Bourceulle est encore en activité de service ; de plus, à cette époque et depuis le 24 août, il avait été promu au grade de colonel d'artillerie. Nous ne pouvons que le féliciter, avec tous nos amis, de cet avancement qui, nous le savons, lui a coûté bien des peines.

ÉCOLE SOCIÉTAIRE.

MAISON RURALE D'ENFANTS

à RY (Seine-Inférieure)

SEPTEMBRE et OCTOBRE 1871.

Souscriptions au 31 Octobre 1871.

MM. Belin, propriétaire à Juilly	5 fr.
B. Bodemer, à Genève (Suisse).	25
E. Comparot, à Villenotte (Côte-d'Or).	500
L. F.	25
Le capitaine Grosjean, à La Heycourt (Meuse), déjà souscripteur.	40
B. Menn, à Genève (Suisse).	25
Morlon, à Nevers.	10
Le Dr Pellarin, à Paris.	10
Le Dr Suin, à Limésy (Seine-Inférieure), déjà souscripteur	500
L. Templier, à Lille, membre honoraire de la Société mutuelle l'Unité fraternelle, déjà souscripteur	1.000
Vellas, à Montpellier	10
Report du 15 août..	39.604
Total au 31 octobre.	41.754 fr.

Plusieurs souscripteurs de petites sommes paraissent entendre que leur versement n'est que pour une année, et s'attendent à le renouveler, je les engage à bien préciser leurs intentions à cet égard, afin de pouvoir mentionner, dès à présent, sur la liste de souscription, la somme totale à laquelle ils ont l'intention d'élever leur concours. Ne limiteraient-ils leur engagement qu'à quelques années, quatre ou cinq ans, par exemple, que leur déclaration permettrait d'apprécier les ressources sur lesquelles pourra compter la Maison rurale dans cette période de temps; ce qui ne laisserait pas que d'avoir une grande utilité.

Je les engage aussi à bien préciser l'emploi qui devra être fait de leur versement, soit pour la dotation des enfants, soit pour la Société de fondation qui va se constituer. Il ne sera point admis, pour celle-ci, de souscription inférieure à 60 fr., à verser d'une seule fois, ou par annuités d'au moins 12 fr. Il sera, toutefois, admis des souscriptions collectives formées de versements individuels inférieurs à 60 fr. C'est à nos coopérateurs à organiser eux-mêmes ces concours collectifs, si les conditions dans lesquelles ils se trouvent placés le leur permettent.

L'ensemble des souscriptions *conditionnelles* à la Société de fondation s'élève présentement, à près de 30,000 fr. dont les 4/5ᵉˢ sont compris dans le total ci-dessus.

Les souscripteurs aux obligations de la Maison rurale peuvent se rendre participants de la Société de fondation sans bourse délier, en stipulant purement et simplement qu'à l'échéance de leurs obligations, le montant de celles-ci sera transformé en souscription commanditaire. Ces obligations ne constituent, jusqu'à présent, qu'une avance remboursable en cinq ans; or, la Société devant être formée pour une plus longue période, c'est le capital social ou commanditaire qui sera plus particulièrement appelé à consolider l'œuvre. Ce sera donc contribuer à la stabilité de celle-ci que de consentir à cette transformation.

Cette faculté laissée à nos coopérateurs de stipuler, dès à présent, la transformation de leurs obligations en souscription commanditaire, à l'époque du remboursement, satisfait pleinement aux désirs de plusieurs de nos souscripteurs, qui voulaient, en souscrivant aux obligations, écarter toute idée de spéculation, abandonnant les intérêts à la dotation des enfants, et repoussant toute prétention d'assimiler leur versement à un simple prêt.

Tout en sachant gré de ce désintéressement à ces souscripteurs, je ne crois pas cependant qu'il convienne d'écarter absolument ce mode de concours comportant certaines garanties. Je pense même qu'il y aurait lieu de chercher à le perfectionner, comme serait d'y joindre une garantie hypothécaire. Si l'initiative sociétaire est un progrès, ne doit-elle pas comporter, au point de vue financier, toutes les garanties que présente l'ordre civilisé, et même y en ajouter d'autres?... Et n'est-ce pas faciliter les concours que d'établir ces garanties?... L'école sociétaire est-elle assez nombreuse pour qu'elle puisse se flatter d'atteindre son but avec de petites souscriptions peu onéreuses pour chacun, et formant, par leur quantité, une masse importante? Et, si nous n'avons pas cet espoir d'un nombreux concours, nos condisciples sont-ils assez riches pour engager chacun une forte somme dans un essai ?... En greffant sur cet essai des placements de fonds bien garantis, on aplanirait bien des difficultés, on faciliterait d'importants concours et on accélèrerait l'œuvre de la démonstration pratique.

Nous reviendrons sur ce sujet, que nous recommandons aux méditations de nos coopérateurs, nous bornant aujourd'hui à leur conseiller de souscrire à nouveau, s'ils le peuvent, pour la formation de la Société de fondation, plutôt que de se borner à transformer leurs obligations.

Enfants admis à la Maison rurale, selon l'ordre de leur admission et non compris les externes :

1. Alexis Péront, âgé de six ans et demi, fils de M. Péront, du Théâtre de Lyon.

2. Georges Noury, âgé de sept ans et demi, fils de M. L. Noury, de l'Eldorado de Rouen.

3. Gaston Lequeux, âgé de huit ans et demi, fils de M. Lequeux-Planchon, propriétaire à Rouen, membre honoraire de la Société mutuelle l'Unité fraternelle, et membre du conseil de famille de la Maison rurale.

4. Gaston Vieuxbled, âgé de douze ans, fils de M. Vieuxbled, menuisier à Rouen, membre du conseil de famille de la Maison rurale.

5. Paul Ramond, âgé de sept ans et demi, fils de M. Ramond, planisseur de parquets à Rouen.

6. Victor Comparot, âgé de treize ans, fils de M. E. Compa-

rot, cultivateur à Villenotte (Côte-d'Or), souscripteur de la Maison rurale.

Doivent y entrer incessamment :

1. Le jeune Noël Templier, âgé de six ans et demi, fils de M. Templier, de Lille (Nord), membre honoraire de la Société mutuelle l'Unité fraternelle, et souscripteur de la Maison rurale.

2. Le jeune Paul Quaintenne, âgé de onze ans, fils de M. Quaintenne, garde du génie en retraite, à Lille (Nord), souscripteur de la Maison rurale.

3. Deux enfants de M. Lagier, de Besançon, également souscripteur de la Maison rurale.

Quelques autres enfants de Rouen et autres localités nous sont promis; mais, rien n'étant arrêté définitivement à leur égard, leurs noms ne seront inscrits au Bulletin qu'après que leur admission aura été conclue.

Ainsi se reconstitue peu à peu le petit noyau de nos jeunes élèves, que les événements de l'an dernier avaient dispersé. Que bientôt leur nombre soit doublé, et alors, avec le concours des externes, nous pourrons déjà obtenir, à l'appui de la théorie du libre essor des facultés, quelques faits assez importants pour déterminer un concours plus efficace, qui permettra de donner à notre œuvre une plus grande impulsion, afin d'entraîner l'adhésion générale, et, par suite, l'extension universelle du principe d'attraction en toute branche d'industrie.

Il ne s'agit donc plus aujourd'hui de faire seulement quelques essais partiels et isolés sur les enfants d'une école de village. C'est le premier degré d'une expérimentation plus importante qu'il est question d'organiser. Une trentaine d'enfants y suffiront; c'est le nombre d'enfants *actifs* qui se trouve dans l'essai décisif que l'Ecole sociétaire connaît sous le nom de *sérigerme* de bas dégré. La formation de la Société de fondation n'a pas d'autre

objet que l'organisation de cette première phase du sérigerme (1).

.. Parmi les coopérateurs de la Maison rurale, il en est plusieurs
dont chacun pourrait, à lui seul, fonder un semblable essai qui,
je le répète, serait décisif. L'organisation initiale d'une trentaine
d'enfants devra produire ce résultat de déterminer l'un de ces
coopérateurs, ou quelques-uns d'entre eux, à pourvoir à cette
fondation. Les faits que l'organisation enfantine mettra en évidence seront des arguments contre lesquels viendra se briser
leur hésitation actuelle. Alors, selon toute probabilité, nous
n'aurons plus besoin de concours extérieur. Les ressources
propres de nos adhérents suffiront et l'on pourra remercier les
retardataires. Que nos condisciples se hâtent donc avant que la
souscription ne soit close, s'ils tiennent à compter parmi les
coopérateurs de cet essai décisif. Quelques-uns rêvent un vaste
champ de manœuvre pour l'idée sociétaire. Ce champ de manœuvre surgira spontanément des développements de la Maison
rurale. Ne le cherchez pas ailleurs. D'autres nous disent : vous
aurez toujours besoin d'argent, et attendent que l'œuvre se des-
sine davantage pour y contribuer. Ceux-là se trompent également. Dès que nos adhérents actuels auront acquis une plus
grande conviction, une pleine et entière confiance, ils tiendront
à concentrer sur *eux seuls* les honneurs et les profits de la brillante fondation à laquelle ils se seront déterminés; ils refuse-
ront, par conséquent, de nouveaux concours devenus inutiles.
Que l'on ne cherche donc pas non plus au loin, comme le veulent
quelques-uns, des candidats riches et influents pour la fondation

---

(1) Le *sérigerme* est l'association intégrale en tout genre de travail, d'au moins 30
40 familles, soit environ 120 à 160 personnes de tout âge et de toute condition. La
dénomination de *sérigerme* veut dire *germe*, ou *ébauche de série* et la *série* est le ressort d'équilibre en association. Dans un prochain Bulletin, je me propose de donner
la *série* quelques notions élémentaires pour ceux de nos adhérents qui sont
étrangers à la doctrine sociétaire. C'est par l'emploi de ce précieux ressort que l'on
peut seulement espérer de régulariser l'évolution de toutes les facultés, les empêcher
dévier de la route du bien.

projetée. Ils sont là près de nous; notre tâche se réduit à les convaincre et à diriger leur bon vouloir par le seul concours de l'attraction. C'est ce à quoi nous aideront les enfants de la Maison rurale.

Celle-ci n'est donc pas seulement une œuvre de haute bienfaisance; ce n'est pas non plus un simple essai d'une nouvelle méthode d'enseignement. Par la connexion de cette nouvelle méthode avec la doctrine d'attraction, notre institution peut devenir pour ses jeunes élèves, comme pour ses autres coopérateurs, l'occasion d'une immense fortune. Un pareil avantage n'est assurément point à dédaigner. Aussi, les personnes qui désirent y placer leurs enfants, ne doivent-elles pas hésiter à le faire dès à présent; car, à un moment donné, de même qu'on refusera de nouvelles souscriptions, de même aussi on refusera l'admission de nouveaux enfants ou du moins cette admission ne se fera plus dans les mêmes conditions avantageuses que pour les premiers admis. Ces considérations méritent réflexion.

Si la Maison rurale offre une brillante perspective dans l'avenir pour tous ses coopérateurs et spécialement pour les enfants qui y seront admis, il ne faut pas oublier qu'en supposant, contre toute attente, que cette perspective vienne à ne pas se réaliser, l'institution de la Maison rurale n'en serait pas moins une maison d'éducation hors ligne par la combinaison constante de l'enseignement pratique avec la théorie. Cet enseignement va s'organiser progressivement, à mesure que le nombre de nos élèves augmentera. Jusqu'à ce jour, ces enfants sont restés sous la direction presque exclusive de l'instituteur communal. Il avait même été question (Bulletin de septembre 1870) de fusionner l'Ecole communale avec la Maison rurale. L'une des causes qui nous ont empêché de poursuivre la réalisation de ce projet, c'est la gêne pour nous qui serait résultée du réglement des écoles communales prescrivant des classes de trois heures. Cette durée, beaucoup trop longue, fatigue et dégoûte les enfants. Dans quelques semaines, un professeur spécial sera attaché à notre établissement, ce qui n'empêchera pas d'avoir également recours à l'instituteur communal, la multiplicité des maîtres étant l'une des bases de notre méthode. Pour le moment, le programme de l'enseignement est celui de l'instruction primaire, avec adjonction de la comptabilité, entièrement négligée dans les autres écoles, de la musique vocale, puis de différents exercices, tels que les exercices militaires, l'équitation, les travaux de menuiserie et de serrurerie, etc. Ce programme sera progressivement étendu. Nous voulons que nos élèves, parvenus à 12 ou 13 ans, soient aptes à embrasser une carrière quelconque de leur choix, et puissent même entrer au Lycée, sans avoir rien perdu par leur séjour à la Maison rurale. Il faut même que ce séjour leur profite sous tous les rapports, et leur procure ce qui manque généralement aux élèves des autres institutions : santé robuste, dextérité, jugement, connaissances théoriques et pratiques variées, amour de l'étude et du travail, et, par suite, aptitude à faire de rapides progrès dans toute carrière où les appellera leur vocation.

CORRESPONDANCE.

Châtellerault, 30 août 1871.

« .... Je viens de lire votre dernier Bulletin, juillet-août
« 1871.

« Je ne puis résister au plaisir de vous en faire mon compliment,
« en raison du terrain ferme que vous choisissez pour marcher
« en avant. Vous adoptez carrément le gouvernement de fait,
« quel qu'il soit, et vous le soutenez (les personnes en dehors,
« bien entendu) carrément, comme étant toujours ce qu'il y a
« de plus propre à réaliser des progrès, et surtout les essais
« pratiques de la Théorie du divin Maître.

« Renvoyez irrévocablement au manifeste de X..., si beau,
« si bon, lorsque le venin de l'orgueil n'avait point encore piqué
« notre École, tous ceux qui ont la prétention d'exploiter une
« branche qu'ils disent appartenir à notre grand arbre de la
« vie : tous ces gens sont révolutionnaires.

« Point de brutalités; mais soyez sans ménagement, au point
« de vue de la logique, pour tous ces prétendus néophytes qui,
« en fait de progrès, ne connaissent que les révolutions brutales,
« c'est-à-dire la destruction du capital amassé par les généra-
« tions passées.

« Laissez ce rôle aux Z... et Cᵉ, et demeurez toujours bien
« ferme, le continuateur privilégié de F..., autour duquel une
« nouvelle Ecole se groupera bientôt pour vous donner tous les
« honneurs de la résurrection.

. . . .

« J'ai, dans tous les cas, peu de confiance dans tous ces nou-
« veaux venus des anciens partis qui n'ont pas la vertu du de-
« voir obscur, et auxquels il faut, de toute nécessité, le bruit
« de la parade pour sentir que leur personnalité est en effet
« quelque chose dans ce monde; ajouter une pierre à un édi-
« fice qui sera construit, on ne sait quand? ne peut leur con-
« venir; il est bien plus sympathique à leur nature de détruire
« en montrant les imperfections d'un ancien édifice; c'est plus
« tôt fait et fait plus de fracas.

« Je vous approuve donc entièrement et de grand cœur d'ac-
« cueillir tous les témoignages de bienveillance qui gravitent
« vers vous; mais je vous serai extrêmement obligé de repous-
« ser, par la logique, toute assimilation avec les doctrines socia-
« listes qui, partant de l'obscurité et du faux, ne peuvent en-
« fanter que le néant.

« Restez ferme sur les splendides principes conservateurs et
« progressifs, tout en continuant l'expérimentation si bravement
« entreprise par vous seul, et nous vous bénirons bientôt; mais
« ne laissez pas troubler vos eaux limpides par ces courants
« étrangers plus ou moins impurs.... »

LEBOITEUX.

Lille, 27 août 1871.

« .... Permettez-moi de vous adresser ces quelques lignes
« écrites sous l'impression de la première lecture de votre
« Bulletin, *juillet-août*, que je viens de recevoir. Pour me ser-
« vir des termes de M. Just Muiron (bulletin de mars), je vous
« dirai que je l'ai accueilli avec la satisfaction la plus complète.
« Maintenant que nous connaissons votre opinion sur les élucu-
« brations politico-socialistes et religieuses, comme l'intrépide
« Renaud pénétrant dans la forêt enchantée, ne vous inquiétez
« ni des appas, ni du feu, ni du diable; poursuivez résolument

« votre belle mission ; vous possédez l'arme régénératrice dont
« le coup, bien appliqué, assommera la civilisation tout entière.
« — N'est-ce pas à nous à former l'avant-garde qui doit vous
« défendre contre toute attaque, afin que vous puissiez travailler
« en paix à l'accomplissement de votre œuvre ?... »

L. TEMPLIER.

Paris, 13 octobre 1871.

« Je viens de lire, non seulement avec un vif intérêt, mais
« encore avec un plaisir marqué, vos bulletins qui m'ont été
« communiqués par M. Tallon. Vous exposez avec une clarté des
« plus remarquables et avec un rare bonheur d'expressions vos
« vues sur la théorie sociétaire. La forme de vos écrits est telle
« qu'il me semble regrettable que vous ne vous soyez pas plus
« appliqué que vous ne l'avez fait à la propagation de la doctrine
« par la voie de la presse.... Vous avez raison d'attacher un
« grand prix à une démonstration de fait du travail attrayant,
« ne fût-ce que par une petite troupe d'enfants....
« Si vos bulletins ne peuvent être, jusqu'à présent, des
« comptes-rendus, ils n'en sont pas moins susceptibles d'un
« excellent effet comme aperçu sur la Théorie sociétaire. Ils sont
« d'une lecture agréable : ce qui est un point essentiel pour
« faire des prosélytes....
« Je vous engage fort à continuer votre propagande de l'idée
« sociétaire. C'est une tâche dans laquelle vous me paraissez
« appelé à réussir en attendant le succès plus décisif de la pra-
« tique. Mais, quoiqu'on en dise, la cause principale de notre
« impuissance, c'est que la Théorie sociétaire n'est pas connue,
« et par conséquent ne peut être appréciée. »

Dʳ Cʜ. PELLARIN.

Lille, 17 octobre 1871.

« Oui, je vous réitère mon adhésion la plus formelle quant à
« mon concours, que je tâcherai de rendre le plus actif possible.
« Voici nettement, si vous l'accueillez, ce que je me propose de
« faire, en admettant que mes prévisions se réalisent :
« Je suis encore lié ici par mes affaires pour six mois envi-
« ron : aussitôt que je les aurai terminées et que j'aurai réalisé
« ce que je puis prévoir aujourd'hui, j'irai me fixer à Ry avec ma
« famille, et là, oubliant le vieux monde, je me consacrerai tout
« entier à votre œuvre, je me mettrai tout à votre disposition,

« et il est bien entendu que mes services à la Maison rurale
« seront absolument gratuits.

« *Puisque l'enfant est notre maître en attraction*, pour étu-
« dier l'attraction, il faut donc être sur les lieux des réunions
« enfantines.... »

L. TEMPLIER.

Genève (Suisse), 24 octobre 1871.

« .... Nous espérons que bientôt, par votre haut dévoûment,
« une lumière émanant de Ry, y conduira, comme vers un nou-
« veau Bethléem, ceux qui voudront saluer la nouvelle Huma-
« nité-Enfant qui entre dans sa destinée heureuse.
« A vous donc les sympathies les plus respectueuses.... »

B. MENN.

Progrès de l'École sociétaire en Amérique.

Il y a quelques mois, beaucoup de nos condisciples ont pu se
demander ce qui serait advenu de l'École sociétaire, si l'anarchie
s'était étendue de Paris au reste de la France. Tout le terrain
conquis par la propagation de nos idées conservatrices et conci-
liantes eût été assurément perdu. On pouvait donc regretter que
notre doctrine n'eût pas pris pied dans quelqu'autre région du
globe, à l'abri des commotions qui menacent la tranquillité européenne. Ce port de salut pour notre belle doctrine se présente
aujourd'hui. Ne négligeons point d'en assurer l'existence. Nous
avons un moment de calme, nous allons en profiter pour faire
triompher cette doctrine si peu appréciée de la génération présente ; nous y réussirons, je l'espère ; mais le temps est si incertain ; il faut si peu de chose pour que nous soyons précipités
dans de nouvelles commotions, que l'excès de prudence devient
de la sagesse. Un groupe d'amis se constitue par delà les mers,

dans cette belle Louisiane où les cœurs battent à l'unisson de la France, encourageons leurs efforts.

Notre doctrine d'association vraie ralliant dans un même intérêt les trois facultés industrielles : capital, travail et talent, n'a plus d'organe en Europe ; mais voici que le drapeau de là propagande sociétaire se relève par delà les mers. L'*Avenir* de la Nouvelle-Orléans se propose de faire connaître dans le Nouveau-Monde la doctrine de l'attraction industrielle, prêtons la main à ces bonnes dispositions. Ce journal, d'hebdomadaire qu'il est, va devenir quotidien. Une souscription par actions de 25 dollars (125 fr.) est ouverte dans ce but. Nous ne pouvons qu'engager nos amis à souscrire et à s'abonner à ce nouvel organe de nos principes.

Sous le nom de la *Phalange Louisiannaise,* le groupe qui dirige l'*Avenir* prépare une société de *Coopération intégrale et progressive* qui ne serait rien moins qu'un essai sociétaire fondé sur le principe d'attraction. Là serait peut être un abri pour nos théories, si, contre notre espoir, les bouleversements dont l'Europe est menacée, venaient à surgir avant que nous ayons pu mettre en évidence l'efficacité de notre magnifique doctrine. C'est en France, c'est dans la mère-patrie que le premier spécimen d'ordre combiné ou sociétaire doit s'élever, mais félicitons nos amis d'outre-mer de nous préparer, le cas échéant, un abri, un refuge pour nos idées et nos principes.

Rouen. — Imp. Léon Deshays et comp.

ÉCOLE SOCIÉTAIRE.

MAISON RURALE D'ENFANTS

à RY (Seine-Inférieure).

NOVEMBRE et DÉCEMBRE 1871.

SOUSCRIPTIONS :

Rectification au Bulletin de Septembre et Octobre.

M. Ch. Goûté, propriétaire à Ouchamps (Loir-et-Cher), déjà souscripteur..	250 fr.	
Total du Bulletin.	41.754	
Total rectifié, fin octobre.	42.004 fr.	

Souscriptions nouvelles.

MM. J. Alix, à Besançon..	10
L. Bert, à Amboise (Indre-et-Loire). . . .	10
Bouvier, à la Nouvelle-Orléans.	250
Chauveau, à Amboise (Indre-et-Loire).. . . .	10
Chevrot, architecte à Dijon, à verser en cinq annuités.	110
Cusin, à Mostaganem (Algérie).	10
M. et Mme Griess-Traut, à Alger, déjà souscripteurs.	400
MM. Ed. Héring, pharmacien à Baar (Alsace), déjà souscripteur..	20
de Koninck, à Bruxelles..	10
L. M., à Toulon.	25
Moigneu, à Paris, pour la Dotation industrielle.	1.000
A reporter.	43.859 fr.

Report	43.859 fr.
Moreau-Jamet, à Châteauroux (Indre), déjà souscripteur.	120
Rémy, à Saumur (Maine-et-Loire).	6
le Dr Suin, à Limésy (Seine-Inférieure), déjà souscripteur.	500
Tiquet, à Baignes (Haute-Saône)	500
Vellas, à Montpellier, déjà souscripteur, à verser en cinq annuités	60
Willemin (V^{or}), à Besançon	60
Total au 25 décembre.	45.105 fr.

Enfants nouvellement admis.

7. Auguste Havé, âgé de onze ans, fils de Mme Ve Havé, rentière à Rouen.

8. Sosthéne Waranguin, âgé de huit ans, fils de M. Waranguin, restaurateur à Rouen.

CORRESPONDANCE.

Lure, le 19 novembre 1871.

« . . . . Depuis les immenses malheurs de notre chère patrie,
« causés par une guerre si stupidement provoquée et par l'af-
« freuse et criminelle entreprise des communeux, j'étais en peine
« de ne plus entendre parler de l'Ecole sociétaire ; je craignais,
« hélas ! de la voir morte pour longtemps ; jugez de la satisfac-
« tion que j'ai éprouvée, en apprenant, il y a quelques jours,
« par la réception de votre Bulletin de juillet-août, que vous
« releviez le drapeau de l'Ecole, et que vous continuiez l'orga-
« nisation de la Maison rurale d'enfants ; honneur à vous, je
« vous en remercie, et vous apporte ma petite offrande. . . . Je
« n'ai pas besoin de vous dire que la spéculation n'entre pour
« rien dans cette offrande. . . . »

TIQUET.

— 3 —

Bruxelles, le 11 décembre 1871.

« .... Je vous félicite cordialement de vous tenir en dehors
« de la politique, et de vous occuper d'essais de réalisation. Deux
« grandes fautes ont été commises par l'Ecole sociétaire : l'in-
« tervention dans la politique et la mauvaise administration. En
« 1847, si je ne me trompe, la rente de l'Ecole a donné
« 100,000 fr., et l'Ecole avait alors beaucoup de sympathies
« dans les classes aisées; elle s'est jetée dans la démocratie
« révolutionnaire, elle a été confondue avec le socialisme spo-
« liateur, et le triomphe de l'idée sociétaire a été retardé con-
« sidérablement.

« Les révolutions ont le pouvoir de détruire, elles n'auront
« jamais le pouvoir d'édifier. »

De KONINCK.

Brest, le 11 décembre 1871.

« .... Non-seulement j'applaudis à vos efforts, mais je vou-
« drais pouvoir me joindre à vous pour contribuer à l'avance-
« ment de votre œuvre. — Si elle est bien comprise, elle doit
« être le point de départ d'un mouvement décisif en avant de
« l'idée sociétaire. L'Ecole tout entière doit donc l'appuyer,
« dès à présent, *de tous ses moyens.*

« Le vieux monde n'ayant plus de raison d'être, il croûle
« d'une manière irrémédiable, et les efforts désespérés de ceux
« qui s'intitulent *conservateurs* ne servent qu'à précipiter la
« chûte; car lorsqu'il faut, pour se soutenir, avoir recours aux
« moyens extrêmes, les forces sont bientôt épuisées, et l'on ne
« se relève plus après qu'on est tombé. — Dans cette situation,
« c'est un devoir de répandre la bonne nouvelle, afin de prépa-
« rer la réédification avant la destruction du vieil édifice.

« .... Puisque l'Ecole n'a plus d'organe, il faudrait que le
« Bulletin de la Maison rurale y suppléât!....

« .... Il faut ici de la réclame de bonne aloi, pour répandre
« la connaissance de votre féconde entreprise, car un silence

« trop modeste aurait de funestes conséquences. La fondation
« de Ry est connue à peine de quelques-uns de vos amis, tandis
« qu'elle devrait l'être, non-seulement de toute l'Ecole, mais
« aussi d'un grand nombre de personnes étrangères à nos
« idées, mais animées du désir de remédier aux maux du pré-
« sent et de conjurer les menaces d'un avenir *très prochain*.

« Tous les hommes de progrès excitent à l'expansion de l'in-
« struction parmi les classes nécessiteuses, mais cette instruction
« d'abord rudimentaire, fera nécessairement naître des besoins
« encore inéprouvés avec des idées confuses sur les moyens à
« employer pour les satisfaire.

« Souvenons-nous du communisme et du nivellement radical
« de certains adeptes de l'*Internationale*! L'Ecole sociétaire
« veut, selon l'expression de Garnier-Pagès, allonger les habits
« et non raccourcir les vestes; tandis que les communistes
« veulent le raccourcissement, c'est-à-dire le retour en arrière.

« Hâtons-nous donc......, il faut faire disparaître l'antago-
« nisme des classes et des intérêts. Pour y parvenir, l'associa-
« tion par le travail attrayant, voilà le but vers lequel doivent
« tendre, *de toutes leurs forces*, les hommes dévoués au bien
« public.

« Eh bon Dieu! si les femmes étaient mieux éclairées, mieux
« pénétrées de leurs devoirs et de leurs droits, elles se join-
« draient à nous pour propager nos idées, en nous fournissant
« ainsi des moyens d'action plus que suffisants. Mais leur juge-
« ment est faussé, dès l'enfance, par des influences déplorables
« de tout genre, et loin d'appuyer ceux qui rendraient leur con-
« dition aussi heureuse, qu'elle l'est peu maintenant, elles
« s'opposent constamment à ce qui transformerait en bien le
« mal général d'à présent....... »

Jules FEILLET.

Alger, le 14 décembre 1871.

« .... Pour nous qui, éclairés par une science positive, sa-

« vons que les souffrances inouïes qui pèsent sur l'humanité
« sont dues à l'impéritie des hommes, et que par conséquent
« ils peuvent y porter remède en appliquant, comme vous le
« faites avec tant d'intelligence, de foi et de dévoûment, la loi
« naturelle, c'est-à-dire l'absence de compression et la direction
« intelligente et raisonnée des aptitudes et des vocations, pour
« nous donc, qui apprécions doublement la portée de votre
« œuvre, votre Bulletin est à la fois une espérance et un baume
« sur nos cœurs ulcérés par tant de douloureuses ca-
« tastrophes........ »

V. GRIESS-TRAUT (Mme).

Amboise, le 18 décembre 1871.

« Merci, mille fois, pour les efforts de votre tentative. Grâce à
« votre persévérance, c'est à vous que l'Ecole sociétaire sera
« redevable du plus sûr et du moins coûteux de tous ses essais.
« Vous tenez le levier qui doit retourner le monde....... »

CHAUVEAU, L. BERT.

Bar en Alsace, le 6 décembre 1871.

« .... Nous vivons encore...., seulement, à l'heure pré-
« sente, nous subissons, comme tous les Alsaciens, les suites de
« cette guerre si malheureuse et si désastreuse pour la France.
« Nous sommes condamnés à vivre en membres détachés de la
« patrie, et à nous façonner à d'autres conditions, selon le bon
« plaisir du Prussien vainqueur.

« Nous autres Alsaciens, nous n'avions, pendant vingt ans.
« aucune raison à nous croire les enfants gâtés du gouvernement
« impérial ; mais, si aujourd'hui nous ne regrettons pas l'em-
« pire...., nous regrettons néanmoins, et du fond de nos cœurs
« patriotes, la France qui a initié nos pères aux notions du droit
« moderne, et proclamé, la première, les principes de la grande
« Révolution. Nous préférerions mille fois l'aider, cette noble et
« généreuse France, de tous les moyens à notre disposition, à

« réparer ses malheurs et se relever de ses défaites, que de nous
« voir condamnés à vivre séparés d'elle et être traités en pays
« conquis.

« De tous les bienfaits, et ils ne sont pas nombreux, dont,
« jusqu'à présent, le gouvernement allemand nous a gratifiés,
« c'est, sans aucun doute, l'instruction obligatoire, pour laquelle
« nous lui devons le plus de reconnaissance. C'est bien de notre
« Alsace qu'ont été adressées, il y a peu d'années, à la Législa-
« tive, ces nombreuses pétitions, couvertes de milliers de signa-
« tures, pour réclamer l'instruction obligatoire. Ce que le gou-
« vernement impérial nous a refusé, la Législative actuelle
« l'accordera-t-elle au pays. La loi sur l'instruction gratuite et
« obligatoire que doit présenter M. Jules Simon sera-t-elle
« accueillie favorablement par cette majorité si fortement enta-
« chée d'esprit routinier et si hostile aux principes novateurs?...
« Si la France veut se relever moralement et reprendre rang
« parmi les premières nations du monde, elle doit avoir à cœur
« de répandre l'instruction à profusion....

« Mais, à côté de cette question capitale de l'instruction, se
« place cette autre question, tout aussi urgente, de la fusion
« des classes, afin de faire cesser cet antoganisme si révoltant
« et si antichrétien, entre les prolétaires et les propriétaires,
« entre le travail et le capital : antagonisme qui tend, de plus en
« plus, à briser tous les liens entre les diverses classes de la
« société, saper les bases sur lesquelles celle-ci est assise, et
« qui, si l'on ne trouve pas moyen d'aviser à temps et concilier
« ces intérêts si divergents et actuellement si hostiles, finira par
« provoquer un cataclysme qui engloutira la société tout entière.
« Et le moyen de prévenir ce cataclysme, le moyen sûr et in-
« faillible de faire converger les intérêts si opposés, et d'unir
« toutes ces forces, qui aujourd'hui se combattent, pour les di-
« riger vers un but commun, le moyen, le grand moyen, c'est le
« travail attrayant, le procédé sériaire, c'est, en un mot, l'asso-
« ciation telle que la conçoit l'Ecole sociétaire.... Or, ce

« moyen, vous vous appliquez à en faire ressortir l'utilité, l'effi-
« cacité. Vous vous efforcez d'en démontrer, aux yeux des in-
« crédules et des gens de peu de foi, toute la valeur scientifique,
« et vous avez pris à tâche d'en confondre les adversaires par le
« résultat de son jeu, aussi naturel que libre de toute con-
« trainte.... Ne veuillez donc pas croire que, par suite de notre
« séparation de la France, je sois devenu indifférent à votre en-
« treprise et que je ne prendrai plus intérêt à la prospérité de la
« Maison rurale. Non! non; mon cœur restera toujours attaché
« à la France, à cette France qui, malgré tant de folies et tant
« d'extravagances, a su néanmoins faire tant de si belles et tant
« de si grandes choses; à cette France, enfin, qui a donné le
« jour à l'inventeur de l'association intégrale, la plus grande, la
« plus importante, comme la plus bienfaisante de toutes les dé-
« couvertes, de toutes les sciences, devrais-je dire.
« Je vous confirme donc purement et simplement mon adhé-
« sion à vos statuts..... »

Ed. HÉRING.

Je continue à reproduire des fragments de la Correspondance relative à la Maison rurale et je regrette de
n'avoir pas plus d'espace à consacrer à cette publication. Beaucoup de ces lettres contiennent des éloges à
l'adresse du directeur de la Maison rurale. En les re-
produisant tels quels, je n'ai en vue que de faire ressortir ce fait important : c'est que l'œuvre que j'ai
entreprise, était en germe dans les aspirations d'un
certain nombre de membres de l'École sociétaire et qu'elle
vient satisfaire leurs vœux les plus chers. Tel est le sens
que j'attribue à ces manifestations et à ces éloges.
Le mérite d'avoir entrepris la fondation de la Maison
rurale sera peu de chose. Cette œuvre n'acquerra d'importance et n'atteindra promptement son but que par

le concours bienveillant de tous nos condisciples. La Maison rurale sera donc l'œuvre collective de l'Ecole sociétaire et non celle d'un seul individu. Et par celà même, c'est à tous nos coopérateurs et à ceux là surtout, dont le concours a quelque importance, que doit revenir la plus grande partie de ces éloges.

Peu de chose reste à faire présentement pour mettre notre entreprise en position d'atteindre le but qu'elle s'est proposée. Par suite des concours qui nous sont arrivés, notre cadre d'opération *initiale*, à dû être élargi. Il se résume aujourd'hui à réunir une trentaine d'enfants (non compris les externes complémentaires) en ménage combiné avec libre expansion des facultés naturelles. Le premier noyau d'enfants qui doivent composer ce ménage est en voie de formation et dans peu ce noyau sera doublé. A côté de ces enfants, on entrevoit le germe d'un comité d'organisateurs. Enfin la stabilité de l'œuvre va résulter de la formation de la Société de fondation. C'est donc le moment pour chacun de nos coopérateurs de faire un nouvel effort, et plusieurs l'ont déjà compris ainsi.

La souscription aux soixante obligations de 200 fr. est close. Serait-ce trop demander pour la formation du capital social, qu'une souscription égale au montant de ces obligations ? Assurément non, et, si ce nouveau concours était porté au double, cela faciliterait d'autant la formation d'un fonds de réserve destiné à parer à toutes les éventualités qu'on ne peut prévoir. D'ailleurs, ne l'oublions pas, l'attraction naît du luxe ; partant plus les ressources affectées à la Maison rurale seront abondantes, plus brillants seront aussi les résultats.

Si les abonnés de la *Science sociale* avaient tous souscrit
à la Maison rurale, celle-ci aurait pu marcher à grands
pas dans la voie des expérimentations sociétaires. Mais à
peine avons-nous pu en rallier un sur huit à dix, et, parmi
ces soixante et quelques souscripteurs appartenant à
l'Ecole sociétaire, il en est près de la moitié dont le maximum de souscription est inférieur à 20 fr. et dont la
moyenne ne dépasse pas 10 fr. C'est à peine l'égal des
concours que chacun accorde annuellement à des œuvres
de bienfaisance qui ne sortent pas du cadre général de
la civilisation, tels que cercles, comices agricoles,
sociétés scientifiques ou de prévoyance, etc. En s'engageant pour une somme de 30 fr. ou de 60 fr. à verser
en cinq annuités, on ne ferait donc qu'un bien léger
sacrifice. Et combien peu de nos condisciples ont pris
ce faible engagement!... Que chacun élève donc son
concours à la hauteur d'un sacrifice réel. Quel est celui
des membres de l'Ecole sociétaire, je parle de ceux qui
sont le plus dénués de ressources pécuniaires, quel est
celui, dis-je, qui ne pourrait, par exemple, dans son
entourage, dans le cercle de ses connaissances, se flatter
de recueillir de minimes souscriptions (serait-ce même
d'un franc!), en tel nombre que son concours personnel
s'en trouverait considérablement accru, à ce point de
rivaliser avec célui du plus fortuné de ses condisciples?...
Que faut-il pour entreprendre cette propagande et y
réussir?... La foi, rien que la foi ; et, si nos plus petits
souscripteurs en avaient assez, ils pourraient à eux seuls
recueillir assez de souscriptions pour fournir l'appoint
nécessaire au complet développement de la Maison
rurale. Que sera-ce donc si les adhérents qui ont effectué

des versements de quelque importance augmentent eux-
mêmes leur concours, comme quelques-uns paraissent
disposés à le faire?... Ne nous effrayons point d'être
si peu nombreux. Que notre confiance au contraire gran-
disse en raison même de notre petit nombre; nous
pouvons suffire à la tâche. Ce serait de la pusillanimité
de penser qu'une soixantaine d'hommes déterminés ne
pourront pas arriver à fonder un pensionnat agricole
d'une quarantaine d'élèves. Hâtons-nous donc de réunir
les éléments complémentaires de cette fondation.
Pensons moins aux fautes du passé, si fautes il y a eu ;
tournons plutôt nos regards vers l'avenir, et marchons-
y de pas ferme et sans trébucher ; le succès nous dé-
dommagera de toutes nos peines, et au centuple.

Dès que nous aurons réuni le chiffre de souscriptions
suffisant pour la constitution de la Société commanditaire de Fondation, ce qui ne saurait tarder, nous nous
occuperons plus spécialement, dans le bulletin, des
questions d'organisation intérieure de la Maison rurale.

Puis, quand le nombre de nos élèves aura atteint la
trentaine, notre tâche personnelle étant terminée, nos
coopérateurs seront appelés à organiser par eux-mêmes
et d'après les faits acquis, l'opération décisive à laquelle
ils devront le triomphe définitif de la doctrine d'attraction. Alors il sera fait justice aux populations opprimées
et nos amis de l'Alsace seront reconquis à leur chère
patrie, sans qu'il en coûte à celle-ci, ni une seule larme
ni une seule goutte de sang. Tel sera le magnifique
résultat de la démonstration pleine et entière de la
théorie sociétaire ou doctrine d'attraction, et c'est à
ceux là seuls qui accéléreront l'heure de cette démons-

tration que nos correspondants doivent réserver leurs éloges.

JOUANNE.

Une bien triste nouvelle nous est parvenue. Le Dr Louis, de la Nouvelle-Orléans, vient de succomber à une courte maladie, c'est une grande perte pour l'Ecole sociétaire et particulièrement pour le groupe de la Nouvelle-Orléans, dont il était l'un des membres les plus actifs. La Maison rurale de son côté perd l'un de ses coopérateurs les plus dévoués.

Classement des Souscriptions de la Maison rurale en série régulière.

Puisque la série introduit l'ordre et la clarté en toute chose, pourquoi n'essaierions-nous pas d'appliquer cette distribution à l'ensemble des souscriptions de la Maison rurale. Peut-être tirerons-nous de ce fait quelque rayon de lumière dont notre œuvre pourra profiter.

Dans la deuxième quinzaine de décembre, le nombre de nos souscriptions s'élevait à quatre-vingt et quelques, dont les trois quarts environ provenant de l'Ecole sociétaire. Si l'on retranche de ce nombre toutes les petites souscriptions dont la moyenne ne dépasse pas 10 francs et qui représentent plutôt des germes de concours que des concours sérieux, il nous restera 45 souscriptions de quelque importance dont l'ensemble forme une série régulière de quatre groupes inégaux, gradués et contractés.

Le premier groupe comprend 6 souscriptions, dont la moyenne est de 2,400 fr.;

Le deuxième groupe comprend 9 souscriptions, dont la moyenne est de 502 fr.;

Le troisième groupe comprend 12 souscriptions dont la moyenne est de 202 fr.;

Et le quatrième groupe comprend 18 souscriptions, dont la moyenne approche de 50 fr.

Il est à remarquer que ces quatre nombres : 6, 9, 12 et 18, forment une véritable proportion, le produit des termes extrêmes étant égal au produit des termes moyens. Les moyennes de souscription de chaque groupe : 2,400, 502, 202 et 49, approchent également d'une proportion mathématique. La série est donc des plus régulières dans sa distribution comme dans ses équilibres internes.

Que devons-nous conclure de ce fait? sinon que le mouvement dans toutes les sphères possibles tend à former et forme, en réalité *la série*. Ainsi, ce ne sont pas seulement les règnes de la création qui sont distribués en séries de différents ordres, mais la série se forme également dans l'ordre humanitaire et à l'insu de la volonté de l'homme, car nos souscripteurs ne se sont pas entendus entre eux, ni avec nous, pour se distribuer en série régulière, et, cependant, le plus simple examen nous les présente selon cette distribution.

La série est donc le grand ressort universel du mouvement. Elle se forme en tout et partout, même dans les choses où son intervention paraît le moins nécessaire, comme dans le cas présent, où il nous paraît tout à fait indifférent que les souscriptions de la Maison rurale forment ou non la série.

(A suivre.)

Rouen. — Imp. Léon Deshays et comp.

ÉCOLE SOCIÉTAIRE

MAISON RURALE D'ENFANTS

à **RY** (Seine-Inférieure).

JANVIER et FÉVRIER 1872.

SOUSCRIPTIONS :

MM. Briancourt à Donchéry (Ardennes)	10 fr.
Brion, propriétaire, à Morlaincourt (Meuse)	15
Cusin, à Mostaganem (Algérie), déjà sou-scripteur, à payer en trois annuités. . .	60
J. Feillet, capitaine de frégate en retraite, à Brest.	20
M. Feillet s'engage en outre à une souscript^{on} indéfinie de 5 fr. par mois	
Geufroy, à Elbeuf-sur-Andelle, membre hono-raire de la Société mutuelle, l'Unité fra-ternelle.	10
Houdin, ancien notaire, à Saint-Léonard (Loir et Cher), à payer en trois annuités	30
Jouanne, complément de sa souscription .	4.000
Morlon, ancien ingénieur civil, à Nevers, déjà souscripteur.	50
M. et Mme Ragot-David, à Trigny (Marne). . . .	100
MM. Le Dr Rasse, à Saint-Honoré-lès-Bains. . .	20
Silberling fils, conducteur de travaux, à Villach, en Corinthie (Autriche), à payer en cinq annuités.	60

A reporter. . . . . 4.375 fr.

Report.	4.375 fr.
Le Dr Suin, à Limésy, pour complément de de sa souscription.	2.400
L. Templier, à Lille, déjà souscripteur. .	1.600
Vallot, à Dijon.	12
Report du Bulletin de Décembre. . .	45.105
Total au 29 Février.	53.492 fr.

DONS EN NATURE.

M. L. Templier, à Lille, une collection d'instruments de géométrie, comprenant deux équerres d'arpenteur, une mire à coulisse, trois niveaux d'eau, deux double mètres, une douzaine de jalons, une chaine d'arpenteur, etc. etc. le tout d'une valeur de 130 fr.

Enfants nouvellement admis.

9. Charles Delaporte, âgé de huit ans ;
10. Louis Delaporte, âgé de dix ans.
Tous deux fils de M. Delaporte, négociant à Rouen.

Comme on le voit, notre œuvre avance toujours un peu. Quelquefois, après deux pas en avant, il nous arrive d'en faire un en arrière ou de subir un temps d'arrêt : en somme, nous avançons.

Dans les souscriptions récentes, 5,200 fr. sont acquis d'une manière définitive à la Société de Fondation, et un millier de francs lui est acquis conditionnellement, c'est-à-dire sauf l'acceptation des Statuts de la Société de Fondation. Je témoignais le désir, dans notre dernier Bulletin, de voir les souscriptions s'élever à une douzaine de mille francs pour la formation du capital social ; après deux mois, la moitié de cette somme est souscrite ;

espérons que le prochain Bulletin annoncera la souscription de l'autre moitié, ce qui élèverait à 36,000 fr.
le capital social (1).

Le nombre de nos enfants augmente aussi; sous peu
de jours la douzaine sera au complet. Espérons qu'à la
rentrée prochaine de nos classes, qui est fixée au SEPT
AVRIL (2), il nous en arrivera quelques autres dont le
prochain Bulletin fera mention.

C'est le moment de rappeler les conditions d'admission. — Tout récemment le Conseil de Famille a émis
le vœu que le Directeur ne reçoive plus d'enfants de
contrées éloignées, à moins que leurs familles n'aient
un représentant en titre, soit dans la localité, soit dans
un rayon de vingt kilomètres, comprenant la ville de
Rouen, et que les familles qui n'auraient pas rempli
cette formalité soient invitées à s'y conformer dans le
plus bref délai. La Direction ne peut que se rallier à cette
condition, qui sert les intérêts des familles aussi bien
que les intérêts de la Maison rurale.

Les conditions de prix ont été arrêtées pour les enfants
qui seront ultérieurement admis, ainsi qu'il suit : 425 fr.
pour les enfants âgés de six ans et au-dessous; 450 fr.
pour ceux qui seront âgés de sept ans, et ainsi de suite

---

(1) Ceux de nos coopérateurs qui sont en retard pour le versement de la souscription à laquelle ils se sont engagés, sont priés
de ne pas tarder plus longtemps, et d'en effectuer l'envoi le plus
tôt possible.

(2) Ce même jour, un banquet de famille réunira les principaux
coopérateurs de la Maison rurale. Prière à eux de se faire inscrire
sans le moindre retard.

en augmentant de 25 fr. par an jusqu'à douze ans. Cette graduation établit une moyenne de 500 fr. par enfant et par an. C'est le prix des pensionnats primaires de la contrée, qui ne se chargent ni du blanchissage, ni des menus raccommodages de leurs élèves; à ces conditions, d'ailleurs modifiables selon les circonstances, la Maison rurale est encore le pensionnat le moins cher. — Le prix de la pension se paie d'avance, par cinquièmes, aux dates des 1er septembre, 1er décembre, 1er février, 1er avril et 1er juin.

Point de conditions d'âge encore, jusqu'à ce que le nombre des admissions atteigne dix-huit ou vingt. A propos de cette question d'âge, deux de nos adhérents, MM. Bert et Chauveau, d'Amboise, nous ont témoigné le regret que nous ayons admis un enfant, selon eux trop âgé. Cette remarque de nos amis constate qu'ils se sont occupés des questions d'organisation d'enfants d'après le principe du libre essor des facultés qui, *dans certaines conditions*, exige une certaine limite d'âge. L'espace me manquerait pour traiter cette question ici; c'est pourquoi, bien que les *conditions* dans lesquelles nous opérons ne soient pas tout à fait celles qu'ont en vue MM. Bert et Chauveau, je me borne à constater que toute règle a ses exceptions, et que c'était bien le moins qu'on en fît une pour le seul de nos condisciples qui s'est montré assez confiant dans notre œuvre pour nous envoyer, de si loin, l'un de ses enfants. Plût à Dieu que, dès le début de la Maison rurale, quelques-uns de nos condisciples eussent agi ainsi; aujourd'hui c'est par plusieurs douzaines que se compteraient nos élèves. Du reste, l'admission des enfants, de quelque âge que ce soit, n'ôte rien à l'indépendance de la Direction ; celle-ci est toujours libre de renvoyer l'enfant à sa famille, si l'intérêt de l'œuvre le commandait, comme les familles sont elles-mêmes libres de reprendre leurs enfants après trois mois de séjour dans la Maison.

Dès que le nombre de nos enfants s'élèvera à dix-huit ou vingt, il sera temps de s'occuper de la question des âges pour les admissions. Alors aussi la souscription proportionnelle à la dotation industrielle sera de rigueur pour les familles qui solliciteront de nouvelles admissions. C'est qu'alors la supériorité, sous tous rapports, du régime de la Maison rurale, sera démontrée, et que les familles qui offriront leurs enfants seront dans des conditions à pouvoir concourir largement à la prospérité de l'entreprise. Les admissions à des conditions de faveur s'expliquent d'ailleurs d'elles-mêmes au début d'une œuvre quelconque.

Quand notre Institution est en mesure d'admettre une dizaine de nouveaux élèves, ce serait le moment de formuler le programme de l'enseignement qui leur sera donné. Nous ne pouvons aujourd'hui que rappeler ce qui a été dit à ce sujet dans un dernier Bulletin :

Instruction primaire dans tout ce qu'elle comporte, et en insistant particulièrement sur le calcul mental, trop négligé ; sur la Comptabilité, et spécialement sur la Comptabilité pratique, dont l'enseignement est tout à fait nul dans les autres écoles ;

Éléments de Géographie et d'Histoire ;

Notions d'Histoire naturelle, de Physique et de Chimie *pratiques ;*

Dessin, Musique vocale et instrumentale ;

Géométrie, Arpentage et Dessin linéaire;

Exercices gymnastiques et militaires;

Leçons d'Équitation et, dans l'été, de Natation ;

Exercices de Jardinage pendant les récréations;

Forge et Menuiserie.

Tel est le cadre actuel des exercices corporels et intellectuels destinés à fortifier le corps et l'esprit de nos jeunes élèves.

Pour arriver au plein développement de ce programme, avec un nombre actuellement restreint d'élèves et un prix de pension si modique, nous comptons, nous devons le dire, sur des concours personnels de dévouement. Déjà notre œuvre, depuis l'ouverture du pensionnat, est favorisée des concours tout à fait désintéressés de M. Richard, pour la haute direction de l'enseignement, et de M. Fruchart pour l'enseignement du Dessin et de la Musique vocale. Dans les premiers jours de mars, M. Templier, de Lille, l'un des principaux fondateurs de la Maison rurale, vient se fixer près de celle-ci avec l'intention formelle de consacrer ses loisirs, à titre tout à fait gratuit, à l'enseignement et à la direction de nos enfants. D'autres viendront encore à mesure que l'œuvre se développera, et le programme de notre enseignement s'élargira d'autant. C'est que la Maison rurale est une entreprise toute de dévouement, et que les hommes qui s'y rattachent ont particulièrement à cœur l'expérimentation d'une nouvelle méthode d'éducation sur la valeur de laquelle ils ont fondé les plus hautes espérances. Cette condition, toute exceptionnelle de notre œuvre, constitue l'une des meilleures garanties des bons soins et de la grande sollicitude dont les enfants de la Maison rurale seront l'objet. Aussi bientôt, c'est notre conviction, quand notre œuvre sera bien connue, on nous offrira plus d'enfants que la Maison n'en pourra recevoir.

L'École Sociétaire.

École sociétaire! Ces deux mots en tête de tous nos Bulletins, et qui, dans le cours de chaque Bulletin, reviennent si souvent sous notre plume, comme sous la plume de nos correspondants, ont suffisamment indiqué les profondes attaches de notre œuvre à cette École. Or, qu'est-ce que cette École sociétaire? quel but poursuit-elle? Quels sont ses principes, ses théories?... Toutes questions que doivent se poser ceux des adhérents de notre œuvre qui sont étrangers à cette École, et notamment les familles de nos élèves actuels. Il serait bien difficile de satisfaire en quelques lignes le désir que chacun peut avoir d'être édifié sur toutes ces questions. Dans un prochain Bulletin, nous pourrons aborder cet important sujet. Toutefois, essayons dès aujourd'hui de donner aux coopérateurs de la Maison rurale une légère idée de cette École, la seule Société, peut-être, de nos jours, où germe une foi nouvelle, et d'où surgiront très prochainement des actes de dévouement dont le monde social pourra tirer son salut, tant compromis par les bouleversements politiques.

L'École sociétaire est en possession d'une découverte, assurément la plus merveilleuse qui se soit jamais produite au sein de l'Humanité; la plus inattendue! Ce ne serait rien moins que la continuation du calcul de

Newton sur l'attraction universelle, l'application de ce principe au travail, à l'industrie! De tout temps le travail a été soumis à la loi de contrainte et d'oppression. C'est un fait. Dans l'antiquité, le travailleur était de tout point assimilé à la bête de somme. Il était la propriété du maître, qui avait droit de vie et de mort sur l'esclave. Le servage, qui succéda dans la suite des temps à l'esclavage, n'était lui-même qu'un autre genre de servitude. Attaché au sol, le serf en suivait toutes les vicissitudes. En vendant sa terre, le seigneur vendait en même temps les serfs qui la faisaient produire à la sueur de leur front. Le servage a disparu, comme l'esclavage, mais le travail, l'industrie, s'exercent toujours sous la même loi de contrainte. La forme seule a changé; la faim, la nécessité, ont remplacé le maître et le seigneur. L'homme n'est pas libre. S'il l'était, il fuirait le travail qui lui répugne.

Rendre le travail attrayant, de telle sorte que l'homme, abandonné à sa pleine liberté, se livre cependant à l'industrie sans y être poussé par le stimulant de la faim, tel est le problème dont l'École sociétaire croit posséder la solution mathématique. Or, pour démontrer la réalité, l'efficacité de cette magnifique utopie du travail attrayant, il suffit d'un essai local, d'un spécimen restreint à une réunion minime de trente à quarante familles. Une fois ce premier essai réalisé, s'il donne les résultats promis par la théorie, nul doute que l'imitation ne devienne générale, chacun, riche comme pauvre, étant intéressé à une transformation qui quadruplerait le produit du sol, mettrait fin à l'indigence par une équitable répartition des richesses, et réaliserait tant de bienfaits qu'on a peine à y croire, malgré la justesse rigoureuse des calculs.

Par cette brève indication du but que se propose l'École sociétaire, et de la voie qui lui est tracée, on voit combien cette école diffère des partis dont les systèmes subversifs ne tendent qu'à bouleverser les empires. Autant ces fausses doctrines doivent être réprouvées de l'homme sage, autant la théorie sociétaire, toute de conciliation, a droit aux sympathies de tout homme qui aime ses semblables et désire leur bonheur.

Comment se fait-il donc que cette théorie conciliante n'ait pas encore été expérimentée? Voici juste un demi-siècle qu'elle a été publiée et une quarantaine d'années que l'École sociétaire est fondée. Cette École a eu tout le temps nécessaire et aurait pu réunir les ressources suffisantes pour remplir sa tâche, puisque celle-ci se résume à un essai sur un petit nombre de familles; comment se fait-il qu'elle ne l'ait pas fait?... En se reportant à nos précédents Bulletins, nos lecteurs pourraient eux-mêmes répondre en partie à ces questions. Nous y reviendrons. Pour le moment, bornons-nous à montrer la place qu'occupe notre petite entreprise dans le grand problème, dont la solution pratique incombe à l'École sociétaire.

Si le travail en général peut être rendu attrayant par les procédés d'organisation que possède cette École, le travail de l'enseignement, le travail de l'étude, peuvent naturellement subir la même transformation. C'est ainsi que se pose devant nous la question de l'éducation attrayante, objet des recherches pratiques en vue desquelles notre Maison rurale d'enfants a été conçue et fondée.

Cette question de l'Éducation attrayante commence à préoccuper l'attention des hommes qui cherchent à perfectionner les méthodes actuelles d'enseignement. Un professeur de la Faculté de Montpellier, le Dr Foussagrives, dans son ouvrage sur l'*Éducation physique* des garçons pose en principe (page 139) qu'il faut « mettre « la plus grande somme possible d'attrait dans le travail, « et pour cela remanier profondément la discipline des « écoles. » « Voilà, ajoute-t-il plus loin (page 175), « voilà le vrai pivot de l'Éducation, *l'attrait*. La meil- « leure est celle qui en contient le plus. Il faut tâcher « de réaliser, dans les limites du possible, et au profit « des écoliers, l'utopie fouriériste du *travail attrayant*: » Eh bien! telle est la tâche que se sont imposés avec nous, les hommes de dévouement qui concourent à l'œuvre de la Maison rurale.

Quand nous aurons rempli cette tâche, quand nous aurons accompli cette importante réforme en éducation, nous aurons fait un premier pas vers la grande expérimentation que l'École sociétaire se propose. L'efficacité de nos procédés d'organisation sera démontrée, et l'on pourra, en toute sécurité, entrer dans une voie plus large, en opérant sur l'ensemble des travaux d'une petite agglomération de familles. Telle est la marche progressive que le bon sens et la raison nous indiquent ; tel est le lien qui rattache notre œuvre infime aux plus grands problèmes des temps modernes.

Mais fussions-nous le jouet de quelque illusion ; et nos espérances dussent-elles être déçues quant à la transformation du mode actuel selon lequel le travail est organisé, qu'il est certain que l'insuccès ne saurait frapper notre œuvre dans son ensemble. Quand notre réussite serait incomplète; quand nous ne serions arrivés qu'à améliorer les systèmes actuels d'éducation, nous n'aurions perdu ni notre temps ni nos efforts. L'adjonction de la pratique avec la théorie dès le jeune âge ; les exercices corporels faisant diversion aux travaux de l'esprit; l'application des jeunes enfants à de petits travaux instructifs et récréatifs, qui développent le corps et fortifient la santé, tout en servant de prélude à l'éducation professionnelle, sont autant d'innovations dont nous pouvons apprécier dès à présent la haute importance, et l'incontestable utilité. Je le répète donc, quelque déception qui nous attende dans l'avenir, notre temps n'aura pas été perdu...

A M. F^s SORREL, *Propriétaire-Agriculteur, à Couleuvre*
(*Allier*).

Permettez-moi, mon cher condisciple, de me servir de la voie de ce Bulletin pour répondre à votre lettre du 11 janvier, par laquelle vous me réitérez l'offre d'une propriété de soixante-dix hectares d'un seul tenant pour un essai sociétaire sur les enfants. Il est bon que tous les adhérents de la Maison rurale aient connaissance de cette offre généreuse et de la réponse que me suggère l'intérêt de l'œuvre importante que nous avons entreprise.

« Pour arriver vivement à un bon et grand résultat,
« vous dites, cher Monsieur, que, si l'emplacement de
« la Maison rurale, soit comme agriculture, soit comme

« industrie, n'offrait pas assez d'avantages, l'on pour-
« rait transporter chez vous l'établissement de l'essai
« sociétaire, ou bien, que vous vous décideriez à vendre,
« si un autre lieu était plus favorable, afin de vous
« joindre à nous pour accélérer cette grande entre-
« prise. »

Nous ne pouvons pas songer à transporter ailleurs la
Maison rurale. Il faut que cette institution soit mise en
état de produire les résultats que l'on est en droit d'en
attendre. Elle est fondée en vue de recevoir une trentaine
d'enfants. C'est donc lorsqu'elle aura réuni ce nombre
d'élèves qu'il sera opportun d'examiner si l'on doit porter
dans une autre localité le centre d'activité de nos efforts.
Cet examen serait aujourd'hui prématuré. Les résultats
que nous obtiendrons de cet essai préalable jetteront
assez de lumière sur les questions d'expérimentation
pour que nos forces en soient décuplées et qu'il nous soit
facile d'agir d'une manière décisive en opérant sur les
plus larges bases, ce qui serait impossible aujourd'hui.
Il se peut même que l'on décide de développer tout simplement, et sans changer de localité, l'œuvre commencée.
En tout cas, si l'on reconnaissait quelque difficulté à ce
développement sur place, ce ne serait pas un motif pour
fermer la Maison rurale. Ce spécimen restreint pourrait
continuer de subsister avec les avantages qu'il compor-
terait, et en suivant les développements plus ou moins
lents que lui permettraient ses ressources propres.

Ce qui presse le plus aujourd'hui, c'est donc de mettre
la Maison rurale en état de marcher par elle-même. Elle
compte une dizaine d'enfants; il faut hâter maintenant
l'installation d'une nouvelle dizaine d'élèves, et pour cela

réunir au plus tôt les 5 ou 6,000 fr. nécessaires à cette installation. Quand nous en serons là (dans quelques semaines, si on le veut), il se peut que l'on reconnaisse l'utilité d'examiner les questions que vous soulevez, sans attendre que nous ayons complété la trentaine d'élèves. C'est ce que les principaux souscripteurs de la Maison rurale auront à apprécier.

Quant à présent, cher Monsieur, cet examen, je le répète, serait prématuré. Un noyau de coopérateurs se constitue dans la localité. Plusieurs enfants nous sont promis ; l'utilité de notre entreprise commence à être appréciée ; bref, ce n'est pas quand une œuvre commence a prendre un caractère aussi satisfaisant qu'il conviendrait d'en abandonner la continuation. C'est, du moins, mon avis personnel, et je crois qu'il sera partagé de beaucoup. Veuillez donc, cher Monsieur, prendre patience ; l'heure viendra, et bientôt, je l'espère, où toutes vos bonnes intentions, justement appréciées, pourront être utilisées au profit de la grande expérimentation dont les modestes essais de la Maison rurale ne sont que des préparatifs.

Votre bien dévoué condisciple.

JOUANNE.

CORRESPONDANCE.

Saint-Honoré-les-Bains, 10 janvier 1872.

« ..... J'approuve entièrement votre manière de faire et de
« penser. J'ai toujours été pour l'action et j'ai vivement regretté
« les fausses manœuvres où nous ont lancé des chefs imprudents
« quoique bien intentionnés. Courage donc, cher et honoré
« confrère..... »

Dr RASSE.

Dijon, 15 janvier 1872.

« ..... Plus j'y pense, plus je reste convaincu que, dans
« l'état de choses actuel, ce modeste spécimen est le seul
« moyen d'entraîner de nombreuses adhésions et de faire entrer
« l'humanité dans la véritable voie de sa destinée. Tout ou
« presque tout le monde, en ce moment, veut la réforme de
« l'éducation et avoue qu'en cela il y a quelque chose à faire,
« mais peu savent dire ce qu'il faut faire; si quelque chose hors
« ligne venait à se produire, n'est-il pas probable que l'entraî-
« nement s'ensuivrait? Il me semble, monsieur, qu'il en serait
« ainsi, et si votre spécimen ne tarde pas trop à démontrer les
« avantages qui peuvent résulter du développement et de
« l'emploi intégral des facultés de l'enfance, ce sera à vous que
« l'École devra ce triomphe. Courage donc et persévérance,
« monsieur, le succès ne peut manquer de couronner vos
« efforts..... »

C. VALLOT.

Brest, 28 janvier 1872.

« ..... J'ai reçu avec la plus vive satisfaction, le dernier
« bulletin de la Maison rurale. Vous avez relevé le drapeau de

« l'Ecole de la meilleure manière, c'est-à-dire, en entrant dans
« la voie pratique.....

« ..... Vous avez commencé dans des conditions normales,
« *modestement, patiemment,* sans vous laisser rebuter par les
« difficultés inhérentes à toute création, par des événements
« capables de décourager les plus résolus, et maintenant votre
« foi est partagée par un noyau d'adhérents qu'il s'agit de grossir
« autant que possible.

« ..... *Assez de phrases, de la pratique après la théorie*
« *et nous attirerons à nous les plus incrédules et les plus défiants.*

« Vienne le moment où il nous sera possible de montrer des
« faits quotidiens palpables, des applications fécondes de nos
« idées sur le travail attrayant et ses conséquences, nous serons
« forts à ce moment, tandis qu'à présent, si on admet nos
« critiques fondées, on ne comprend pas la portée de nos
« réformes.

« Nous vivons dans un pays particulièrement routinier où
« toute innovation est jugée impossible ou au moins d'une
« difficulté inabordable tant qu'elle n'a pas passé dans le domaine
« de la pratique. *Pratiquons donc sans cesse,* si nous voulons être
« crus et jouir d'un crédit encourageant sur les esprits, même
« les moins prévenus.

« ..... Lorsque vous serez assez avancé pour que l'on
« puisse recommander des résultats déjà sérieux, j'irai vous
« voir et si j'aperçois qu'il m'est possible de rester avec vous,
« comptez sur moi. »

J. FEILLET.

Nevers, 8 février 1872.

« ..... Il s'agit de pouvoir marcher dans la voie de la science
« sociale, de manière à être compris de ses contemporains et à
« arriver à un but d'expérimentation sociétaire qui fasse voir
« clair à ceux qui ne veulent pas regarder et entendre
« ceux qui ne veulent pas écouter. Comme toujours en

« fait de découvertes ou d'inventions, on a plus tôt fait de dire :
« cela ne s'est jamais vu, donc cela est impossible.

, « Ces jours derniers, j'ai porté la question de la science
« sociale et de l'Ecole sociétaire au Comité de l'association
« amicale des élèves de l'Ecole centrale, dont je suis membre
« de la première promotion ; et au groupe de Madrid, avec
« lesquels j'ai eu occasion d'écrire. J'ai arboré notre drapeau
« au milieu d'eux, et déjà l'un, que je ne connais pas, m'a écrit
« une lettre très sympathique pour m'en féliciter..... »

MORLON.

Donchéry (Ardennes), 9 février 1872.

« ..... Mes vœux les plus sincères vous accompagneront,
« monsieur, dans votre entreprise, la seule capable, peut-être,
« de sauver le monde qui se traîne à l'aventure sur les bords de
« l'abîme. Puisse la Maison rurale venir à temps ouvrir les
« yeux aux civilisés et les guider dans la grande rénovation
« sociale qui, quoiqu'on fasse, s'accomplira pacifiquement et
« promptement, si on le veut ; — après des siècles de guerre
« civile et de malheurs inouïs, si l'on persiste à se traîner dans
« l'obscurité qui s'épaissit de plus en plus, si le monde, se
« nourrissant de mots, se berçant de phrases creuses, refuse
« quelque temps encore à se servir du flambeau que possède
« notre Ecole..... »

BRIANCOURT.

Mostaganem (Algérie), 15 février 1872.

« ..... L'éducation des enfants, en vue de l'association, est
« un moyen positif de sortir de l'incohérence sociale et d'assurer
« la solidarité. Vous réussirez sans nul doute dans votre noble
« entreprise..... »

CUSIN.

Rouen. — Imp. Léon Deshays et Comp., rue Saint-Nicolas, 30.

ÉCOLE SOCIÉTAIRE.

MAISON RURALE D'ENFANTS

à RY (Seine-Inférieure).

MARS et AVRIL 1872.

SOUSCRIPTIONS :

MM. de Boureulle, Colonel-Directeur d'artillerie, à Brest, déjà souscripteur	200 fr.
Victor Brosser, à Saint-Denis (Seine).	500
Caron, Architecte à Paris, déjà souscripteur.	1.250
J. Feillet, capitaine de frégate en retraite, à Brest, déjà souscripteur . . . . , . .	35
Fromont, à Rennes (Ille-et-Vilaine).	10
Mme Goûté à Ouchamps (Loir-et-Cher)	250
M. Ledru, à Paris.	100
Mme Veuve Legros, de la Société mutuelle.	800
MM. Margolle et Zurcher, Officiers retraités, à Toulon, déjà souscripteurs	10
Piriou, capitaine de frégate en retraite à Fabregoules (Bouches-du-Rhône).	60
Société Bizontine de capitalisation, deuxième souscription (1).	1.019
Le Dr Suin, à Limésy (Seine-Inférieure). . . .	200
A reporter	4.434 fr.

(1) Un prochain Bulletin donnera les noms des membres de cette Société.

Report.	4.434 fr.
Mme Templier, à Ry, pour la dotation des enfants.	1.000
M. Zundel, vétérinaire à Mulhouse	20
Report du Bulletin de janvier-février.	53.492
Total à la fin d'avril.	58.946 fr.

Nota. — Plusieurs de nos souscripteurs sont en retard de versement, nous les prions de remplir exactement les conditions de l'engagement qu'ils ont souscrit. Toute souscription contractée sans qu'une date de versement soit fixée est considérée comme devant se réaliser à bref délai, et celles dont l'époque de versement est déterminée doivent s'effectuer dans le délai convenu. Ceux de nos adhérents qui tarderaient trop à réaliser leur souscription dans le temps voulu s'exposent non-seulement à être rayés de la liste de nos coopérateurs, mais même à ne plus être admis ultérieurement à concourir à l'œuvre de la Maison rurale, la seule de toutes les tentatives sociétaires qui soit appelée à produire, dans un avenir prochain, les magnifiques résultats que la Théorie d'attraction nous fait entrevoir.

Société de Fondation de la Maison rurale.

L'acte constitutif de cette Société a été ratifié le 7 avril. Toutes les formalités légales sont remplies; partant, la Société est depuis lors définitivement constituée. Elle est formée au capital de 30,000 fr., comprenant seulement les sommes souscrites par les signataires de l'acte. Pour les autres souscriptions, s'élevant déjà à près de 4,600 fr., elles ne seront considérées comme définitivement acquises à la Société qu'après l'adhésion formelle des souscripteurs à l'acte de Société, dont les clauses seront incessamment publiées.

Jusqu'à cette publication, les souscriptions seront néanmoins reçues pour être encaissées au credit de chaque souscripteur, qui, en cas de non adhésion ultérieure, serait remboursé. Le Bulletin fera connaitre ces adhésions à mesure qu'elles se produiront.

CONSEIL DE FAMILLE.

Le Conseil de famille de la Maison rurale, qui est investi provisoirement, par les statuts de la Société de fondation, de toutes les attributions d'une assemblée générale, a constitué son bureau, dans sa séance du 7 avril, ainsi qu'il suit :

MM. RICHARD, *Président.*
L. TEMPLIER, *Vice-Président.*
FRUCHART, *Secrétaire.*

Concours personnels de dévoûment.

En présence des concours gratuits qui sont offerts présentement à la Maison rurale par MM. J. Feillet, Fruchart, Glorget, Richard, Suin et Templier, il est bon de faire connaître la décision qui a été prise concernant ces concours désintéressés. Dans la séance du 7 avril, le Directeur de la Maison rurale a déclaré au Conseil qu'il ne saurait accepter de concours absolument gratuit, et il a proposé d'adopter en principe de rémunérer ces précieux concours par une attribution proportionnelle sur le *capital d'expérimentation sociétaire,* ce qui a été reconnu conforme à la plus stricte équité et adopté à l'unanimité.

Le capital commanditaire, aux termes des statuts, est formé, dans le principe, par deux sortes de souscriptions : l'une formant le *capital dit de Fondation*, qui devra recevoir intérêt et dividende ; l'autre formant le *capital d'expérimentation sociétaire*, lequel est un fonds de *transition* destiné à se transformer progressivement en capital de fondation, selon les progrès et la prospérité de l'entreprise, mais qui, jusqu'à cette transformation, ne recevra ni intérêt ni dividende. C'est par des attributions faites annuellement sur ce fonds de transition que seront rétribués les concours désintéressés de nos coopérateurs.

L'École sociétaire.

A ceux de nos condisciples qui attendaient merveille des réunions qui se sont tenues à Paris à la fin d'avril, nous recommanderons les passages suivants, extraits d'une lettre de l'un des hommes éminents de l'École sociétaire, lequel a suivi la marche de celle-ci pendant de longues années et contribué largement à la propagation de ses principes par divers ouvrages des plus substantiels. Voici ce qu'il écrivait à la date du 28 janvier dernier :

« Non, j'ai absolument rompu avec cette génération « usée, désorbitée, qui, non-seulement, trahit la tradi-« tion du Maître, mais n'en respecte même plus les « principes. Il faut qu'elle s'abîme dans son impuis-« sance ; c'est l'affaire d'une dizaine d'années. Après « nous, peut-être, se trouvera-t-il quelques hommes « assez intelligents, surtout assez hauts de caractère,

« pour mettre la science, la vérité au-dessus de leurs
« petites passions et de leurs mesquins intérêts. Jusque-
« là chacun de nous ne compte que pour son œuvre
« personnelle, et l'avenir saura rendre justice à qui de
« droit. »

« . . . . Continuons donc à vivre dans l'isolement,
« chacun servant la cause à sa façon; c'est le mieux
« que nous puissions faire. Gardons-nous surtout d'en-
« gager notre action dans l'agonie. . . . de l'École. . . . »

Nous engageons nos condisciples à méditer sérieusement ces paroles de l'un des leurs. Quand il y aurait
quelque exagération dans cette appréciation de l'École
sociétaire, pour que celle-ci ait pu donner lieu à l'un de
ses membres les plus marquants de la juger d'une façon
aussi sévère et aussi défavorable, il faut bien qu'elle ait
dévié de sa voie. Il est donc grandement temps de se
livrer à de nouveaux errements, si elle veut échapper
au fâcheux pronostic dont elle est l'objet. L'ancienne
Ecole sociétaire se meurt, qu'une nouvelle surgisse de
ses cendres. Fondée exclusivement en vue du principe
d'attraction, la Maison rurale d'enfants est le seul
germe d'où peut sortir la nouvelle Ecole sociétaire. Avis
à tous ceux qui sont intéressés à cette renaissance.

CORRESPONDANCE.

Dijon, 6 mars 1872.

« Excusez-moi, je vous prie, pour n'avoir pas répondu plus
« tôt à votre lettre du 12 février dernier, que j'ai lue avec tout
« l'intérêt que pourrait y attacher un ancien disciple de notre
« belle doctrine du travail attrayant.

« Comme vous , Monsieur, je suis plein de confiance en
« l'avenir, malgré tous nos déboires , qui ne sont que la consé-
« quence inévitable de commotions politiques dont nous ne pou-
« vons guère prévoir la fin. Mais ce qu'il y a de consolant,
« quelque triste que soit cette pensée, c'est que nous sommes
« parvenus à une phase telle qu'il n'y a que des souffrances
« répétées qui puissent nous obliger à en chercher la véritable
« cause et le souverain remède.

« Pour nous, il est bien tout entier dans l'application de la
« doctrine de Fourier; mais pour ceux qui ne peuvent l'accepter
« d'emblée sans faire table rase entière de préjugés trop forte-
« ment enracinés, prouvons au moins que cette doctrine n'est
« pas incompatible avec des idées de réformes graduelles, s'im-
« posant sans secousse, et à l'aide d'esquelles nous puissions
« nous rallier tôt ou tard, mais infailliblement, les meilleurs
« esprits de ces si nombreux effarouchés du parti conservateur
« honnête.

« Sous ce rapport, il y a beaucoup à attendre de l'heureuse
« influence qu'exerceront sur eux un succès marqué de l'école
« de Ry, et pour ma part, j'espère que, grâce à votre prudence
« éclairée ainsi qu'au dévouement de ceux qui se disposent à
« vous seconder, ce succès sera bientôt le signal de notre résur-
« rection. »

CHEVROT, Architecte.

Dijon, le 10 mars 1872.

« ..... J'ai reçu en son temps le Bulletin de novembre et
« décembre derniers et l'ai lu avec le plus vif intérêt. Je partage
« entièrement les sentiments qui y sont exprimés par vous et
« vos honorables correspondants, par M. de Koninck en parti-
« culier, et surtout par M. J. Feillet, lorsqu'il dit : « Si votre
« œuvre est bien comprise, elle doit être le point de départ d'un
« mouvement décisif en avant de l'idée sociétaire. L'Ecole tout

« entière doit donc l'appuyer de tous ses moyens... Puisque
« l'Ecole n'a plus d'organe il faudrait que le Bulletin de la
« Maison rurale y suppléât, etc..... » Puis il dit aussi : « Si
« les femmes étaient mieux éclairées, elles se joindraient à
« nous..... » Oh ! oui, elles se joindraient à nous, car elles y
« ont le plus puissant intérêt; malheureusement au lieu de
« nous aider elles sont l'un des plus sérieux obstacles à la pro-
« pagation de cette idée féconde; seulement elles n'en ont pas
« conscience.

. . . , ...

« ...... Je ne puis m'empêcher d'admirer avec quelle patience
« et quelle persévérance vous poursuivez l'entreprise que vous
« avez si bien commencée. Ah ! si tous nos condisciples compre-
« naient, eux aussi ! mais la plupart sont indifférents ou décou-
« ragés, et, je le dis avec douleur, le jour vient, où les vieux
« seront descendus dans la tombe, et il n'y aura point de
« jeunes pour les remplacer..... Cependant il ne faut pas
« désespérer..... »   C. VALLOT.

———————

Fabregoules (Bouches-du-Rhône), le 30 mars 1872.

« Je vous remercie d'avoir compté sur ma sympathie et mon
« concours pour l'œuvre si éminemment utile de votre *Maison*
« *rurale d'enfants*. J'ai pris part dans la faible mesure
« de mes ressources à tout ce que l'*Ecole sociétaire* a
« entrepris. Les insuccès ne m'ont pas découragé et m'ont
« laissé convaincu que nos fautes étaient toutes person-
« nelles et n'infirmaient en rien l'excellence d'une doctrine que
« je considère toujours comme la dernière planche de salut de
« l'humanité, vouée aux guerres civiles et internationales, tant
« qu'elle n'entrera pas résolument dans la voie du progrès
« social par l'association telle que Fourier l'a comprise et
« définie. »   PIRIOU,
                        Capitaine de frégate en retraite.

Saint-Denis, le 1er avril 1872.

« Quoique tardivement à mon gré, je suis heureux, Monsieur,
« de pouvoir répondre à votre appel et vous prouver la vive
« sympathie que m'inspire l'œuvre courageuse et philanthro-
« pique que vous avez entreprise, par l'envoi que je vous
« adresse ci-inclus, d'une somme de 500 fr.

« Je vous abandonne entièrement cette somme, afin que vous
« lui donniez l'emploi que vous jugerez le plus utile à votre
« œuvre.

« Je suis convaincu que, si Fourier, par sa théorie et sa
« méthode, a découvert le moyen d'accélérer le progrès dans
« l'humanité et de lui faire sauter, pour ainsi dire, quelques
« étapes douloureuses de sa marche providentielle, qui n'a été
« jusqu'ici progressive, que par l'expérience acquise au prix de
« la douleur et du mal, ce n'est que sur l'enfance que l'expé-
« rience tentée pourra donner des résultats fructueux. Un terrain
« vierge peut seul utilement recevoir et faire fructifier les
« germes de la science révélée par sa théorie.

« J'ai toujours considéré comme une erreur l'espoir caressé
« de penser constituer et voir s'épanouir avec succès une com-
« mune sociétaire formée avec les éléments détériorés et les
« caractères faussés que peut fournir la civilisation.

« Je vous prie de me pardonner l'analogie, mais, c'est comme
« si un mécanicien, pour une machine nouvelle, voulait utiliser
« des engrenages en partie usés et des ressorts faussés, lesquels
« cependant continuent à fonctionner dans la machine primitive
« dont ils font partie.

« Je trouve donc qu'en abandonnant le premier le terrain
« politique pour vous consacrer entièrement à la culture et à
« l'éducation de l'enfance d'après la méthode de Fourier, vous
« faites œuvre de courage et de raison et avez trouvé le meilleur
« moyen de faire produire à la théorie les merveilleux résultats
« que tous les hommes de foi et de raison en ont toujours
« espérés.

« Puissiez-vous être le Denys Papin de la Théorie sociétaire.
« Tels sont mes désirs et mes vœux les plus chers..... »

Victor BROSSER.

Mulhouse, le 10 avril 1872.

« ..... J'en fais tous les jours l'expérience, la science
« sociale, telle que l'a établie Fourier, est une clef dont on peut
« se servir à tout instant dans la vie ; elle vous fait mieux con-
« naître et comprendre l'homme ; elle trouve son application
« continuelle dans la question d'éducation ; elle vous donne la
« méthode dans tout travail scientifique et montre le champ et
« la voie des découvertes.

« Propagez les idées de Fourier et vous pourrez les appli-
« quer partiellement dans nombre de circonstances ; là, dans une
« école où l'on a établi le jardin d'enfants de Frœbel, où l'on
« rend le travail attrayant, là, dans un établissement industriel
« où le travailleur participe aux bénéfices...; là, dans une asso-
« ciation agricole, etc. »

A. ZUNDEL,
Vétérinaire.

Brest, le 16 avril 1872.

« Nous sommes dans la même voie et cette voie est la seule
« logique. Tant qu'on a essayé de procéder sur une grande
« échelle, on n'a pu manquer d'échouer. Un problème mal posé
« est toujours loin de la solution, or ici c'était se placer devant
« l'impossible. Que nous soyons animés des meilleures intentions,
« nul ne le conteste. Mais que nous soyons des hommes pra-
« tiques au point de vue de la réalisation de nos idées, c'est
« autre chose !.....

« ..... Il serait très avantageux pour notre propagande
« qu'on nous prît au sérieux au point de vue des idées cou-

« rantes, au lieu de nous considérer comme des rêveurs indignes
« de fixer l'attention des hommes *réputés sages* et positifs.

. . . .

« A mon sens, jusqu'ici, la charrue **a** été mise devant les
« bœufs, dans les modes d'instructions suivis. S'ils ont donné
« des fruits, c'est que tout exercice de l'intelligence est profi-
« table, mais on n'est arrivé qu'en faisant un détour énorme au
« prix d'une perte de temps déplorable et d'un gaspillage inouï
« des facultés de l'enfant.

« Pour rendre l'étude aussi attrayante qu'elle est rebutante
« maintenant, il faut remonter de la pratique à la théorie, c'est-
« à-dire faire désirer cette dernière par les élèves au lieu de la
« leur imposer avant qu'ils sachent à quoi cela conduit. C'est
« très simple pour qui se place au point de vue convenable
« comme je me propose de le montrer.

« ..... Selon l'enseignement du Maître au lieu de créer
« arbitrairement un cadre semblable au lit de Procuste, il faut
« observer la nature et satisfaire ses besoins.

« Or, chez l'enfant elle procède de l'observation des objets
« extérieurs vers l'abstraction, c'est-à-dire l'étude telle qu'elle
« se pratique actuellement. Le mode d'éducation est donc for-
« mellement indiqué pour qui se dégage des préjugés étroits
« qui nous dominent habituellement. Je m'explique. En pré-
« sence des objets qui l'entourent et dans son ignorance naïve,
« l'enfant reçoit des impressions plus ou moins confuses. Il
« cherche à se rendre compte. De là les pourquoi incessants
« dont il assaille l'instituteur. C'est à ce dernier à savoir y
« répondre en termes à la portée d'intelligences encore incom-
« plètes et faciles à fatiguer. Pour cela il est nécessaire qu'il
« devienne simple et profond, ce qui n'est pas facile, mais tou-
« jours possible avec une volonté persévérante. »

J. FEILLET,

Capitaine de frégate en retraite.

Nos lecteurs doivent être suffisamment édifiés par les extraits de notre correspondance que nous avons publiés depuis nos premiers Bulletins jusqu'à celui-ci. La conclusion en est facile et peut se résumer en ces termes :

L'École sociétaire a failli dans le passé; elle a dévié de sa voie, contrevenu à ses principes. Telle est l'opinion que partagent la plupart de nos correspondants. Presque tous aussi affirment la voie nouvelle qu'il convient de suivre, et qui n'est autre que celle dans laquelle nous nous sommes nous-même engagé. Cette voie découle rigoureusement des principes de la théorie d'attraction. Elle est conforme aux recommandations du maître, et, depuis un demi-siècle, le vénéré doyen de l'École sociétaire n'a cessé lui-même de la recommander.

Si quelques écrivains, doués de plus ou moins de talent, s'obstinent, par insuffisance d'étude et absence de convictions, à persévérer dans les errements du passé en entraînant avec eux un certain nombre d'adhérents partageant les préjugés de leurs malencontreux chefs, nous n'avons ni à nous en étonner, ni à nous en préoccuper. Il faut les abandonner au sort qui leur est prédit page   de ce Bulletin. Quant à nous, notre devoir est de marcher dans la voie que nous nous sommes tracée, parce que là seulement est la vie, et là aussi sera le succès.

Dans la chute de l'Ecole sociétaire consommée tout récemment, deux grands projets se sont produits attestant ce qu'elle aurait pu faire pour conjurer sa perte définitive. Ces projets émanent : l'un de M. Boulanger, d'Athènes; l'autre de M. Moignen. Quoique tous les deux soient conçus à des points de vue bien différents, ils ont cela de commun que l'un et l'autre exigent 1,000 à 1,500 hectares de terre avec un capital de 3 millions; c'est dire que toutes les forces de l'Ecole sociétaire réunies n'auraient pas été de trop pour conduire à bonne fin un seul de ces deux projets. Ce que l'Ecole sociétaire n'a pas fait jusqu'à ce jour, elle ne le fera pas davantage aujourd'hui; l'immense majorité de ses adhérents est frappée d'indifférence et d'apathie, et depuis longtemps a complètement abdiqué tout esprit d'initiative. Il n'y a donc de salut possible qu'en suivant une voie *progressive*, consistant à se mettre à l'œuvre avec les ressources immédiatement disponibles, et en opérant tout d'abord sur les enfants qui, en théorie d'attraction, sont les premiers qu'on doive organiser. C'est ce que nous faisons.

Si la théorie d'attraction est fausse, on reviendra à la voie des tàtonnements en association, que paraît avoir adoptée M. Moignen; si, au contraire, elle est vraie, on avancera rapidement vers la conquête du *champ de manœuvre* de M. Boulanger; un siècle de tàtonnements et d'essais sera ainsi économisé. MM. Moignen et Boulanger, qui déjà sont bienfaiteurs de la Maison rurale, n'ont donc rien de mieux à faire que de se rallier à cette petite initiative avec le petit nombre d'esprits judicieux qui déjà lui sont acquis. Malgré l'exiguité de nos ressources, nous atteindrons le but avec le temps; mais si chacun de ces Messieurs consacrait à notre œuvre seulement l'intérêt des sommes qu'ils se proposent d'affecter à l'exécution de leurs projets, c'est en très peu de temps que le succès couronnerait nos efforts et c'est à eux tout spécialement qu'en reviendrait l'honneur insigne.

Rouen. — Imp. Léon Deshays et comp.

ECOLE SOCIÉTAIRE.

MAISON RURALE D'ENFANTS

à **RY** (Seine-Inférieure).

MAI et JUIN 1872.

SOUSCRIPTIONS :

MM. Artaud (Alfred), à Marseille, déjà souscripteur.	12 fr.
Feillet, capitaine de frégate en retraite, à Brest, déjà souscripteur	15
Mme veuve Haas, à Barr (Alsace)	10
MM. Th. Héring, pharmacien à Barr (Alsace), déjà souscripteur	95
Kœcklin, chimiste à Dornach (Alsace)	200
Ledru, à Paris, déjà souscripteur	500
J. Le Rousseau, à Paris	20
(M. Le Rousseau renouvellera sa souscription chaque année.)	
Docteur Nicolas, à Saint-Bonnet (Hautes-Alpes), déjà souscripteur	20
Ragot-David, à Trigny (Marne), déjà souscripteur	140
Spies (Laurent), maître de pension à Marseille, déjà souscripteur	12
H. Templier, à Dieppe, pour la Dotation industrielle	200
La Société Bizontine de capitalisation, pour complément de sa souscription	124
Report du Bulletin d'avril	58.946
Total au 15 juillet	60.294 fr.

Nota. — Dans cette somme de 60,294 fr. sont compris les
12,000 fr. d'obligations, que l'on ne doit pas considérer comme
souscriptions proprement dites, puisque ces obligations devront
être remboursées, capital et intérêts, dans les cinq années de
leur émission. Il y aura tout probablement aussi à distraire de
ce chiffre une somme d'environ 1,182 fr., dont le recouvrement
est très incertain, en ce qu'elle comprend des souscriptions qui
n'ont pas été réalisées, bien que l'époque du versement soit
dépassée. Nous ne pouvons, à cet égard, que rappeler l'avertis-
sement inséré au dernier Bulletin.

Dans le même total sont comprises aussi les souscriptions à
titre conditionnel ou subordonnées à l'acceptation des statuts.
Ceux de nos coopérateurs qui les ont versées ont reçu les statuts
et vont rendre, tout probablement, leur engagement définitif.
C'est ce que les prochains Bulletins feront connaître. Pour plus
de clarté, laissant de côté, à l'avenir, le montant des obligations,
nous ne tiendrons compte au Bulletin que des souscriptions qui
seront acquises pour toute la durée de la Société; nous repren-
drons, par conséquent, le chiffre du capital social porté aux
statuts, et partant de là, nous ferons mention uniquement des
souscriptions définitives au fur et à mesure qu'elles se produiront. De même pour les fonds de la dotation industrielle, nous
partirons du chiffre actuel de ce capital particulier, et nous y
joindrons les nouvelles souscriptions, de manière que les résultats de ces deux modes de concours restent parfaitement distincts
au Bulletin.

L'École sociétaire est arrivée à un moment des plus
critiques. L'œuvre du Dr Barrier s'écroule, frappée de
stérilité. Que ceux de nos condisciples qui voudraient
préparer une nouvelle évolution à l'idée sociétaire y réflé-
chissent donc bien avant d'entrer dans une voie quelconque. Dès 1864, quand le Dr Barrier se préparait à

prendre la direction du mouvement sociétaire, je donnai dans le journal de M. Richegardon, le *Déiste*, quelques avertissements qui, malheureusement, furent dédaignés. Alors, comme aujourd'hui, j'appelai l'attention sur les facilités d'une réalisation *progressive*. Si l'on avait à cette époque suivi la voie que j'indiquais, si l'on s'était rallié à la faible initiative que je proposais, la Maison rurale, celle-ci, dès l'année suivante, eût été amenée assurément au degré de développement qu'elle aura acquis d'ici quelques mois, si les concours lui sont continués. Tout eût été prêt pour la vérification pratique du principe d'attraction, et jusqu'en 1870, cinq longues années auraient permis à l'École sociétaire d'expérimenter sa belle théorie du travail attrayant. Au lieu de se préparer à la guerre, tout probablement les populations, en France comme en Allemagne, n'auraient eu, à cette époque, d'autre préoccupation que d'accélérer en tous lieux l'organisation de l'ordre combiné ou solidaire. Tel aurait pu être le magnifique dénouement de l'œuvre de M. Barrier, si l'on eût adopté une voie conforme aux prescriptions de la science.

Je sais que ces brillantes perspectives sont généralement accueillies avec incrédulité par la plupart de nos condisciples qui n'ont pas suffisamment médité les œuvres du maître. Aussi, est-il à craindre que, cette fois encore, comme il y a huit ans, on s'en tienne aux anciens errements, et que l'on continue à s'embourber dans les ornières du passé.

Pour nous, adhérents de la Maison rurale, nous persévérerons dans la voie nouvelle que nous nous sommes tracée. Nous ne formons guère que le huitième de l'École sociétaire; mais si nous sommes peu nombreux, nous tâcherons de suppléer au nombre par la qualité. La foi ne connaît point d'obstacles; elle transporte les montagnes; efforçons-nous donc de l'acquérir, et nous surmonterons toutes les difficultés. Je supprime les trois quarts de ce Bulletin pour le remplacer par quelques citations du maître. Dans la crise actuelle de l'Ecole, n'est-ce pas opportun de laisser un peu la parole à celui qu'elle ne saurait récuser pour son chef? Pour nous, coopérateurs de la Maison rurale d'enfants, son enseignement est la source de la vraie science; c'est le foyer où se retremperont nos convictions. Méditons-le donc sérieusement; nos cœurs s'y réconforteront et nous y acquerrerons la certitude d'un prochain succès.

JOUANNE.

Les citations dont mention ci-dessus (*Extraits* de la *Réforme industrielle*) ne seront envoyées qu'aux seuls coopérateurs de la Maison rurale, qui pourront nous en demander plusieurs exemplaires. A l'avenir, le Bulletin ne sera lui-même adressé qu'aux seuls souscripteurs et intéressés de la Maison rurale.

ROUEN. — IMP. LÉON DESHAYS ET Cⁱᵉ.

ECOLE SOCIÉTAIRE.

MAISON RURALE D'ENFANTS

à RY (Seine-Inférieure).

JUILLET et AOUT 1872

Résolution du Groupe d'Alger.

Séance du 9 Août 1872.

L'insuccès des appels de fonds constaté par le premier numéro du bulletin *(le Bulletin Nouveau)* et par des lettres particulières ; — l'avis du maintien éventuel de la Librairie, émis dans ce même bulletin par le comité d'exécution du Congrès ; — l'opposition unanime du groupe d'Alger à l'encontre de cette dernière opinion ; — l'ardent désir de ce groupe de favoriser l'œuvre de la Maison rurale de Ry, qu'il considère comme du plus haut intérêt, plus propre que toutes les propagandes écrites à ramener, à nos idées, les plus incrédules ;

— Ont décidé le groupe d'Alger à maintenir sa première résolution ; celle de s'abstenir de toute participation à des versements de fonds ayant pour objet la réorganisation de la librairie et de reporter après déduction du montant de trois annuités de leur abonnement, soit 18 fr., au *Bulletin du Mouvement social*, leurs souscriptions déjà indiquées au comité, sur la *Maison rurale* de Ry, à titre de capital commanditaire.

D'après un simple calcul, l'existence du Bulletin peut être assurée pendant trois années, moyennant 20 abonnés dans 80 départements soit 1,600 abonnés à 6 fr., — 9,600 fr.; pour 3 ans, — 28,800 fr. Cette somme relativement importante, ne demanderait qu'un bien faible sacrifice à chacun ; il suffirait d'un homme zélé par département pour l'obtenir. Devons-nous douter de le rencontrer ? que les apôtres se lèvent dans ce cas et se chargent comme toujours du faix des inconscients, des indifférents et des égoïstes, et la vie d'un organe de notre école sera assurée, sans recourir toujours à des sacrifices qui finissent par lasser les dévouements et discréditer l'Ecole.

Nota. — On trouverait à Paris un libraire à peu près spécialiste, tel que M. Guillaumin, vendant le livre de M. Godin-Lemaire, pour écouler à mesure les livres de l'école, sans frais pour elle à l'aide d'une simple commission.

Pour le Groupe d'Alger,
GRIESS TRAUT.

Selon le désir qui m'a été exprimé par le groupe d'Alger, j'ai reproduit, et dans son entier, la résolution ci-dessus.

Je pense que nos amis d'Alger se font illusion quant au bulletin projeté. On ne trouvera point par chaque département l'homme zélé dont on invoque l'intervention, et, par suite, les 1600 abonnés nécessaires à l'existence de ce bulletin feront défaut. Sera-ce un grand mal ? A juger par le premier spécimen du *Nouveau Bulletin,* on ne voit pas qu'on doive tant regretter qu'il ne puisse éclore. Tant que l'École sociétaire n'aura d'autres doctrines à propager que celles de M. Ch. Limousin, elle fera mieux de garder le silence. Au reste, ces questions de bulletin périodique et de librairie sont bien accessoires. Le principal, ce serait de réaliser un premier spécimen de travail attrayant. C'est ce à quoi arriverait promptement la Maison rurale de Ry, si elle était fortement secondée.

Groupe de Besançon.

La Société Bizontine de capitalisation a procédé à sa liquidation et versé le montant de son actif à la Maison rurale d'enfants. Cet actif s'élevait d'après la circulaire de M. Muiron, en date du 7 avril dernier, à 1.249 francs. Il s'est accru depuis d'une, somme de 94 fr. 40 représentant la plus-value réalisée sur la vente des deux obligations Paris-Lyon et Suez. A cette plus-value ont dû être joints les intérêts de trois années de l'obligation de 200 fr. souscrite à la Maison rurale par la Société Bizontine ; ce qui a porté l'actif de celle-ci à 1.343 fr. 40.

Cette somme doit se répartir ainsi qu'il suit, conformément aux statuts de la Société Bizontine et d'après le tableau dressé par M. Muiron, le 10 août dernier :

Résidants :

1.	MM. Ancel, à Besançon	25 50
2.	Bichet	89 70
3.	Boullet	10 »
4.	Brun	96 20
5.	Coste	74 60
6.	Faney	70 40
7.	Gouget	32 »
8.	Grillier	42 60
9.	Lagier	19 20
10.	Ledoux	70 40
11.	Muiron	38 50
12.	Odigey	96 »
13.	Ratez	21 30
14.	Truche	12 70
15.	Weil Moyse	3 »
16.	Willemin	19 20

Non Résidants :

17.	MM. Bailly de Villeneuve, à Montagny-les-Pesmes (Haute-Saône)	6 »
18.	Caron, à Paris	38 50
19.	Collenot, à Sémur (Côte-d'Or)	128 30
20.	Glorget, à Paris	64 »

A reporter 958 10

		Report.	958 10
21.	Héring, à Barr (Alsace)		38 50
22.	Nicolas, à Saint-Bonnet (Hautes-Alpes).		25 50
23.	Quaintenne, à Lille.		32 »
24.	Salomon, à Strasbourg		64 »
25.	Silberling, à Vilbach (Autriche).		64 »
26.	Templier H., à Dieppe.		19 20
27.	Templier L., à Ry		142 »
		TOTAL.	1.343 30

Les quotes-parts de MM. Templier L., Templier H., Lagier et Caron, ont été affectées au capital de la dotation industrielle des enfants de la Maison rurale, en élevant la somme, pour les trois derniers, aux chiffres ronds de 20 et 40 fr. Les autres ayants-droit sont priés de bien vouloir faire connaître, dans le plus bref délai, leur intention pour l'application de leur quote-part. Ils peuvent en affecter le montant soit à la dotation industrielle des enfants, soit au capital commanditaire de la Société de Fondation ; mais, dans ce dernier cas, ils auraient à fournir un complément de souscription, si leur quote-part n'atteignait pas 60 fr. chiffre minimum de tout versement au capital commanditaire. En l'absence de toute indication, d'ici deux mois, l'emploi en sera fait à la dotation des enfants.

Société de Fondation de la Maison rurale.

Les adhésions définitives aux Statuts s'élèvent présentement à 5,110 fr., ce qui porterait le capital social à 35,110 fr. Un prochain Bulletin donnera le détail de ces adhésions. Ceux de nos adhérents qui ont l'intention de prendre part à cette souscription, ne sauraient trop se presser. Nous engageons même ceux d'entre eux qui ont souscrit aux obligations, à donner, dès à présent, leur adhésion, pour, qu'à l'époque du remboursément des obligations dont ils sont possesseurs, le montant de celles-ci soit reporté au capital commanditaire. Déjà cette transformation est arrêtée pour un tiers des obligations; si, dès à présent, elle venait à s'étendre aux deux autres tiers, on pourrait, sans plus tarder, procéder au vote pour l'augmentation du capital social, ce qui contribuerait d'autant à la consolidation de la Société fondatrice. Ce vote, entraînant quelques formalités dispendieuses, sera forcément différé jusqu'à ce que l'importance des adhésions difinitives atteigne au moins 10,000 fr.

Ce qui serait préférable à la transformation des obligations, ce serait un nouvel effort de la part de nos adhérents pour accroître leur souscription par de nouveaux versements. La presque totalité des ressources, depuis l'an dernier, ont été affectées aux constructions dont la partie la plus indispensable n'est pas encore totalement terminée. Quelques milliers de francs nous permetteraient l'achèvement complet de ces préparatifs matériels, en y comprenant la plantation de quelques arbres fruitiers, dont voici la saison. Nous sommes en mesure de recevoir vingt et quelques enfants, et nous les aurons en octobre prochain. Ce sera le moment de songer à une application plus ou moins étendue, selon les ressources disponibles, du principe d'attraction ou libre essor des facultés; autant que le pourra comporter un aussi petit nombre. Mais, si les ressources, trop peu restreintes, sont absorbées par l'achèvement des préparatifs matériels, force nous sera de différer cette application óu de la restreindre dans les plus étroites limites.

On aurait pensé qu'au moment où notre œuvre prend quelque consistance, il se serait trouvé dans l'Ecole sociétaire quelques riches capitalistes qui se seraient inscrits pour quelques mille francs, avec l'intention formelle de suivre l'œuvre dans ses développements, la soutenir, et arriver ainsi à devenir sûrement et rapidement les fondateurs de l'Harmonie. C'est un rôle que je décline; ma modeste position ne me permettant pas d'y aspirer; je me contente de celui d'organisateur; et encore, dès que les trente premiers enfants seront organisés, mon intention est-elle de me démettre de cette fonction en faveur d'un plus digne ou en faveur d'un comité qui réunirait toutes les connaissances nécessaires pour donner à l'œuvre les nouveaux développements qui lui permettront d'assurer le triomphe définitif du principe d'attraction.

L'œuvre d'harmonie comporte donc deux ordres de coopérateurs : les organisateurs et le fondateur ou les fondateurs, car plusieurs peuvent intervenir. Le moment approche pour l'œuvre *progressive* de la Maison rurale de s'attacher un ou plusieurs hommes disposés à intervenir puissamment de leurs capitaux. Ce fondateur ou ces fondateurs, est-ce du sein de l'Ecole sociétaire qu'on les verra surgir, ou faudra-t-il les chercher en dehors de ses rangs?... C'est ce qu'un avenir très prochain nous apprendra. Je ne puis, pour le moment, qu'engager nos adhérents à faire comme moi pour trouver ces fondateurs : chercher; *querite et invenietis*, cherchez et vous trouverez.

Situation présente et progrès accompli.

Deux années se sont écoulées depuis que nos premiers bulletins ont été adressés aux membres de l'Ecole sociétaire. Les résultats obtenus paraîtront bien médiocres, si l'on considère l'importance de la doctrine que cette Ecole a pour mission de réaliser. En effet, cette doctrine qui peut changer la face du monde en quelques mois, et dont la première conséquence pratique serait l'extinction de la misère en tout pays, n'est-elle pas faite pour exciter l'enthousiasme et provoquer les plus sublimes dévoûments!... Si l'on ajoute que la réalisation de cette doctrine tient à une petite organisation restreinte à une centaine d'enfants, et n'exigeant que quelques centaines de mille francs, on est vraiment étonné de l'indifférence que montrent ceux-là mêmes qui s'en disent les partisans.

Assurément, si on l'avait sérieusement voulu, il y a longtemps déjà, bien longtemps même, que cette magnifique découverte aurait été réalisée. Mais en présence des profondes misères dans lesquelles l'humanité est plongée depuis tant de siècles, on ne peut se faire à l'idée d'un ordre de choses où chacun nagerait dans l'abondance et surtout qui serait si facile à inaugurer. On craint de se faire illusion, et, les préjugés philosophiques aidant, on reste dans une coupable apathie, manquant de foi et d'énergie, n'osant même pas étudier à fond cette belle découverte de l'attraction industrielle. Delà le retard dans l'essai pratique, delà le peu de concours acquis à notre œuvre. Nous ne pouvons rien à cela. Nous avancerons plus lentement, voilà tout.

On a pu voir, par nos précédents bulletins, le petit nombre de nos adhérents et les faibles souscriptions de la plupart d'entre eux. Selon toute apparence, ces minimes souscriptions ne seront pas renouvelées. Plusieurs, même de ceux qui ont souscrit pour des sommes relativement importantes, vont arrêter là leur concours. N'en soyons point surpris. Dans toute opération de quelque durée où intervient une collectivité quelconque, nombre d'adhérents prennent feu et flamme au début, et, dès que l'affaire est en marche, ils l'abandonnent aussi vite qu'ils s'en étaient épris. Ces enthousiastes du début sont les *initiateurs*. En vain l'œuvre s'affirme de plus en plus, éveillant les sympathies de gens sérieux qui s'apprêtent à s'y rallier, elle a perdu tout charme pour les *initiateurs*. Leur rôle est fini. Mais celui des caractères réfléchis et persévérants se continue en s'élargissant, et l'œuvre se poursuit. Tel sera le cas de la Maison rurale d'enfants. Les initiateurs ont contribué à lui donner un premier coup d'épaule. Merci à eux de ce bon concours. Nous ne pouvons leur faire reproche de leur abandon prochain ; ils vont céder aux exigences de leur caractère. Leur demander la persévérance, ce serait forcer leur nature et méconnaître l'A B C de la doctrine d'attraction.

Donc, aux hommes persévérants la tâche de poursuivre l'œuvre commencée. Dans le nombre actuel de nos adhérents, combien va-t-il nous rester de ces caractères persévérants pour nous aider à élever notre œuvre à un nouveau degré de développement ? Combien de nouveaux adhérents allons-nous recruter maintenant ? Et ces nouveaux adhérents, ces gens sérieux, réfléchis, qui ne se décident qu'après avoir vu les premiers fondements d'une entreprise, en trouverons-nous beaucoup parmi les membres de l'Ecole sociétaire? Cette Ecole ne serait-elle pas plutôt composée presque en entier de caractères ambigus et initiateurs?... C'est ce que nous ne tarderons pas à voir. En tout cas, poursuivons notre marche lente et ascendante avec les ressources acquises, et ne nous préoccupons point outre mesure de faits prévus, qui sont autant de preuves à l'appui de la science nouvelle qui nous sert de guide.

Pour reconforter le courage de ceux de nos amis qui ne demandent qu'à persévérer, reportons-nous au-delà de ces deux années, nous jugerons mieux du terrain que nous avons gagné.

Ainsi que je l'ai rappelé au dernier Bulletin, dès 1864, j'appelai dans le journal *Le Déiste,* (n⁰ˢ de janvier et février), l'attention de nos condisciples sur la réalisation *progressive* par la Maison rurale d'enfants. En mai et juillet, deux articles sur la *série* y furent également insérés. Ces articles, bien qn'à l'adresse de nos condisciples, visaient surtout, d'une part, les discussions des déïstes et des antidéïstes, dont le journal de M. Richegardon se faisait l'écho, et, d'autre part, les opinions simplistes de M. Guyard, partisan *exclusif* de l'homœopathie, qui préparait son œuvre de Frotey. M. Guyard persévéra dans son œuvre de simplisme, qui ne pouvait avoir qu'une triste fin. Les déïstes et les antidéïstes continuèrent de leur côté leur controverse stérile. Bref, mes avertissements passèrent inaperçus. Dans les numéros d'août, septembre, octobre, novembre et décembre 1864 du même journal, ainsi que dans quelques numéros des années 1865 et 1866, je revins sur les mêmes principes de réalisation.

Peine inutile. Tout fut sourd à ces manifestations, et ce
fut à peu près seul avec M. Suin que, jusqu'en 1870,
pendant six longues années, je poursuivis l'œuvre d'expérimentation que j'avais entreprise, et à laquelle je
dois des faits précieux et des observations importantes,
dont nous allons pouvoir tirer parti, maintenant qu'un
petit noyau s'est formé. Ainsi, pendant près de sept
années, rien, ou presque rien. Puis, en deux ans, nous
réunissons les éléments pour la fondation du petit pensionnat d'essai. Aujourd'hui, ce pensionnat peut être
considéré comme définitivement fondé. Notre première
douzaine d'élèves est au grand complet, et, à la rentrée
d'octobre, il est à peu près certain que ce nombre sera
doublé. Ainsi, quelques derniers efforts, et notre œuvre
aura parcouru dans sa plénitude la première phase de
son développement ascendant, caractérisée par l'organisation d'une trentaine d'enfants, selon les principes du
libre essor. La deuxième phase, dont il s'agira ensuite de
préparer l'éclosion, consistera dans l'application des
mêmes principes, à un nombre d'enfants quatre à cinq
fois plus grand. Cette deuxième phase de notre œuvre
nous demandera, tout nous le fait espérer, beaucoup
moins de temps et sera décisive. On peut donc dire que
nous allons atteindre la moitié du chemin qui mène au
but tant désiré. Telle est l'importance du terrain que
nous avons conquis. Soyons donc courageux jusqu'au
bout, et, sous peu, nous aurons le curieux spectacle
des *finiteurs* qui, à l'opposé des *initiateurs*, intervenant
au dernier moment, *prouveront* à ces derniers qu'ils
n'avaient rien compris à la chose, et que ce sont eux
seuls qui auront *tout fait*, et, par leur concours tardif,
assuré le triomphe de l'entreprise.

Septembre....

Indifférence presque complète de la généralité des membres de l'Ecole sociétaire pour la Maison rurale, tel est le fait qui se dégage des deux années parcourues, dont le présent Bulletin forme la clôture. Ne perdons pas de vue ce fait; il est le point de départ de la nouvelle direction que nous avons à suivre.

A partir de ce jour nous ne devons plus compter que sur nous-mêmes et non plus sur des adhésions nouvelles dans l'Ecole sociétaire. A nous tous, coopérateurs actuels et persévérants de la Maison rurale, de donner à nos concours individuels toute l'extension possible. A nous tous de propager autour de nous, en dehors de l'Ecole sociétaire, l'œuvre collective que nous avons entreprise, et dont nos condisciples n'ont pas compris l'importance.

Dans cette nouvelle direction, prenons pour base, ne l'oublions pas, les principes qui ressortent des citations annexées au dernier Bulletin. La marche que nous devons suivre y est formellement indiquée. Point d'alliance avec les fausses doctrines, les systèmes subversifs qui se partagent les esprits de notre génération fourvoyée! Ces systêmes ne font qu'entretenir l'incohérence et les divisions de tout genre au sein de la Société; nous y attacher serait perdre notre temps, prodiguer sans fruit nos plus belles facultés. Que notre drapeau soit le ralliement aux trois autorités ; l'autorité religieuse, l'autorité administrative et l'autorité scientifique. C'est le trépied fondamental sur lequel repose la doctrine sociétaire bien comprise. Ceux de nos coopérateurs qui ne s'élèveraient pas à la hauteur de cette grande et lumineuse vérité, se seraient fourvoyés en venant à nous. Qu'ils se retirent, si leur faible esprit, leurs attractions dévoyées n'ont pas la force de rentrer dans cette voie, la seule et unique voie du salut.

Si, descendant de ces hauteurs dogmatiques, nous abordons le terrain pratique, notre voie nous apparaît encore plus simple et plus facile. Réunir 150 à 160 enfants (120 *choisis*), avec un petit terrain et un faible capital, voilà la tâche à remplir. Nos ressources sont trop faibles pour l'accomplir de prime saut, poursuivons-en donc l'accomplissement par *voie progressive*, organisant d'abord 30 enfants, puis 60, puis 100... C'est la voie que l'expérience et l'observation, ces deux flambeaux de la science, nous indiquent comme la plus sûre et la seule infaillible? Ne voyons-nous pas les entreprises les plus grandes et les plus prospères, soit dans l'ordre commercial, soit dans l'ordre industriel, avoir débuté très souvent par de faibles commencements! Achevons donc la création du pensionnat destiné aux premiers essais de nos principes régénérateurs! Eh! quand cette faible institution ne pourrait se suffire dès les premiers temps de son existence, est-ce que nous ne nous sentirions pas la force de la soutenir par nos sacrifices collectifs?...

Une vingtaine de familles vont bientôt avoir leurs intérêts les plus chers engagés dans notre œuvre, c'est parmi elles et par elles que nous allons ici nous efforcer de recruter de nouveaux adhérents à la magnifique théorie d'attraction, et c'est dans cette vue que sera rédigée la nouvelle série de nos Bulletins. Mais vous qui êtes éloignés du lieu où se fait notre expérimentation, vous qui de loin n'avez qu'un unique désir, celui d'apprendre bientôt son succès, si vous avez une foi vive, cette foi vous inspirera les moyens de continuer un concours efficace à notre œuvre. L'un de nos derniers visiteurs, étranger à l'École sociétaire, de retour à Paris depuis peu, m'écrit ces deux lignes : « Je garde bon souvenir de la Maison rurale, et *je rêve au moyen de concourir à son succès.* » Faites comme lui, cherchez dans votre esprit; vous y trouverez la voix de Dieu qui vous indiquera ce que vous avez à faire pour la réussite de l'œuvre qui sera notre gloire à tous.

Au prochain Bulletin, le résumé des souscriptions, la liste définitive de nos jeunes élèves, et autres détails.

JOUANNE.

Rouen. — Imp. Léon Deshays et Comp., rue Saint-Nicolas, 30.

MAISON RURALE D'ENFANTS

à RY (Seine-Inférieure).

BULLETIN MENSUEL

SEPTEMBRE et OCTOBRE 1872.

Adhésions nouvelles et définitives à la Société
de Fondation :

MM. De Boureulle, colonel, directeur d'artillerie, à Brest	200 fr.
Victor Brosser, à Saint-Denis (Seine)	400
Garon, architecte à Paris	2.000
Chevrot, architecte à Dijon	60
Ernoult-Jottral, banquier à Rouen	2.000
Mme Gouté, à Ouchamps (Loir-et-Cher)	250
M. et Mme Griess Traut, à Alger	1.200
MM. Ledru, ingénieur en chef des ponts et chaussées, à Paris	600
Ragot-David, à Trigny (Marne)	200
Le Dr Suin, à Limésy (Seine-Inférieure) sa *nouvelle souscription*	4.000
Montant du capital commanditaire primitif.	30.000
Chiffre actuel du capital commanditaire.	40.910

Nota. — Plusieurs autres adhérents ont souscrit en vue de la
Société de Fondation et n'ont pas encore envoyé leur adhésion aux
Statuts; ils sont priés de le faire sans retard, s'ils veulent que leur
souscription soit considérée comme définitive.

Ainsi se constitue notre œuvre petit à petit, acquérant chaque jour une stabilité de plus en plus grande. La formation d'une Société commanditaire pour la fondation de la Maison rurale n'a pas d'autre but, en effet, que d'asseoir la stabilité de cette institution, et lui donner une existence légale. Ce n'est point en vue des profits qui pourraient découler de cette entreprise que les concours nous sont donnés. Nos adhérents sont mûs par de plus nobles sentiments : créer une œuvre utile à l'humanité, telle est la pensée qui les inspire et les dirige.

Dans la constitution de notre œuvre, sous forme de société commanditaire, dont chacun peut faire partie, les familles des enfants de la Maison rurale doivent trouver un autre avantage, non moins précieux que celui de la stabilité de l'institution. La Société de fondation de la Maison rurale fait de celle-ci une œuvre collective à laquelle les familles peuvent s'associer, de telle sorte qu'elles puissent considérer la Maison rurale comme leur appartenant. En s'inscrivant parmi nos souscripteurs, ces familles s'assureront la meilleure garantie d'une gestion conforme à leurs désirs et aux intérêts de leurs chers enfants, puisqu'elles seront appelées, comme tous les autres coopérateurs de la Maison rurale, à intervenir de leur vote dans les assemblées dirigeantes.

Indépendamment des souscriptions commanditaires, la Maison rurale reçoit des dons dont la destination est de former un fonds spécial, sous le nom de *Dotation industrielle des Enfants*. L'objet de cette dotation est de contribuer aux frais de fondation et d'enseignement,

mais plus particulièrement d'être affectée à la formatic
de l'outillage industriel des enfants, et, plus tard, du
former un fonds de réserve qui puisse servir à créer,
sous forme d'assurance mutuelle, des liens de solidarité
entre les élèves de la Maison rurale, contre certaines
éventualités. L'ensemble de ces dons s'élève, présentement, à une somme qui dépasse le quart du capital
commanditaire. Nous donnons ci-après une première
liste des principaux bienfaiteurs qui ont concouru à la
formation de ces premiers fonds de la Dotation industrielle.

C'est parmi ces derniers souscripteurs que sont pris
les membres du *Conseil de Famille*, chargé de la surveillance, tant de l'enseignement que de la direction de
la Maison rurale. Tout bienfaiteur qui, n'ayant pas
d'enfants dans l'établissement, souscrit à la Dotation
pour un don de 60 fr. peut faire partie de ce Conseil,
et, de même, de tout père de famille qui, ayant un ou
deux enfants dans la Maison, souscrit pour une somme
de 200 fr. Ces souscriptions peuvent s'effectuer en plusieurs versements ou annuités.

Ainsi, toutes les dispositions organiques de notre
œuvre ont pour but de favoriser l'intervention des familles dans son fonctionnement. Celles qui nous ont
confié leurs enfants ont déjà pu apprécier, par les soins
hygiéniques dont ils sont l'objet, et par l'excellence du
régime alimentaire, la haute utilité de notre œuvre, au
point de vue de la santé des enfants. Les soins, sous le
rapport de l'enseignement, les satisferont de même, nous
l'espérons; malgré les difficultés qu'entraîne toujours
avec soi une œuvre qui commence. Mais pour que celle-

ci ne laisse rien à désirer, il est à souhaiter que les familles elles-mêmes interviennent pour nous seconder. C'est en joignant leur concours à nos efforts qu'elles feront de la Maison rurale, qui est la maison de leurs enfants, une œuvre telle qu'aucune autre institution ne saurait l'égaler.

De la Régénération morale de la France. — Ses Voies et Moyens.

Depuis les douloureux événements qui ont accablé notre malheureux pays, il n'est personne qui ne convienne que, pour sauver la France, la relever de son abaissement, une régénération morale est nécessaire : chacun est d'accord sur ce point. Or, cette régénération ne peut provenir que de l'emploi simultané de ces trois moyens : le Travail, la Science appliquée au travail, et la Religion alliée à la science. Sans le travail, en effet, point de richesse possible, point de prospérité matérielle; partant, impossibilité absolue d'échapper au gouffre béant et de plus en plus profond des emprunts et des impôts. Et, sans la science, comment pourrait-on rendre le travail aussi productif que possible?... Chacun tombera d'accord sur ces deux points et conviendra que de l'union de la science avec le travail pourront jaillir de nouvelles sources de prospérité. Ne sait-on pas que la seule agriculture pourrait quadrupler les produits du sol, par l'emploi généralisé des bonnes méthodes, par l'application vulgarisée des connaissances qui sont dues aux progrès récents des sciences positives, sur lesquelles se fondent l'agriculture et l'industrie!... Donc, le travail et la science appliquée au travail sont les deux premiers fondements de toute régénération. En nous proposant d'initier les enfants au travail dès leurs plus jeunes années, le leur faire aimer en le rendant aussi attrayant que possible ; en prenant à tâche de les initier de bonne heure aux premières notions des sciences qui se rattachent à l'agriculture, au commerce et à l'industrie, nous sommes véritablement dans la voie de cette régénération que tout bon citoyen appelle de tous ses vœux.

Mais, que serviraient le travail et la science, à quoi bon les richesses, quelqu'immenses qu'elles fussent, qui proviendraient de cette union, au sein d'une nation dont toutes les classes de citoyens seraient en hostilité ouverte, dont toutes les familles divisées d'intérêts, ne tendraient qu'à se nuire réciproquement?... Le surcroît de richesse qu'enfanterait le travail uni à la science, ne serait-il pas dévoré à chaque génération, par les complications de tout genre que produirait un tel état d'incohérence?... Chômages et stagnations de toute espèce, grèves et coalitions, émeutes et révolutions périodiques, ne nous apparaissez-vous pas comme autant de gouffres, où viendraient s'engloutir les trésors les plus merveilleux du travail et de l'intelligence?... Non, point de régénération réelle sans l'emploi de quelque moyen qui fasse disparaître la divergence des intérêts et qui unifie, dans un accord supérieur, les différentes parties actuellement divisées du grand corps social. Or, ce qui peut produire une telle harmonie dans l'ordre social, ce ne peut être que la religion (*religare*, relier); mais la religion alliée à la science!...

Pour que la religion puisse, en effet, constituer un tel accord, une telle unité dans le corps social, il ne faut point qu'elle soit tenue en quarantaine par la science; il convient, au contraire, que celle-ci lui tende la main et se rallie à ses préceptes. La science moderne, en ridiculisant les dogmes, en semant l'incrédulité au sein des masses, a dépassé son but et méconnu sa véritable mission; elle n'a fait, en agissant ainsi, qu'ajouter de nouveaux germes de division, à ceux déjà trop nombreux que recèlent nos sociétés modernes; loin de préparer la régénération, elle a précipité la décadence morale vers laquelle nous courons à grands pas. Sa tâche était, au contraire, de chercher les moyens d'introduire, dans toutes les fonctions du corps social, les principes de charité et de solidarité sur qui se fonde toute religion, et qui ne sont, en définitive, que l'essence même du christianisme. Telle était la tâche spéciale qui incombait à la science, et dont l'accomplissement pourra seul nous préserver des cataclysmes qui menacent d'anéantir les sociétés modernes. Point de régénération possible, tant que la science restera un foyer d'athéisme et d'impiété!...

Ce n'est pas chose facile, assurément, que de rendre les intérêts solidaires; cependant, on ne saurait déclarer le fait impossible, puisque, jusqu'à ce jour, aucune tentative de ce genre n'a eu lieu. Peut-être les difficultés sont-elles plus apparentes que réelles. Nous essaierons d'entrer dans cette voie, et la formation, par souscription, d'un fonds spécial pour la dotation des enfants de la Maison rurale, n'a pas d'autre but fondamental que de créer entre eux, comme nous l'expliquerons dans la suite, quelques liens de solidarité. A la vue du bien qui résultera de cette première application, il n'est pas douteux, pour nous, que les principes de cette nouvelle éducation ne se propagent rapidement, et que la génération tout entière, qui nous suit, n'accomplisse la régénération religieuse et morale dont chacun sent la nécessité.

JOUANNE.

PRINCIPAUX SOUSCRIPTEURS

A la *Dotation industrielle des Enfants* de la Maison rurale :

MM. Boulanger, architecte, à Athènes (Grèce) . .	500 fr.
De Boureulle, colonel, directeur d'artillerie, à Brest	100
V^{or} Brosser, à Saint-Denis.	100
M. et Mme Cailhabet, à Florence (Italie)	60
MM. Caron, architecte, à Paris.	540
Chevrot, architecte, à Dijon.	50
Collenot, ancien notaire, à Sémur (Côte-d'Or).	200
Cusin, receveur des postes, à Mostaganem (Algérie).	60
Ernoult-Jottral, banquier, à Rouen.	600
Fruchard, professeur de dessin et musique vocale de la Maison rurale, à Rouen . . .	60
MM. G***, par l'intermédiaire de M. Ernoult-Jottral	1.000
Glorget, ex-professeur du Lycée de Strasbourg, à Paris	65
Gouté, propriétaire à Ouchamps (Loir-et-Cher)	100
M. et Mme Griess-Traut, à Alger.	50

MM. Ed. Héring, pharmacien à Barr (Alsace). . .   70

Th. Héring, pharmacien à Barr (Alsace). . .   250

Houdin, notaire à St-Léonard (Loir-et-Cher).   30

Jubinville, à Rouen   60

Leboiteux, chef d'escadron d'artillerie, en retraite, à Chatellerault.   60

Lequeux-Planchon, propriétaire à Rouen . .   60

Le Dr Louis, décédé, à la Nouvelle-Orléans (Etats-Unis), et Mme Louis.   50

Menn et Bodemer, à Genève (Suisse).   50

Moigneu, rentier à Paris. 1.000

Moreau-Jamet, à Chateauroux.   130

Pagliardini, à Londres.   100

Paillard, négociant à Paris   50

Le Dr Pancin, à Caveirac (Gard).   50

Pierlot, décédé, à Jouaville (Moselle). . . .   60

Quaintenne, garde du génie, en retraite à Lille   110

Mme Ragot-David, à Trigny (Marne).   40

MM. Richard, Président du Conseil de famille de la Maison rurale, à Rouen.   60

Sairaison, serrurier à Rouen.   60

Salomon, ancien libraire à Strasbourg.   150

Sannier, pharmacien à Doudeville (Seine-Inf.) . .   140

Le Dr Suin, à Limésy (Seine-Inférieure) . . .   3.300

Mme Templier, à Ry. 1.000

MM. Templier H, à Dieppe.   220

Templier, Vice-Président du Conseil de famille de la Maison rurale, à Ry.   687

Tiquet, propriétaire à Baignes (Haute-Saône).   100

Vieuxbled, menuisier à Rouen.   60

(*Supplément.*)

Rouen. — Imp. Léon Deshays et comp.

BULLETIN MENSUEL

DE LA

MAISON RURALE D'ENFANTS

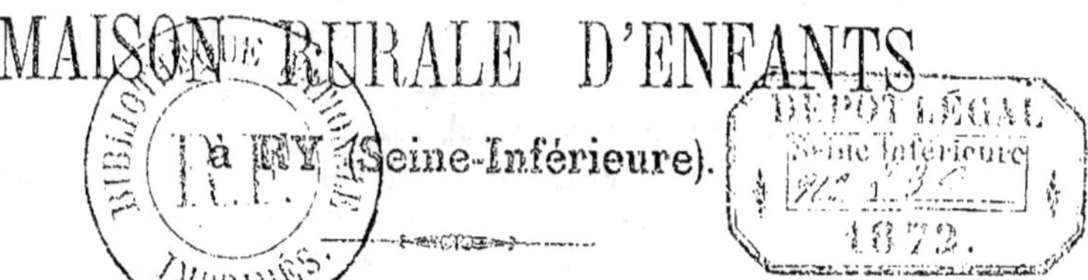

à RY (Seine-Inférieure).

Supplément au Bulletin de Septembre-Octobre 1872.

À nos Amis de l'École sociétaire.

Une quinzaine d'adhérents à notre œuvre se sont engagés pour des souscriptions dont l'ensemble s'élève environ à 1,200 fr., et sur lesquelles il a déjà été encaissé près de 450 fr.

Plusieurs de ces souscripteurs n'ont point précisé l'emploi qu'ils entendent faire des sommes par eux versées ou souscrites, soit à la dotation des enfants, soit à la Société de fondation. Quelques autres ont souscrit pour la Société de fondation, mais sans nous avoir encore adressé leur adhésion définitive aux statuts. La plupart des membres de la société Bizontine (voir au dernier bulletin), sont dans le même cas. Quelques-uns d'entre eux paraissent incliner pour le capital commanditaire. Les statuts de la Société commanditaire ou de fondation leur sont présentement adressés à tous, et ils vont pouvoir se prononcer d'une manière définitive. Je les engage à ne pas différer plus longtemps, afin que le prochain bulletin fasse mention de leur souscription. A défaut de toute indication de la part de ces adhérents, leur souscription sera définitivement affectée à la dotation des enfants, au mois de janvier prochain.

Rien de particulier dans les statuts de la Société de fondation, qui n'ont, je le répète, qu'un seul but; donner une existence

légale à notre œuvre et en garantir la perpétuité contre toute
espèce d'éventualité. Ces statuts seront modifiés à mesure que
les intérêts de l'œuvre collective l'exigeront, et tout probablement dès qu'un protecteur influent nous tendra la main, ou
qu'un noyau de fondateurs sérieux se formera pour donner à la
Maison rurale la dernière impulsion.

La seule considération qui doive peser sur le choix de nos
adhérents, c'est que d'une part le capital commanditaire est le
seul qui ait un droit sur les valeurs sociales, et d'autre part que
la souscription, dont le minimum est de 60 fr., pourra donner
lieu, lorsqu'elle dépassera 100 fr., à un intérêt de 5 %, selon
les clauses des statuts. Mais on n'est pas moins coopérateur de
la Maison rurale en ne souscrivant qu'à la dotation des enfants,
et à ce titre on pourra être admis aux assemblées générales, avec
voix-délibérative, si le chiffre de la souscription est assez important, et enfin jouir des avantages qui seront départis à chacun
des plus petits souscripteurs du premier essai d'attraction industrielle, si cet essai, comme on doit l'espérer, entraîne les
merveilleux résultats que la théorie nous promet. Si nos adhérents
suivaient notre avis, ils souscriraient tout à la fois à la dotation
des enfants et à la Société de fondation. On ne devrait même
admettre comme souscripteur commanditaire que ceux des
adhérents qui auraient déjà souscrit à la dotation. C'est ce qui
sera tout probablement adopté dans l'avenir.

Nous voici bien loin de notre point de départ. Au début, nous
ne pensions qu'à quelques ébauches partielles à greffer sur une
école de village. A l'heure présente, par suite des concours
acquis, nous envisageons sérieusement l'essai sur 120 à 150
enfants, comme le seul objectif vers lequel nous devons tendre.
Aussi tout en nous préoccupant de l'organisation tout d'abord
de 30 enfants, nos dispositions sont-elles prises pour un plus
grand nombre. La presque totalité de nos ressources dans ces

derniers temps a été affectée aux constructions. Mais celles-ci ne sont point achevées, et notre noyau d'enfants n'atteignant pas la trentaine nous occasionne un excédant de dépenses dans nos frais généraux, tel que la modicité du prix de pension de nos élèves ne nous permet pas de le couvrir. C'est pourquoi nos adhérents doivent faire les derniers efforts, pour que nous ne soyions point obligés de ralentir notre marche en avant.

Dans les listes de souscription ce ne sont pas les plus riches qui ont le plus fait. Il en est qui se sont saignés à blanc pour venir en aide à la Maison rurale, se privant même du nécessaire. Ceux-là ont la vraie foi, et notre devoir serait même de tempérer leur zèle. Après avoir mis une partie de leur avoir au fonds de la dotation et au capital commanditaire, qui sont la part du feu, s'ils veulent encore concourir à l'œuvre, comme leur grande foi le leur recommande, que ce soit au moins par de simples avances produisant intérêt. L'œuvre de réalisation doit être en effet conçue de telle sorte qu'une partie des fonds qui y seront affectés, puissent constituer un placement aussi avantageux et mieux garanti même que les placements ordinaires les plus sûrs. C'est l'avantage qu'offrira la Maison rurale, ainsi que nous pourrons l'expliquer à ceux de nos amis qui voudront nous donner un concours de quelque importance. Trente années de méditations sur cette seule question de l'expérimentation par les enfants, nous ont permis d'en simplifier la solution, et d'en élucider les plus petits détails.

Il est bien fâcheux que le noyau de fondateurs, dont l'intervention nous conduirait rapidement au premier essai d'harmonie, n'ait pu encore se constituer au sein de l'École sociétaire. Malheureusement, ceux qui paraissent dans les conditions voulues pour former ce précieux noyau rédempteur, sont engagés la plupart dans une fausse voie; se berçant du vain espoir de réunir facilement un gros capital pour opérer sur un vaste terrain. Fâcheuse illusion! Si, par impossible, ce gros capital venait à se réaliser, le groupe promoteur de cette grande entreprise verrait surgir sous ses pas de nouvelles et inextricables difficultés qui ralentiraient sa marche, si même elles ne l'entravaient complètement.

Le Dr Barrier appartenait à cette petite cohorte fourvoyée. Il n'est plus ! Combien, parmi ceux qui partagent ses idées, seront moissonnés, comme lui, avant d'avoir vu poindre l'heure si attendue de réaliser ce gros capital, chimérique objet d'aspirations tant de fois déçues !...

Quand on pense que Fourier a écrit ces mots : *avec 120 à 150 enfants, un petit terrain et un petit capital, je réponds de créer l'industrie attrayante qui lèvera la cataracte au genre humain;* on est stupéfait au-delà de toute expression de voir des hommes qui se donnent pour ses disciples, chercher dans de vagues projets, dont la réalisation serait si incertaine et si couteuse, la solution d'un problème si facile à résoudre, en suivant les données si précises du maître !

Ne donnons point dans ces travers, et rallions-nous franchement à la parole de l'inventeur du régime sériaire. Si nos riches condisciples manquaient cette belle occasion de s'illustrer, en élevant le genre humain à sa brillante destinée, eh bien ! humbles et modestes travailleurs que nous sommes, notre persévérance dans la bonne voie ne tarderait pas à être récompensée : nous trouverions en dehors de l'Ecole sociétaire l'appui que celle-ci nous aurait refusé !

Voyez jusqu'à quel point se trompent les partisans actuels d'une grande expérimentation ! L'un de ceux qui avaient répondu à l'appel de la *Science sociale* et qui, lors de la fameuse enquête ouverte par ce journal, s'était fait inscrire pour 10,000 fr., m'écrivait, il y a peu de temps, ces paroles textuelles : la Maison rurale marche... et je ne puis rien.... déplorant ainsi son impuissance à nous seconder. S'il ne pouvait réaliser au profit de la Maison rurale une souscription de peu d'importance, comment donc aurait-il pu verser les 10,000 fr. promis pour un grand essai ?...

Non. La masse des préjugés est trop épaisse, et l'Ecole sociétaire trop faible sous le rapport du savoir et de la foi, pour qu'il soit possible et sage de se proposer comme objectif, un essai de grande échelle. Je parle d'un essai d'attraction, car tout ce qui ne dérive pas directement de ce principe, tout ce qui n'a pas pour objet son application prompte et décisive, doit être nul et non avenu pour nous. S'arrêter aux accessoires, à des améliorations partielles, à des associations transitoires, ce serait ressembler au coq de la fable, dédaignant la perle pour le moindre grain de blé. Notre intelligence ne saurait-elle s'élever au-dessus de l'instinct de ce pauvre oiseau, et ne saurions-nous apprécier l'immense trésor que nous a légué le génie de Fourier!... Sachons plutôt en profiter. Dédaignons les richesses grossières et de mince valeur semées sur le chemin et marchons droit au but : *le travail attrayant*. Point de relâche que nous ne l'ayons atteint.

Pour que nos adhérents puissent se faire une juste idée du point où en sont nos préparatifs matériels, je porte à leur connaissance le résumé suivant de trois principaux comptes de la Maison rurale. A la fin d'octobre, le débit de ces comptes se totalisait ainsi qu'il suit :

Mobilier, ce qu'il a coûté.. . . . . 7.683 fr. 65
Bestiaux et fourrages, leur estimation. . . . 1.500 »
Constructions (y compris divers autres frais, tels que terrassements, puits, réservoirs, conduites d'eau, etc.), ce qu'elles ont coûté. . . . 41.436 42

C'est particulièrement sur cette dernière dépense que l'attention de nos adhérents doit être appelée pour qu'ils puissent bien apprécier la situation et se rendre compte de l'importance des sacrifices qu'il nous reste encore à faire avant d'obtenir les résultats que nous poursuivons.

Dans l'état présent de ces constructions, nous ne pourrions

encore installer commodément que vingt et quelques enfants.
Dix à douze mille francs de plus, appliqués à ces constructions,
nous permettraient d'en admettre largement une trentaine et
plus. Mais, en doublant ce chiffre, en le portant à vingt ou vingt-
quatre mille francs, on se placerait dans des conditions à pouvoir en admettre près d'une soixantaine.

Ces données, que je soumets à nos adhérents, ne constituent
aucun engagement de la part de la gérance. C'est-à-dire que je
ne prétends pas qu'il n'y aura de dépensé en frais de construction,
lorsque le nombre de nos pensionnaires aura atteint la trentaine,
que dix à douze mille francs en plus de ce qu'il y a présentement.
En effet, outre les sommes prévues pour l'achèvement des
constructions spécialement affectées à l'habitation, il est d'autres
dépenses du même genre qui devront être faites dans le cours du
développement de notre œuvre, telles sont, par exemple, celles
qui devront s'appliquer à l'aménagement des volières ou à l'établissement d'une serre tempérée. Ces dépenses peuvent être
ajournées après la formation du premier noyau de 30 enfants.
Cependant, il peut se présenter telle ou telle circonstance où,
ce noyau éprouvant quelque difficulté ou quelque lenteur à se
compléter, il devienne utile de passer outre et de procéder à
cette extension en vue d'organiser le noyau d'enfants, comme
s'il était au complet, en s'appuyant sur quelques externes pour
combler les lacunes de nombre. M'étant réservé plein pouvoir
à cet égard, jusqu'à l'organisation de la première trentaine
d'enfants, je ne voudrais me lier en aucune sorte par ces éclaircissements, ni induire en erreur nos adhérents.

Si un comité de fondateurs se formait, je pourrais lui donner,
sur toutes les éventualités qui peuvent se présenter, les explications les plus satisfaisantes, dans lesquelles les limites restreintes
de ce bulletin ne me permettent pas d'entrer.

Des renseignements qui précèdent, nos adhérents peuvent
conclure qu'avant de procéder à l'application la plus restreinte
du principe d'attraction, avant d'aborder la mise en pratique de

la méthode du libre essor des facultés, il faut que nous ayions réuni, au préalable, un supplément de ressources estimé au chiffre minimum de dix à douze mille francs. Pour le moment, notre préoccupation consiste à organiser notre institution sous forme de pensionnat primaire, avec cette seule différence que, d'abord, nous ne spéculons nullement sur le régime alimentaire, qui est à la Maison rurale aussi substantiel que possible ; ensuite, que nous cherchons à substituer aux récréations ordinaires, en tant que l'état de notre personnel le permet, des exercices non moins récréatifs et amusants, mais plus profitables à l'enfant, tels, par exemple, que les exercices de jardinage et divers autres menus travaux.

Voyons maintenant comment est formé actuellement notre noyau d'élèves internes. Nous espérions réunir la vingtaine en octobre dernier. Il a fallu en rabattre de cette espérance. L'état des affaires rejaillit si défavorablement sur le budget de certaines familles, que nous avons dû à cette circonstance fâcheuse d'être privés de trois de nos élèves ; l'un des plus âgés, qui devait rester encore un an à la Maison rurale, a été mis en apprentissage, par raison d'économie ; deux autres sont rentrés dans leurs familles, qui attendent un temps meilleur pour nous les renvoyer, craignant présentement de ne pouvoir arriver à payer leur modique pension. Bref, au lieu de vingt élèves, nous n'avons encore pu réunir que la quinzaine complète. Notre nombre d'élèves s'est toutefois accru, puisqu'en avril dernier leur nombre était réduit à huit. Ceux que nous avons aujourd'hui sont la plupart très jeunes, ce qui nous donne l'espoir de les conserver longtemps.

Mais, pour couvrir les frais généraux applicables à ces enfants, il nous en faudrait un plus grand nombre. Ces frais généraux comprennent : 1° la nourriture et les appointements d'une directrice chargée de la direction, du ménage et du soin des petits enfants ; d'une cuisinière, d'une femme de basse-cour et d'un professeur résidant ; 2° des frais occasionnés par les maîtres et professeurs du dehors, maître de dessin et de musique, maître menuisier, forgeron, salaire du jardinier, etc. L'ensemble de ces frais ne s'élève pas à moins de 5,200 fr. par an. Or, pour les couvrir, il nous faudrait au moins 26 élèves. N'en ayant que 15, c'est une perte qui dépasse 200 fr. par mois. Cette perte ira en diminuant à mesure que de nouveaux élèves nous arriveront. Mais, ce n'est pas moins pour l'instant une très lourde charge. On peut ajourner l'achèvement des constructions, on ne peut pas échapper au fardeau de ce déficit mensuel. C'est pourquoi je répète à nos amis : faites les derniers efforts pour nous aider à franchir cette double difficulté : insuffisance momentanée de la pension des enfants et achèvement des constructions, quatre à cinq mille francs y suffiront.

Si les souscriptions s'arrêtaient, la Maison rurale ne tomberait point pour cela, je l'espère du moins. Mais elle serait entravée dans sa marche et subirait un temps d'arrêt fâcheux. L'invasion prussienne nous a fait perdre deux années. Nous n'y pouvions malheureusement rien. Aujourd'hui, il dépend de nous tous que notre œuvre poursuive sa marche sans éprouver un nouveau temps d'arrêt. Profitons du calme passager que nous présente le monde politique. Qui sait si bientôt ce calme ne sera pas troublé et pour longtemps ? Hâtons-nous donc d'organiser nos trente premiers enfants, afin, par cette organisation, d'ouvrir les yeux au moins clairvoyants.

Rouen. — Imp. Léon Deshays et comp.

MAISON RURALE D'ENFANTS

à RY (Seine-Inférieure).

BULLETIN TRIMESTRIEL
1ᵉʳ JANVIER 1873.

Adhésions nouvelles et définitives à la Société de
Fondation :

MM. Th. Héring, pharmacien à Barr (Alsace). . .	500 fr.
Barthélemy Menn et Bodemer, à Genève. . .	500
Morlon, propriétaire à Nevers	60
Silberling, ingénieur des chemins de fer, à Roman (Moldavie)	60
Pour rectification au bulletin d'octobre, la souscription nouvelle de M. Suin n'y étant mentionnée que pour 4,000 fr. au lieu de 4,200, ci.	200
Report du bulletin d'octobre.	40.910
TOTAL au 31 janvier	42.230 fr.

Nouvelles Souscriptions à la Dotation industrielle
des Enfants :

MM. Belin, propriétaire à Juilly (Côte-d'Or). . .	5 fr.	»
Catineau, chef d'escadron d'artillerie en retraite, à Chatellerault.	20	»
Cusin, receveur des postes, à Mostaganem (Algérie).	40	»
B. Drouard, à Boisgeloup (Eure).	7	»
Glorget, à Paris, *Soc. Bizontine*	64	»
Hébert, typographe, à Gisors (Eure). . . .	5	»
Ed. Héring, pharmacien, à Barr (Alsace), *Soc. Bizontine*.	38	50
Th. Héring, pharmacien, à Barr (Alsace). .	20	»
Lagier, à Besançon, *Soc. Bizontine*. . . .	20	»
Morcau-Jamet, à Châteauroux	100	»
T. Pagliardini, à Londres.	50	»
XX.	25	»
Ragot-David, à Trigny (Marne).	80	»
A reporter.	474 fr.	50

Report.	474 fr. 50
Silberling, ingénieur des chemins de fer, à Roman (Moldavie), *Soc. Bizontine.* . . .	64 »
Le Dr Suin, à Linésy (Seine-Inférieure). .	100 »
G. Wolf, tailleur, à Gisors (Eure).	5 »
Report des sommes reçues au 15 août 1872. . .	11.504 »
TOTAL des sommes reçues au 31 janvier 1873.	12.147 fr. 50

Les souscriptions à la Société de Fondation constituent le capital commanditaire de la Maison rurale. Quant au fonds de la Dotation industrielle, ils se composent de dons ayant pour objet spécial l'achat des outils et ustensiles de dimension graduée pour les différents âges, et aussi toute dépense pouvant contribuer à rendre l'étude et le travail attrayants. Ceux de nos adhérents qui ont souscrit sans préciser l'emploi de leurs fonds, soit à la Société de Fondation, soit à la Dotation industrielle, notamment les membres de la *Société Bizontine*, sont priés de nous faire connaître, sans retard, leur intention. Leur silence sera interprété en faveur de la Dotation des enfants, et les choses seront ainsi régularisées lors de la publication du bulletin d'avril.

La Réforme de l'Enseignement primaire.

CORRESPONDANCE.

V... (Morbian), 2 janvier 1873.

« .... L'idée qui a présidé à la création de votre œuvre me
« paraît d'autant meilleure, que je suis moi-même l'ennemi
« acharné de cette vieille pédagogie qui n'a fait jusqu'ici des
« enfants de nos écoles que des *machines parlantes*, et que dans
« mes rêves de réorganisation de notre enseignement primaire,
« j'avais songé à quelque chose d'analogue à ce que vous avez
« établi.

« Je suis donc heureux de trouver cette pensée mise à exécu-
« tion par une personne telle que vous, Monsieur, et je n'hésite
« pas à dire que si vous êtes bien secondé, vous obtiendrez de
« bons résultats, et ne tarderez pas à trouver des imitateurs... »

R...,
Ancien inspecteur primaire.

L... (Pas-de-Calais), 31 décembre 1872.

« .... Ce qu'il faut pour ce nouvel enseignement, c'est un
« maître qui joigne à des connaissances assez étendues l'art de
« les faire entrer sans efforts dans l'esprit de nos jeunes enfants.
« Savez-vous ce qu'il faut de tact pour tenir constamment en
« éveil ces intelligences, parfois si froides, si arides, et leur
« rendre *attrayant*, *indispensable*, ce qui leur inspire un dégoût
« qui vient surtout, comme vous le laissez comprendre, de la
« pauvreté de nos procédés d'enseignement? C'est une révolu-
« tion complète dans les méthodes et les procédés d'enseigne-
« ment et d'éducation que vous tentez.
« .... Moi aussi, Monsieur, j'ai travaillé à faire de l'école,
« non une prison, mais un musée attrayant, distrayant et amu-
« sant en instruisant, mais que de difficultés! Placé seul à la
« tête d'une école qui compte 120 élèves des deux sexes, de six
« à treize ans, voyez-vous les découragements que doit éprouver
« un maître véritablement du métier, ayant du zèle bien com-
« pris et surtout en son cœur le désir de faire le bien. »

P...,

Instituteur.

B... (Landes), 30 janvier 1873.

« .... Je suis heureux de pouvoir vous dire que vos prin-
« cipes, votre méthode, votre but sont les miens. Il va sans dire
« que pour la pratique, il m'est impossible de faire tout ce que
« vous vous proposez, n'ayant point ici ce qui est nécessaire
« pour cela.
« Je ne manque cependant point de profiter de toutes les cir-
« constances que m'offre la culture du jardin pour initier les en-
« fants aux procédés d'une bonne agriculture, mais cela ne peut
« être que tronqué, attendu qu'il me manque bien des choses.
« Quant à mon enseignement lui-même, il est essentiellement
« pratique, et les nombreux exercices que je donne sont de
« nature à former des hommes utiles, c'est-à-dire ayant toutes
« les bonnes qualités de l'âme, la noblesse des sentiments, une
« somme de connaissances étendues et solides, et enfin la vigueur
« du corps. L'éducation n'est, en effet, complète que lorsqu'elle
« réunit ces trois choses.
« La méthode dont je me sers, c'est au début surtout et aussi
« pendant quelques années, la méthode socratique, la seule qui
« est de nature à développer l'intelligence et à former le juge-
« ment.... Jusqu'à l'âge de huit ans, je me sers de la méthode
« des salles d'asile. Ne faut-il pas que les enfants, quand ils sont
« si jeunes surtout, retrouvent dans l'école d'autres parents qui
« les aiment, qui les protègent, et qui les préparent à recevoir

« l'éducation qu'on veut leur donner ? Oui, d'abord, que l'école
« soit pour eux la famille, en supposant qu'elle ne laisse rien à
« désirer ; qu'il y ait ensuite une transition, une préparation aux
« cours réguliers, et qu'enfin ces cours soient faits d'une ma-
« nière intéressante, attrayante.

« Mes cours sont au nombre de trois : cours élémentaire,
« cours moyen, cours supérieur. Ils forment comme trois circon-
« férences concentriques et disposées de telle sorte qu'un enfant
« qui sort de l'école avant l'âge de douze à treize ans a vu ce
« qui lui est indispensable. Sans doute, ses connaissances ne
« sont pas approfondies alors, mais il a le strict nécessaire, et
« c'est ce qui lui est indispensable.

« Par ce qui précède, et ce n'est qu'un très court résumé de
« ce que je fais, vous pouvez voir que nous sommes sur la même
« voie. »

C...,

Instituteur communal.

Cet extrait de notre correspondance avec le corps
enseignant dénote que les idées sur lesquelles notre
œuvre est fondée sont en germe dans l'esprit d'un certain nombre d'instituteurs. Ce fait nous donne l'assurance de rencontrer de ce côté un important concours
pour le développement de notre œuvre, et, le cas
échéant, des successeurs pour sa continuation.

La masse intéressante des instituteurs primaires est
dans un état vraiment précaire. Pourquoi ne formerait-
on pas une Ligue pour son affranchissement. La méthode d'enseignement par le libre essor des facultés
fournit les voies et moyens de cet affranchissement, et la
Maison rurale, par sa réussite, peut mettre en évidence
l'extrême facilité d'une aussi noble tâche. — C'est un
gage certain d'avoir pour coopérateurs le plus grand
nombre de ces hommes si dignes d'intérêt, et dont le
dévouement est d'ordinaire si mal récompensé. C'est
pourtant sur eux que repose l'avenir de la génération
qui nous suit, et, par suite, la prospérité de notre infortuné pays.

JOUANNE.

(*Supplément.*)

Rouen. — Imp. Léon Deshays, rue Saint-Nicolas, 30.

BULLETIN TRIMESTRIEL

DE LA

MAISON RURALE D'ENFANTS

à RY (Seine-Inférieure).

Supplément au Bulletin de Janvier 1873.

À nos Amis de l'École sociétaire.

Depuis le Bulletin d'octobre, les tribulations n'ont pas manqué à la Maison rurale. D'assez graves difficultés ont, en effet, surgi sous nos pas. Ce qu'il y a de plus triste, c'est que les obstacles contre lesquels nous avons eu à lutter nous ont été suscités par l'imprudence même de quelques-uns de nos adhérents.

C'est en vain qu'à diverses reprises j'avais insisté dans le bulletin sur la nécessité de se rallier aux autorités, qui sont l'autorité religieuse, l'autorité administrative ou gouvernementale et l'autorité scientifique; quelques malencontreux amis, ne tenant aucun compte de ces recommandations, n'ont pas craint de se mettre en pleine hostilité avec l'autorité religieuse, et même de faire acte public d'irréligion. Une telle manifestation se produisant dans la localité même où notre œuvre se réalise ne pouvait manquer de lui être excessivement préjudiciable.

Le parti clérical, si prompt à s'alarmer et toujours si influent dans nos campagnes, n'a pas tardé à faire à notre institution une réputation qui n'était rien moins qu'irréligieuse. Des bruits calomnieux répandus dans la contrée sont parvenus jusqu'aux oreilles de l'autorité académique, qui jusqu'alors s'était montrée toute bienveillante pour nous. En effet, en 1870, on avait toléré à notre égard, en vue de favoriser notre œuvre, certaines irrégularités de forme. Mais, par suite des plaintes portées dans ces derniers temps, on est vite revenu de cette bienveillance, et, dans l'intention bien évidente de fermer notre établissement, on nous a mis subitement en demeure de faire disparaître ces irrégularités, ne nous accordant pour cela qu'un délai dérisoire de trois semaines et nous suscitant de nouvelles entraves chaque fois que, dans cet intervalle, nous nous mettions en devoir de remplir les formalités exigées. Nous sommes parvenu, non sans peine ni sans aide, à conjurer le péril; l'autorité est revenue à de meilleurs sentiments; un délai plus raisonnable nous a été accordé; enfin, notre situation a été régularisée; bref, le danger a disparu. Il n'en est pas moins résulté un grave préjudice pour notre œuvre. Ce préjudice n'a pas été réparé!...

Près de certaines familles de la contrée, notre œuvre passera donc quelque temps encore pour un foyer d'irréligion. Ce n'est qu'à la longue que cette fâcheuse réputation disparaîtra. En attendant, ce sera l'une des principales causes qui empêcheront de grossir le noyau de nos élèves.

Par ce faible aperçu des dernières tracasseries contre lesquelles nous avons eu à lutter, nos adhérents peuvent se faire une idée des difficultés qui nous entourent et qui font que notre entreprise n'avance pas aussi vite que chacun d'eux le voudrait.

J'aurais pu faire mention, dans les précédents bulletins, de quelques-uns des mécomptes que nous avons éprouvés; tels que des enfants promis qui ne nous sont pas venus, des concours également promis qui nous ont fait défaut, toutes causes qui ont entravé notre marche, en multipliant les difficultés. Ces détails, portant sur des faits moins graves, m'avaient paru superflus. Une observation à ce sujet n'est pas toutefois sans quelque importance; c'est que la plupart de ces mécomptes sont provenus du fait de nos condiciples mêmes, de leur peu de réflexion et de leur trop grande légèreté. A ne parler que de ces promesses de concours personnels, plus ou moins gratuits, dont le bulletin sétait fait l'écho, quelle cruelle déception! Ces prétendus concours de dévouement se sont dissipés en fumée... Amère dérision! Frappé d'une affection de la vue qui exigerait une abstention absolue de tout travail appliquant, je n'ai pas même près de moi un ami à qui je puisse dicter ma correspondance ou même ce bulletin. Je n'obtiens rien qu'à prix d'argent. Qu'importe, après tout, pourvu que nous arrivions au but, et nous y arriverons, si nos adhérents persévèrent à seconder nos efforts. Laissons s'éloigner ceux dont la foi timide a faibli aux premières difficultés, et marchons avec les cœurs fortement trempés. Si les concours personnels nous manquent du côté de l'Ecole sociétaire, la Providence nous les ménagera d'un autre côté; les lettres de MM. Pannequin et Capdeville (v. au bulletin), doivent nous rassurer quant à la certitude d'arriver à nous former un personnel qui soit sympathique à nos idées. Lorsque le temps d'une réforme ou d'une transformation est venu, Dieu sait disposer les âmes et les esprits en nombre suffisant pour accomplir ses desseins. Conservons à cet égard toute confiance : Le temps est venu pour l'essai d'attraction industrielle et les ouvriers ne manqueront pas.

———

Par suite des dernières difficultés qui ont entravé et ralenti notre marche, je me suis décidé à devancer de quelques mois l'ouverture de la souscription qui devra décider du succès de notre entreprise. Cette souscription, destinée à faciliter la première application du principe du libre essor sur un petit nombre d'enfants, ne devait, en effet, s'ouvrir qu'après la formation complète de notre premier noyau de 28 à 30 enfants.

Comme je l'ai annoncé dans le bulletin d'octobre, les 16 élèves que nous avons nous causent un déficit mensuel de 200 fr. au minimum. Ce déficit devra diminuer par l'admission prochaine de quelques enfants ; mais, ne fût-il que de 2,000 fr. ou même de 1,800 fr. par an, qu'il me serait impossible, en présence de quelques constructions, dont l'achèvement est indispensable, de pouvoir le supporter longtemps seul. Il pourrait donc arriver que je fusse obligé très-prochainement de ramener la Maison rurale, par voie de rétrogradation, au degré primitif dont elle est partie en octobre 1871. C'est à quoi j'aurais peine à me résigner, et c'est assurément ce qu'aucun de nos coopérateurs ne voudrait lui-même. Il faut donc éviter cette marche rétrograde par tous les

moyens possibles, et il n'y en a pas d'autre que d'assurer
à notre œuvre une ressource annuelle équivalente à ce
déficit, soit environ 2,000 fr. On le peut en réalisant
une souscription collective à laquelle prendrait part
chacune des personnes qui, jusqu'à ce jour, ont prêté
leur concours à la Maison rurale. Pour réaliser ces
2,000 fr., il suffirait d'une dixaine de souscripteurs à
100 fr., douze à quinze à chacun 50 ou 60 fr., et dix-
huit à vingt à chacun 20 à 30 fr. C'est en tout quarante
à quarante-cinq souscripteurs. A ne compter que ceux
de nos adhérents dont le versement n'est pas inférieur à
30 fr., ils forment la soixantaine. Or, en admettant que
les deux tiers d'entre eux seulement persévèrent et contribuent à la nouvelle souscription, ce nombre suffirait
amplement. Mais, pourquoi tous n'y contribueraient-ils
pas?... Et pourquoi aussi n'y contribueraient-ils pas
de manière à dépasser les chiffres que je propose et qui
ne sont qu'un minimum? Plus le concours sera énergique, important, plus vite nous atteindrons le but.

Assurément, dès la fin de la première année, ce déficit
de 2,000 fr. sera diminué par l'augmentation du nombre
de nos élèves. Mais, je l'ai dit, il s'agit en même temps
d'organiser ce noyau d'enfants. C'est pourquoi il convient
que la nouvelle souscription s'étende à plus d'une année.
Je crois pouvoir la limiter à quatre, y compris l'année
courante. Donc, l'engagement de nos souscripteurs devra
être de quatre ans, qui commenceront, si l'on veut, le
7 avril prochain pour se terminer le 7 avril 1877.

Cette souscription est la souscription *pivotale* de notre
œuvre, celle qui est destinée à la compléter, en lui donnant une stabilité définitive. C'est une souscription

toute de dévouement; la *souscription d'honneur* de la Maison rurale. Tous ceux qui y prendront part seront les véritables fondateurs de l'œuvre, puisque de leur intervention dépendra le salut de cette œuvre. Pour conserver à cette souscription son caractère de sacrifice et de dévouement, il n'y sera attaché aucun avantage matériel; par conséquent, les fonds de cette souscription n'auront aucun droit sur les valeurs sociales, il n'y sera affecté aucun intérêt, ni aucun dividende. — La seule distinction dont pourront être l'objet les personnes qui auront concouru à cette souscription ce sera uniquement de voir leur nom inscrit, soit sur un tableau commémoratif, soit sur la bannière ou drapeau de nos enfants.

Nul ne pourra être admis à contribuer à la souscription d'honneur de la Maison rurale s'il n'est déjà souscripteur, soit à la dotation industrielle, soit au capital commanditaire, et chacun devra prendre à cœur d'y contribuer au moins en proportion de ses concours antérieurs. Tous ceux de nos adhérents qui tiennent à figurer parmi les persévérants y contribueront assurément. Les caractères ambigus que soutenait un léger feu de paille nous ont quitté, découragés et désenchantés; leur concours a eu son utilité, mais le succès ne pouvait provenir de leur fait. C'est à la persévérance que toute réussite se rattache. C'est donc aux persévérants de mettre la dernière main à l'œuvre.

Pour faciliter à tous le concours à la souscription pivotale ou d'honneur de la Maison rurale, la souscription au capital commanditaire est provisoirement suspendue. De plus, tout souscripteur à celle-ci qui avait pris l'engagement de compléter sa souscription par annuités aura la faculté d'ajourner le paiement de ses annuités jusqu'après la période de quatre années, pendant laquelle durera la nouvelle souscription. Par conséquent, le paiement des annuités qui devait s'effectuer en 1873, pourra être différé jusqu'en 1877, et ainsi de suite pour les annuités à payer en 74, 75 et 76. — De même, tout souscripteur qui aurait versé une annuité au commencement de cette année ou une souscription pourra ajourner son premier versement à la nouvelle souscription jusqu'à la fin de décembre ou même au commencement d'avril 74. — Enfin, bien que le minimum de la nouvelle souscription ne doive pas être inférieur à 20 fr. par an, pour faciliter l'accès des petits souscripteurs, deux ou trois pourront s'associer et se faire inscrire collectivement, comme l'ont fait plusieurs de nos adhérents pour la souscription commanditaire, tels, entre autres, MM. Menn et Bodemer.

Telle est la combinaison à laquelle la Maison rurale devra son succès définitif. A cette période pivotale de notre œuvre vont se rattacher diverses dispositions qui auront pour objet de la garantir contre toute éventualité fâcheuse; telle sera, par exemple, entre autres dispositions, l'adjonction à la gérance d'un personnel sympathique à l'idée fondamentale de l'œuvre, et peut-être aussi, il faut l'espérer, l'adhésion d'une ou plusieurs personnes influentes dont la protection nous préserverait de toute tracasserie ultérieure. Enfin, cette même période devra surtout se caractériser par l'organisation progressive de nos enfants en conformité avec le principe du libre essor des facultés ou attraction industrielle.

La souscription d'honneur de la Maison rurale va donc produire ce résultat de faire se manifester et se constituer en groupe actif et permanent les véritables apôtres de l'attraction. Cette belle doctrine de l'attraction universelle, on l'avait laissée tomber dans la boue du chemin! Coopérateurs de la Maison rurale, nous l'en avons relevée avec la ferme intention, n'est-ce pas? d'appliquer tous nos efforts pour faire resplendir aux yeux du monde entier toutes les magnificences de cette merveilleuse découverte. Avec du courage et de la persévérance nous atteindrons ce but glorieux.

L'Ecole sociétaire, dédaignant les lumières de la science, s'enfonce dans le dédale obscur de la coopération. Elle méconnaît le principe d'attraction, qui pourtant est la seule boussole infaillible dans la voie des expérimentations sociétaires. Il semblerait que les sinistres prévisions de notre ami J. Le Rousseau, au sujet de cette école, soient en voie de se réaliser. Mais non. Si la masse de nos condisciples ferme les yeux en face de la vérité, quelques-uns sont demeurés fidèles à la tradition du Maître. Leur petit nombre suffira pour remettre l'humanité dans la voie de sa brillante destinée.

Encore une fois, en suivant la bannière de l'attraction, nous sommes dans le vrai chemin. C'est l'attraction qui dirige ces mondes infinis qui roulent sur nos têtes avec un ordre et une paix qui sont la honte de notre globe si tourmenté de révolutions; c'est elle encore qui régit les atômes imperceptibles qui gravitent dans les fluides et les tissus vivants de nos organes; elle enfin qui dirige les tendances et les instincts de tous les êtres vivants qui nous entourent, plantes ou animaux! Que de raisons de penser que la même loi régit aussi nos âmes et ses facultés! Essayons donc, et avec pleine confiance, par la voie de l'expérimentation scientifique, les moyens de régulariser l'essor de ces facultés conformément à la loi de justice. Cette question doit primer toutes les autres. Point d'autre préoccupation que de la résoudre.

Et, puisque la Maison rurale est la seule entreprise qui, jusqu'à ce jour, se soit proposé de résoudre cet important problème de l'attraction universelle dans son application à l'industrie et à l'enseignement, que chacun des partisans de ce grand principe se rallie à cette expérimentation. Tout projet qui ne s'y rattacherait pas par des liens de solidarité pécherait par la base. — En fait d'expérimentation sociétaire, le premier enseignement de la science, c'est avant tout la solidarité et l'unité d'action. Par conséquent, tout homme de sens et de raison ne peut faire autrement que de se rallier à notre initiative si infime et si chétive qu'elle paraisse au début. La souscription d'honneur de la Maison rurale est donc la pierre de touche qui va mettre en lumière la vraie foi, la foi qui agit, la foi qui crée!...

JOUANNE.

⚬⚭⚬

CORRESPONDANCE.

Londres, octobre 1872.

« .... Le moment de la propagande orale et écrite est
« depuis longtemps passé; il serait temps désormais de convertir

— 10 —

« les saints Thomas par des faits patents ; aussi, n'allez pas
« croire, parce que je vous ai rarement écrit, que je m'intéresse
« médiocrement à votre œuvre. Il est comme à l'ancienne Thèbes
« cent portes par où l'on peut entrer en harmonie ; et votre
« Maison rurale pour l'éclosion harmonique des facultés indivi-
« duelles dans un groupe d'enfants par l'éducation intégrale
« sous le régime sériaire, en est certes une des principales.
« Vous apportez votre pierre aux solides fondement de la future
« commune-modèle.......

   « .... Vous ne le savez que trop, ceux qui auraient le temps
« et les moyens de réaliser la merveilleuse conception de Fou-
« rier n'y pensent pas ; et ceux qui sont profondément convain-
« cus que tout l'avenir de l'humanité est là, sont, pour la plupart,
« contraints de consacrer leur temps et leurs forces à la néces-
« sité de pourvoir à leur existence et à celle de leur famille. »

T. PAGLIARDINI.

Caveyrac (Gard), 17 novembre 1872.

   « .... J'en suis persuadé, vous donnerez bientôt des résul-
« tats qui permettront de ne plus douter de la puissance de la
« série et de l'attraction (travail attrayant). L'aveuglement des
« philosophes, des prêtres, des savants, est vraiment inconce-
« vable. Ces Messieurs ne voient-ils pas que les sciences vraies,
« certaines, sont celles qui reposent sur quelques-unes des
« grandes lois de la nature? Eh bien, entre toutes les sciences
« exactes en est-il une qui repose sur un plus grand nombre
« de lois naturelles que la science sociale que nous a léguée
« Fourier? Non certainement : Comptons les lois naturelles qui
« servent de fondement inébranlable à la science de Fourier.
  « 1° L'impulsion au mouvement, travail ; 2° l'attraction ;

« 3° la série; 4° la liberté; 5° l'analogie ; 6° la solidarité, le
« progrès, l'exception, etc....

« Ah! c'est de la science de Fourier que l'on peut s'écrier :
« Les portes de l'enfer, c'est-à-dire de l'ignorance, ne prévau-
« dront jamais contre elle!

« Vous pouvez donc, cher condisciple, marcher hardiment
« dans la voie où vous vous êtes placé; vous pourrez rencon-
« trer des difficultés, des obstacles, mais vous en triompherez,
« et un brillant succès couronnera, tôt ou tard, vos efforts. »

Dr PANCIN.

Roman, 24 décembre 1872.

« Mes souscriptions n'en resteront pas là, et je les renou-
« vellerai sous peu, car je vois que c'est surtout le manque de
« fonds qui fait marcher votre œuvre avec tant de lenteur,
« manque de fonds qui lui-même provient du nombre restreint
« de nos condisciples qui comprennent l'importance de l'expéri-
« mentation projetée. Ce mal a sa source dans la direction fausse
« prise par l'Ecole sociétaire peu de temps après la mort du
« Maître. Le premier organe publié par l'Ecole et qui avait en-
« tamé une ligne de conduite si régulière, devait bientôt s'écar-
« ter du sentier tracé pour se laisser choir dans l'arêne des
« querelles civilisées. Sans doute là on fit plus de bruit, mais
« quel devait en être le résultat, hélas! oublier entièrement le
« but primitif et venir se perdre sur la plage déserte des ré-
« formes illusoires et factices.

« La science et la foi dans la science firent naufrage; le
« principe d'attraction fut littéralement oublié; on chanta l'asso-
« ciation sur tous les tons, de chorus avec les perfectibiliseurs
« civilisés et l'on oublia complètement la clef du problême,
« l'attraction industrielle. Aujourd'hui, dans la dernière publi-

« cation qui vient de paraître, le *Bulletin du mouvement social,*
« il n'en est plus même question. Les rédacteurs de ce bulletin,
« qui se disent de l'Ecole de Fourier, nous apprennent qu'ils
« ouvrent cette feuille à toutes les études consciencieuses, à
« toutes les solutions qui repoussent la contrainte, cela veut
« dire qu'ils feront bon ménage avec toutes les théories écono-
« miques et sociales dont notre époque est si féconde, car je ne
« sais de quelles études consciencieuses ils veulent parler en
« dehors du principe d'attraction, qui seule peut résoudre le
« problème de l'association. Comme vous, je pense que nous ne
« devons avoir d'autre but que l'application prompte et décisive
« d'un essai d'attraction, qui encore et toujours, dûssions-nous
« le répéter cent fois, est *seule capable* d'ouvrir l'ère des sociétés
« harmoniques. Tant que cet essai sera différé, nos sociétés se
« torderont impuissantes contre le mal qui les dévore, comme
« un malade qui, livré à un médecin inepte, se tord sur son lit
« de douleur sans retrouver la santé perdue, malgré les remèdes
« doux ou violents qui lui sont administrés.
« Ce n'est pas dans une civilisation prolongée à l'excès comme
« la nôtre qu'il faut songer à des remèdes homœopathiques
« comme l'est la *coopération,* et il est vraiment étonnant de voir
« des hommes qui se disent disciples de Fourier, prôner des
« palliatifs aussi maigres quand ils ont en main la clef même de
« la science sociale; car, de deux choses l'une : ou bien l'attrac-
« tion industrielle est un fait réel, et, dans ce cas, il doit pou-
« voir s'appliquer à une poignée d'enfants, ou bien ce n'est
« qu'un rêve; dans le premier cas, tout nous porte à en faire
« une expérimentation immédiate, en vue des immenses avan-
« tages qu'elle entraînera à sa suite; dans le second cas, je
« l'avoue, il ne nous resterait qu'à nous coucher sur les deux
« oreilles, et à lancer contre Dieu et la nature la formidable
« imprécation de Proudhon. Mais ce second cas est-il admissible?
« L'attraction industrielle peut-elle ne pas exister? Autant
« vaudrait nier alors l'attraction matérielle; et, encore, même

« dans le doute, pourquoi ne pas vouloir expérimenter ce
« principe quand des avantages aussi incalculables doivent en
« sortir! Faites de la coopération, faites de l'association simple,
« hongrée, bâtarde, mais, pour l'amour du Ciel, pourquoi ne
« pas apporter votre denier à une œuvre qui vous promet de
« réaliser en une seule fois, les réformes pour lesquelles il vous
« faudra des siècles! Dans combien d'entreprises hazardées
« n'engage-t-on pas aujourd'hui les capitaux, et ici, pour une
« entreprise de la plus grande urgence dont les résultats ne
« peuvent manquer, on hésite!... Malgré cela, je dis comme
« vous, cher condisciple, le temps ne saurait faillir à nous
« apporter le succès tant désiré... »

SILBERLING,

Ingénieur des chemins de fer Roumains.

Dijon, 21 janvier 1873.

« .... Il est bien regrettable que tous les partisans ou amis
« du progrès social ne se placent pas au même point de vue que
« vous pour apprécier les questions de propagation et de réali-
« sation. Si tous ceux d'entre eux qui ont quelque fortune ou
« quelque talent se pénétraient bien de cette idée, *qu'il faut*
« *avant tout s'assurer que l'attraction comme l'entend Fourier*
« *est l'agent, et la série le moyen d'organisation voulu par Dieu,*
« qu'avec une haute raison vous vous efforcez de faire prévaloir,
« on arriverait promptement à savoir à quoi s'en tenir à cet
« égard, et les forces de l'Ecole sociétaire ne se perdraient pas
« en vains efforts, ainsi que cela a eu lieu jusqu'à présent.

« Aussi que dit-on dans les camps opposés, c'est-à-dire chez
« les partisans d'autres doctrines ? On dit que Dieu n'est pas
« avec nous, et on rit de nos désirs et de nos efforts. Cette raison
« à elle seule devrait déjà rallier à votre œuvre tous nos condis-

« ciples, s'ils avaient l'amour-propre qui convient dans la cir-
« constance. De la manière dont les choses se passent, il semble,
« au contraire, qu'ils ne désirent qu'une chose, faire triompher
« chacun son idée : c'est incontestablement le vrai moyen de
« n'arriver à rien.

« Quant à vous, Monsieur, qui savez si bien préciser ce qu'il
« convient de faire et qui avez pris si courageusement l'initiative
« d'un spécimen destiné à réaliser la démonstration pratique de
« la Théorie sociétaire, puissiez-vous obtenir le succès que mérite
« votre dévouement ! Je ne doute point que vous fassiez tout ce
« qu'il faut pour l'obtenir ; mais il est nécessaire que vous soyez
« dignement secondé et surtout que le concours pécuniaire ne
« vous fasse pas défaut. Puissent les disciples de Fourier se bien
« pénétrer de cette idée !... »

VALLOT.

Dijon, le 10 février 1873.

« .... Je vois avec regret des partisans de l'attraction indus-
« trielle s'attacher, se cramponner pour ainsi dire à des œuvres
« coopératives, c'est-à-dire d'un garantisme qui, il me le semble,
« du moins, ne conduit à aucune solution. Je ne sais si c'est
« préjugé, mais tout ce qui ne tend pas directement à la solution
« du problème de l'attraction en toutes relations me répugne :
« il me semble n'y voir que déceptions.

« Ce n'est pas que je méconnaisse la possibilité d'arriver,
« par la création de sociétés coopératives, à l'amélioration du
« sort de quelques individus, d'un grand nombre peut-être ;
« mais que de *vertu* et de *science pratique* il faut, et cela pour
« arriver à de bien minimes résultats !... En effet, à des degrés
« divers n'est-ce pas toujours l'application du vieux système de
« compression, de coercition, de mutilation, ou, si l'on veut,

« de non emploi ou de mauvais emploi du plus grand nombre
« des germes de facultés, d'instincts, de force impulsive ou in-
« tellectuelle que la nature a mis en nous ?

« N'est-il pas temps de s'assurer si, oui ou non, la vieille
« science sociale, ou plutôt la vieille science de l'éducation a
« réellement tort ? A cette époque de réaction, n'est-il pas à
« craindre que si tous les partisans de l'attraction industrielle
« ne groupent pas leurs efforts pour arriver à la solution de
« cette question, n'est-il pas à craindre, dis-je, que, toujours
« ajournée et le nombre de ceux qui en étudient les conditions
« diminuant de plus en plus, il ne se trouve personne pour en
« propager l'idée, et qu'une mine qui semble devoir être si fé-
« conde en merveilleux résultats ne vienne à être oubliée de
« tous, et que cette question, la plus importante pour l'humanité,
« ne soit jamais résolue ? C'est ce qui arrivera bien certainement
« si tous les partisans de cette idée ne font pas de plus grands
« efforts, soit pour la propager, soit pour réunir les conditions
« d'un essai, qu'ils n'en ont fait jusqu'à présent.

« J'avais espéré que quelques-uns donneraient signe de vie ;
« mais il n'en est rien que je sache, et lorsqu'il m'arrive d'en
« rencontrer et de leur causer de science sociale, ils ne semblent
« guère s'intéresser à sa propagation. Je parle de l'Ecole socié-
« taire et on m'écoute peu ; je parle de votre entreprise, et,
« tout en vous approuvant, on ne paraît pas disposé à se joindre
« à vous. Ces gens là me semblent n'avoir rien compris de l'idée
« de Fourier, ou tout au moins n'en avoir pas compris grand
« chose. Il semble vraiment que pour eux ce soit tout simplement
« une opinion comme une autre. C'est pour cela que la coopéra-
« tion paraît les intéresser davantage. Je regrette bien sincère-
« ment de ne pouvoir les stimuler comme je le voudrais.... »

C. VALLOT.

Notre dix-septième élève vient d'être admis (15 mars). Nous avons donc deux enfants de plus qu'en octobre dernier. La belle saison nous en amènera quelques autres encore, il faut l'espérer. Depuis le 31 janvier, nous comptons aussi quelques nouvelles souscriptions, dont le prochain bulletin fera mention, et qui proviennent de MM. Héring, Oscar Kœchlin, Salomon, Tiquet, etc. Ce dernier propose une souscription *conditionnelle* de 200,000 fr. à laquelle il s'inscrirait lui-même pour 2,000 fr. Cette souscription aurait pour objet de porter l'essai sur les enfants à son complet développement. Je pense que la question, vu l'état des esprits dans l'Ecole sociétaire, n'aura sa véritable opportunité qu'à l'époque où la Maison rurale aura organisé ses trente premiers enfants. Cependant, il peut être utile de s'en occuper dès à présent à titre préparatoire. Aussi y reviendrons-nous au bulletin d'avril.

J...

Rouen. — Imp. Léon Deshays, rue Saint-Nicolas, 30.

MAISON RURALE D'ENFANTS

à RY (Seine-Inférieure).

BULLETIN TRIMESTRIEL

AVRIL & MAI 1873.

SOUSCRIPTION D'HONNEUR (1) 1873.

MM. de Boureulle, colonel directeur d'artillerie à Brest . . . 100 fr.
Catineau, chef d'escadron d'artillerie en retraite
  à Châtellerault. 80
Chevrot, architecte à Dijon. 80
Collenot, ancien notaire à Semur. 100
Ernoult-Jottral, banquier à Rouen. 400
Ledru, ingénieur en chef des ponts et chaus-
  sées à Paris. 200
le Dr Nicolas, à Saint-Bonnet (Hautes-Alpes). . 100
Ragot David, à Trigny (Marne). 400
Salomon, ancien libraire à Strasbourg 400
Silberling, ingénieur des chemins de fer à
  Roman (Moldavie). 240
le Dr Suin, à Limésy (Seine-Inférieure). . . . 1.000
Vallot, à Dijon. 80
Vissière, à Paris. 100

        TOTAL au 30 mai. . . . . . 3.280 fr.

Pour copie conforme :

    LEQUEUX (dix ans), *trésorier-comptable.*
    Jules LETELLIER (dix ans), *secrétaire.*

Ces 3,280 fr. de souscriptions nouvelles constituent

(1) Cette souscription, formée de dons volontaires, est administrée par le conseil des moniteurs de la Maison rurale, qui est
également chargé de la discipline parmi les élèves. Le Bulletin
publiera quelques extraits des délibérations de ce conseil.

le germe du petit trésor que nos enfants devront administrer eux-mêmes. Espérons qu'au prochain Bulletin une seconde liste doublera ce petit pécule. Ce sera sans doute encore bien peu. Mais l'avenir nous procurera les moyens d'augmenter petit à petit cette fortune collective de ces chers enfants.

Que feront-ils de cet argent mis à leur disposition? Pense-t-on qu'ils le gaspilleront? Non. Nous avons meilleure confiance dans leurs inspirations. Et nous sommes persuadé qu'ils sauront administrer cet avoir avec une sagesse qui confirmera la haute opinion que nous nous sommes faite de l'excellence des tendances naturelles chez l'enfant. Tout est bon dans l'enfant, toutes ses facultés le portent au bien. La direction seule manque, et elle manque parce qu'au lieu de chercher à tirer parti des tendances de l'enfant, on suppose ces tendances mauvaises et on s'applique, de parti pris, à les étouffer. De cette compression naît tout le mal. La théorie du libre essor des facultés est appelée à mettre en évidence cette fâcheuse et déplorable erreur. La libre expansion des instincts et facultés de l'enfant donnerait à son intelligence, comme à son jugement, un développement dont il est impossible de se faire une juste idée dans les conditions actuelles.

Quand nous aurons réuni le nombre d'élèves qui nous est indispensable pour appliquer convenablement cette nouvelle méthode d'éducation, on ne tardera pas à reconnaître la justesse de nos prévisions, et ce ne sera pas l'un des moindres progrès de notre siècle que la réforme dont la Maison rurale constituera le germe.

Pour revenir à l'emploi des fonds laissés à la discrétion de nos enfants, sans doute ils feront dans cet emploi une large part à tout ce qui pourra contribuer à leur bien-être et à leurs plaisirs; mais c'est le but que nous poursuivons avant tout de faire que la Maison rurale devienne pour ses petits habitants un séjour plein de charme. Ce n'est qu'à cette condition que nous obtiendrons de l'enfant de véritables prouesses en fait de docilité à l'étude et d'application au travail.

Les parents de nos élèves, surtout les mères, pour-

raient-ils nous en vouloir de rêver pour leurs enfants
un lieu de délices, un petit paradis terrestre, si toutes
les douceurs qu'ils y pourraient rencontrer avaient surtout pour objet de les stimuler à l'étude et au travail,
de les fortifier dans la sagesse! Nous sommes bien loin
sans doute d'avoir atteint ce but. Mais la souscription
nouvelle nous permettra d'en approcher, et, les concours aidant, notre rêve, petit à petit, deviendra une
réalité.

Si une forte part du trésor de nos enfants doit trouver
son application dans les choses d'agrément, il ne faut
pas croire cependant que là se bornera l'emploi de ce petit
capital. L'enfant est au fond plus sage qu'on ne le suppose, et il est toujours prêt à suivre les bons conseils.
Aussi, ne devra-t-on pas s'étonner si l'administration de
nos enfants devient un modèle de sagesse, même pour
certains pères. Il serait assurément piquant d'obtenir
un pareil résultat. Eh bien, il se pourrait que la théorie
du libre essor produisît un tel miracle.

Dans le principe, il a été stipulé aux Statuts fondamentaux de la Maison rurale que, si les souscriptions
étaient assez abondantes, il serait formé un fonds de
réserve, qui aurait pour destination d'assurer nos élèves
contre certaines éventualités fâcheuses, même après leur
sortie de notre institution. Les élèves de la Maison rurale formeraient donc, d'après cette prévision, une sorte
d'association mutuelle, où chacun d'eux trouverait un
appui dans l'adversité. On voit par là que les moyens
d'employer noblement le trésor de nos enfants ne sauraient manquer, ce trésor fût-il décuplé.

L'un des membres les plus éminents du barreau de
Rouen, ami du progrès, le respectable M. Desseaux,
disait naguère dans une réunion, avec une sagacité toute
caractéristique, que le progrès social devait désormais
découler de deux sources. D'abord du travail et des per-
fectionnements dont le travail est susceptible; puis de
l'association de deux forces, jusqu'à présent hostiles : le
capital et le travail. Eh bien, notre œuvre remplit ces
deux conditions nouvelles de progrès. En effet, elle tend
à perfectionner le travail en y habituant les enfants dès

leurs plus jeunes années, et s'efforçant de le rendre pour eux aussi attrayant que possible. Enfin elle prélude à l'association du capital et du travail en créant à ces enfants un trésor avec lequel ils pourront, dans l'avenir, commanditer ceux de leurs camarades qui auront besoin de cet appui pour tirer parti de leur savoir et de leurs aptitudes. Notre œuvre pourrait donc acquérir une importance sans égale au point de vue des améliorations dans l'ordre social.

Toutefois, il est une tache à cette brillante perspective. Le développement de la Maison rurale ne marche pas assez vite, sans doute parce que cette œuvre excellente n'est pas suffisamment connue. Le nombre actuel de nos élèves est insuffisant; à ce point que non-seulement la méthode du libre essor des facultés ne peut pas encore leur être appliquée; mais que de plus, il en résulte un excédant de dépenses qu'il faut combler; de sorte que la souscription d'honneur risquerait fort d'être englobée dans le déficit occasionné par le trop petit nombre de nos élèves. C'est aux personnes sympathiques à cette œuvre de la propager activement et de faire tous leurs efforts pour que dans un bref délai le nombre de nos enfants soit au moins doublé, afin que nos charges soient diminuées d'autant, et que nous puissions, par suite, laisser intact le trésor de nos élèves et procéder à l'application d'une méthode qui promet des résultats de la plus haute importance. Les familles qui nous ont confié leurs enfants sont les premiers intéressés à ce qu'il en soit ainsi.

JOUANNE.

Rouen. — Imp. Léon DESHAYS, rue Saint-Nicolas, 30.

MAISON RURALE D'ENFANTS

à RY (Seine-Inférieure).

BULLETIN TRIMESTRIEL
JUILLET 1873.

Souscription à la Dotation industrielle des Enfants :

MM. Bailly de Villeneuve, à Montagnez (Haute-Saône). (*Société Bizontine.*)	6 fr.	»
Boulet, proviseur au Lycée de Besançon. (*Soc. Bizont.*).	10	»
de Bourculle, colonel-directeur d'artillerie à Brest, déjà souscripteur.	20	»
Brion, à Morlaincourt (Meuse).	15	»
Mme A. Cailhabet, à Florence (Italie), déjà souscripteur.	20	»
MM. Chevrot, architecte à Dijon, déjà souscripteur.	10	»
Collenot, ancien notaire à Sémur (Côte-d'or), déjà souscripteur. (*Soc. Bizont.*).	128	30
Durando, naturaliste, à Alger.	6	»
le capitaine Grosjean, décédé à la Heycourt (Meuse), déjà souscripteur.	10	»
Th. Héring, pharmacien à Barr (Alsace), déjà souscripteur.	35	»
J. Le Rousseau, homme de lettres, à Paris.	40	»
Lieury, propriétaire, au Catillon, près Ry.	20	»
Malatier aîné, à Velluire (Vendée), déjà souscripteur.	5	»
J. Muiron, à Besançon. (*Soc. Bizont.*).	38	50
le Dr Nicolas, à Saint-Bonnet (Hautes-Alpes), dont 25 fr. 50 de la *Soc. Bizont.*	45	50
Piriou, capitaine de frégate en retraite à Fabregoule (Bouches-du-Rhône)	120	»
A reporter.	529 fr.	30

Report	529 fr.	30
Quaintenne, garde du génie en retraite à Lille (*Soc. Bizont.*), déjà souscripteur. .	32	»
le Dr Rasse, à St-Honoré-les-Bains (Nièvre), déjà souscripteur.	20	»
Salomon, ancien libraire, à Strasbourg (dont 64 fr. de la *Soc. Bizont.*), déjà souscripteur.	114	»
Sézary, à Alger.	6	»
Tiquet, à Baignes (Haute-Saône), déjà souscripteur.	200	»
Truche, à Besançon (*Soc. Bizont.*). . . .	12	70
Vissière, rentier, à Paris, déjà souscripteur.	20	»
Weil Moyse, à Besançon (*Soc. Bizont.*) . .	3	»
Zundel, vétérinaire, à Mulhouse (Alsace). .	20	»
Report du 31 janvier.	12.147	50
Total au 15 juillet 1873. . .	13 104 fr.	50

LA RÉFORME DE L'ENSEIGNEMENT PRIMAIRE.

CORRESPONDANCE.

V... (Yonne), 30 juin 1873.

« L'œuvre que vous avez entreprise doit avoir la sympathie
« de tous ceux qui pensent que notre enseignement, à tous les
« degrés, mais surtout l'enseignement primaire, est on ne peut
« plus vicieux... »

GISLAME, Instituteur.

P... (Aisne), 30 juin 1873.

« Je partage entièrement vos idées sur la manière d'ensei-
« gner...
« Oui, tout est bon dans l'enfant; la direction seule manque,
« et cela, parce que, comme vous le dites, au lieu de chercher
« à tirer parti des tendances de l'enfant, on croit qu'il ne possède
« que les germes du mal, et on combat toutes ses aspirations.
« Laissez l'enfant libre, il deviendra sage, économe, il fera un
« bon père de famille. Opprimez sa jeunesse, et tous les vices
« se développeront en lui...

« Votre but n'est pas seulement l'instruction, il est aussi
« l'éducation; c'est l'homme moral, l'homme de bien, le bon
« père, le bon citoyen que vous voulez former. Oui, votre œuvre
« réussira... »

FIÉVET, Instituteur.

LIGUE DE L'ÉDUCATION NOUVELLE.

Ces lettres, comme celles de MM. Capdeville, Pannequin et autres (V. Bulletin de janvier), attestent que la
réforme de l'enseignement par la substitution de la méthode attrayante ou du libre essor des facultés à l'ancien régime de contrainte est en germe dans l'esprit
d'un grand nombre d'instituteurs. Notre œuvre arrive
donc à son heure. Elle aura pour elle tous les hommes
qui s'intéressent au progrès et qui sentent la nécessité
d'une rénovation générale. Pour donner toute l'extension
désirable à la réforme dont la Maison rurale a pris
l'initiative et préparer sa propagation, il conviendrait
de réunir dans une grande association les efforts de tous
les esprits qui voudraient concourir à cette importante
réforme.

Il s'agirait d'organiser la *Ligue de l'Éducation par le
libre essor des facultés.* Pour faire partie de cette Ligue,
il suffirait de verser une cotisation de 6 à 12 fr. par an.
Le *Bulletin*, auquel on donnerait plus d'extension, serait
adressé gratis à tout membre de la Ligue. Le produit
des cotisations, défalcation faite des frais de publicité,
serait employé, partie pour contribuer au développement de la Maison rurale, qui doit constituer un spécimen modèle de la nouvelle éducation, partie pour encourager les instituteurs qui, ainsi que MM. Capdeville,
Pannequin, etc., adoptent déjà dans leurs écoles les principes de la nouvelle méthode d'éducation attrayante.

Les fonds de la Ligue nouvelle trouveraient un emploi spécial dans la formation du petit trésor qui sera
laissé à l'administration directe des enfants et qui, pour
les élèves de la Maison rurale, s'élève déjà à 3,280 fr.
(Voir au dernier Bulletin.)

La plupart des Instituteurs feraient assurément partie de cette association, qui ouvrirait pour eux une ère inattendue de prospérité. On pourrait même admettre les enfants à concourir à cette grande réforme, moyennant une cotisation exceptionnelle de 1 fr.

C'est aux personnes généreuses qui, jouissant d'une haute position, désirent attacher leur nom à une entreprise glorieuse, qu'il appartiendrait de se mettre à la tête de cette Ligue, et de la patronner. Nous nous bornons à engager nos amis à propager cette idée, et recruter, dans leur entourage, les adhérents nécessaires pour former un premier noyau. Provisoirement, nous concentrerons les premières souscriptions jusqu'au moment peu éloigné où un comité de personnes honorables et influentes voudra bien se mettre à la tête de cette brillante réforme; tous nos soins personnels devant se porter sur le développement de la Maison rurale.

Il s'agit, qu'on ne l'oublie pas, de mettre en lumière, par une première application, un grand principe rénovateur qui, une fois démontré, fera révolution dans les systèmes d'éducation, et servira de boussole pour améliorer l'ordre social tant troublé par des doctrines subversives. Le principe du libre essor des facultés est un principe de conciliation, la base de toute paix et de toute stabilité. Fonder l'éducation sur un tel appui, c'est poser la première pierre d'un ordre nouveau.

JOUANNE.

(Supplément.)

Rouen. — Imp. Léon DESHAYS, rue Saint-Nicolas, 30.

BULLETIN TRIMESTRIEL

DE LA

MAISON RURALE D'ENFANTS

à RY (Seine-Inférieure)

Supplément au Bulletin de Juillet 1873.

A nos Amis de l'École sociétaire.

Août 1873.

Avec ce mois-ci va s'écouler la troisième année depuis que nous avons pris à tâche de sauver du naufrage de l'École sociétaire, l'une des plus précieuses épaves : la doctrine d'Attraction ou Théorie du libre essor des facultés. Y réussirons-nous ? Pour mon compte personnel j'y fais tous mes efforts, mais combien sont peu nombreux les amis qui me viennent en aide et combien faible est leur concours en présence de la tâche à accomplir ! Quoiqu'il en soit, il ne faut pas se décourager. Nous aurons mis plus de temps pour achever notre œuvre : voilà tout. Que cette confiance de ma part ne soit pas toutefois une cause de ralentissement pour les coopérateurs de la Maison rurale, mais bien plutôt une raison pour eux de redoubler d'efforts pour accélérer l'heure du succès. Ne sont-ils pas tous désireux de voir se lever enfin l'aurore de cette mystérieuse harmonie !...

Nous voici pourtant arrivés à la vue du port et le ciel s'est éclairci devant nous. Faut-il nous presser d'aborder à cette rive tant désirée? non, trop de précipitation pourrait compromettre le succès. Notre pauvre et chétive embarcation, jouet des moindres vents et des plus faibles vagues fait eau de toutes parts. N'est-il pas prudent de jeter l'ancre à la vue du rivage, afin de nous donner le temps de consolider notre frêle esquif, de nous reconforter nous-mêmes et de nous préparer à une entrée triomphale dont nous choisirons l'heure. Oui, le plus fort est fait, et, si vous le voulez, amis, nous aborderons à heure fixe à cette terre inconnue qui nous promet toutes les délices d'un nouvel Eden.

Que fallait-il faire pour arriver où nous en sommes? Fonder comme premier noyau, comme base de nos opérations, un pensionnat agricole. Cette petite institution est-elle fondée? Ce serait peut-être encore hasardeux de prononcer l'affirmation ; mais je compte tant sur votre concours à tous, que j'oserai prononcer ce oui définitif. Nous sommes parvenus à grouper un noyau de dix-sept petits pensionnaires, ne sommes-nous pas fondés à penser que, malgré quelques défections, ce nombre sera porté à 25 ou 26 en octobre prochain.

Cela suffirait pour assurer l'existence du pensionnat.

Que les souscriptions se continuent en proportion et le succès de notre expérimentation est assuré ; donc, oui le pensionnat existe enfin. Mais, hélas ! c'est un échafaudage formé de matériaux si défectueux qu'il tremble au moindre vent, et ce ne sera pas trop des efforts de tous pour soutenir ce frêle édifice et le consolider. Nous sommes arrivés à l'heure suprême. Tout va dépendre de notre conduite à tous dans ces derniers instants.

Nous avons manœuvré dans l'espoir qu'une poignée d'enfants suffirait pour mettre en lumière l'excellence du principe d'attraction, conquérir l'opinion à cette grande découverte, et par suite provoquer une grande et décisive expérimentation ; au moment où cette poignée d'enfants va nous être livrée, conservons notre même confiance, affermissons-la encore, s'il se peut, et surtout, gardons-nous de nous laisser influencer par les différents projets qui peuvent surgir autour de nous. Le passé nous a suffisamment édifiés sur l'avenir de ces divers projets. Ne nous détournons pas de notre chemin ; nous manquerions le but. Nous sommes à l'œuvre, c'est à nous que doivent venir les hommes de bonne volonté, restons fermes et poursuivons notre tâche, c'est notre unique devoir.

J'ai là sous les yeux deux lettres que M. Barat adressait à l'un des coopérateurs de la Maison rurale, l'engageant à se rallier de préférence à son projet de *Colonie sociétaire*. M. Barat, dit que lors même que la Maison rurale d'enfants réussirait, nous serions toujours forcés de revenir à la réalisation de son projet, notre succès selon lui, ne pouvant être concluant. Grave et profonde erreur! M. Barat ne tient aucun compte de l'attraction, non plus que des conditions d'essai de ce principe. S'il est possible d'en démontrer l'efficacité avec des enfants, cette démonstration une fois effectuée, ce n'est pas la colonie restreinte de M. Barat que l'on fondera, mais bien le grand essai d'attraction industrielle à dix-huit cents personnes, et tout probablement même, plusieurs essais simultanés!!! Car s'il faut trente millions pour un seul de ces essais, il est plus que certain qu'il sera voté dix fois la somme... Quelqu'étonnant que puisse paraître un tel résultat, je le répète, un simple essai sur les enfants le déterminera.

MM. Barat et Moigneu doutent du principe d'attraction et leurs projets ne sont pas conçus en vue de l'essai immédiat de ce principe. Il semble qu'ils se soient dit : Organisons une association agricole industrielle avec les données pratiques que nous fournit l'ordre actuel, telles, par exemple, que les associations coopératives, et l'attraction, si elle est une vérité, naîtra d'elle-même. Eh! depuis quand espère-t-on la germination d'une graine que l'on n'aurait pas confiée à la terre! Pour que l'attraction germe, il faut qu'elle ait été semée et qu'un terrain spécial ait été préparé pour recevoir cette semence. Vous semez la coopération *instinctive*, la coopération incohérente et confuse, vous ne verrez naître qu'incohérence et confusion. La coopération *scientifique*, la coopération *intégrale*, ralliant les concours *de tous* à l'industrie ne peut naître que du régime attrayant.

Dans la colonie de M. Barat verrait-on le millionnaire se mêler aux divers travaux ? Non. Donc l'entreprise de M. Barat ne serait pas aussi concluante qu'il l'espère lui-même. Deux classes extrèmes répugnent à l'industrie, les riches d'une part, les enfants de l'autre. Organisons le travail attrayant pour l'une quelconque de ces deux classes, tout sera gagné. Est-il nécessaire de faire ressortir qu'autant le problème offre de difficultés pour créer un milieu industriel attrayant pour les familles riches, autant la chose devient facile pour les enfants seuls. D'où cette conclusion que M. Barat, après avoir réalisé son gros capital, s'être procuré son vaste domaine, y avoir organisé toutes ses industries, établi toutes ses familles de travailleurs, serait obligé en fin de compte de revenir à l'opération par laquelle nous débutons nous-mêmes : l'essai sur les enfants ! Il aurait pris le chemin le plus long ; voilà tout...

Car, il ne faut pas perdre de vue que M. Barat ne se propose pas de prime abord de substituer au sein des travailleurs adultes la loi d'attrait au régime de contrainte. Non. C'est une association bâtarde, analogue aux procédés de l'association coopérative qu'il a en vue. Page 22, ligne 9, du projet de M. Barat (*Proposition relative à la fondation d'une Colonie sociétaire*) on lit ceci : « Il n'est pas bon, sous prétexte que les difficultés du « début en font une nécessité, de chercher la réussite « d'une épreuve à tenter, dans l'emploi, même pendant « quelques années, d'un personnel salarié... » Ces seules paroles dénotent que M. Barat se place dans des conditions fort éloignées de celles qu'exige un essai d'attraction industrielle. En effet, pour étayer le régime attrayant sur une masse de familles, il est plusieurs procédés de circonstance auxquels il faut avoir recours, tant que cette masse sera isolée, c'est-à-dire sans contact avec d'autres associations similaires, ce qui ne peut être autrement dans un premier essai. Et, parmi ces procédés exceptionnels et transitoires, figure en première ligne la *Cohorte de Salariés*. M. Barat écartant cette disposition fondamentale, écarte par cela même, toute pensée d'attraction.

En résumé, tous ces projets d'associations bâtardes qui seraient, je l'ai déjà dit, autant de traits de génie, si la théorie d'attraction n'était pas découverte, deviennent superflus en présence de cette théorie qui coupe court à tous les tâtonnements. On doit sans doute savoir gré à M. Barat et à ses amis de s'occuper avec ardeur de la solution du problème sociétaire; mais cette solution demande avant tout l'essai du *régime sériaire*, la vérification pratique du principe d'attraction. Si ce régime est reconnu faux par l'expérimentation, il sera temps de revenir aux tâtonnements; alors, les travaux de MM. Barat et Moigneu seraient mis à profit. Si, au contraire, le régime d'attraction est reconnu vrai (et il le sera), on franchira toutes les associations secondaires pour s'attaquer au grand essai passionnel, dans lequel MM. Barat, Moigneu et autres trouveront à utiliser le fruit de leurs études. Rien ne sera perdu de leurs travaux.

On avait proposé à MM. Barat et Moigneu de reporter leurs concours sur la colonie du Sig, en Afrique, qui n'est qu'une variante de leurs projets. Et, assurément, il vaudrait mieux concentrer ses efforts sur une seule entreprise que de les diviser sur plusieurs. Mais l'*Union agricole* d'Afrique ne se propose point l'essai de l'attraction. Il suffit pour s'en convaincre de parcourir le dernier compte rendu de cette colonie et notamment les pages 305 et 306. Sans donc chercher à détourner les concours de cette intéressante colonie, je maintiens mon assertion première en disant que l'œuvre qui avant tout est digne de la sollicitude des hommes vraiment désireux de mettre fin aux misères de l'humanité, c'est l'essai de la théorie d'attraction. Si cet essai réussit les capitaux afflueront en abondance vers la colonie du Sig; c'est donc servir les intérêts de cette entreprise que de hâter cet essai.

Quelques-uns de mes coopérateurs m'avaient reproché de me séparer trop vertement de ceux de nos condisciples qui penchent vers la coopération. Je n'ai jamais incriminé leurs intentions; mais il m'est impossible de leur dire que la voie dans laquelle ils s'engagent est la meilleure, et je dois à tous les adhérents de la Maison rurale, dans l'intérêt même de cette dernière, de faire ressortir à leurs yeux que nous poursuivons un but tout-à-fait différent : la démonstration pratique et immédiate du principe d'attraction appliqué au travail, principe dont les conséquences entraîneront sans délai d'immenses améliorations que ne réaliseraient pas en plusieurs siècles les partisans de la coopération.

Pour accomplir cette grande tâche, sommes-nous

placés dans toutes les conditions voulues pour assurer le succès de nos efforts ?...

Plusieurs condisciples, entre autres idées relatives à un essai d'attraction avaient émis cette opinion qu'il n'y avait de favorable à un essai de ce genre que les environs de la capitale. Le regretté Dr Faneau était de ce nombre. Sans contester quelques-uns des avantages que pourrait offrir la proximité de la ville de Paris, je ne puis pas adhérer à l'opinion qui ferait du voisinage de cette ville une condition *sine quâ non* de succès. Chaque localité a ses avantages et ses inconvénients. L'auteur de l'attraction industrielle avait déclaré que le climat le plus favorable pour l'essai de sa doctrine serait les environs de Naples ; mais il n'était pas exclusif de toute autre contrée, soit l'Angleterre et même l'Amérique. Dieu aurait manqué aux lois de justice, s'il eût attaché le succès de l'essai d'attraction à quelque localité privilégiée. Cet essai peut se faire partout.

En ce qui concerne la Maison rurale d'enfants, on pourrait citer une opinion émise par le même auteur, et qui ne serait guère favorable à la grande cité. M. Guilbaud, auteur du projet de Maison rurale d'enfants, lui avait soumis son plan. En le lui remettant corrigé de sa propre main, il lui dit : « Allez, main- « tenant vous pouvez marcher ; j'aime mieux vos bons « et épais Bas-Bretons, (M. Guilbaud se proposait de « réaliser son plan dans les environs de Nantes) que tous « les beaux esprits de Paris, avec toute leur faconde ils « ne feront rien. Quand vous serez prêt, que vous « aurez réuni le capital et choisi le local, écrivez-moi « et j'irai vous seconder. » La mort de Fourier, puis bientôt après celle de Guilbaud empêchèrent la réalisation de ce projet.

D'après cette opinion du Maître, il est bien évident qu'il ne faut pas attacher trop d'importance au choix de la localité. Ce choix peut être déterminé par des circonstances particulières. Quant à ce qu'il y a de désagréable dans ces paroles à l'égard des littérateurs de Paris, il faut se rappeler qu'il y a bien trente-cinq ans au moins qu'elles ont été prononcées. Elles s'adressaient donc à une autre génération. Puis il y a des exceptions à toute règle. Espérons que parmi les nombreux écrivains dont s'honore la Capitale, il s'en trouvera un certain nombre qui seconderont l'œuvre de l'éducation nouvelle ou attrayante que la Maison rurale veut inaugurer.

Et, comme il ne faut pas diviser ses forces et que la Maison rurale est la seule entreprise qui, jusqu'à ce jour tende véritablement au but, c'est vers elle qu'il faut concentrer les derniers efforts. Après ce premier essai, il se peut que ce soit dans les environs de Paris que se fondera la grande expérimentation décisive. Alors toutes les ressources en talents et en richesses de la grande et opulente Cité seront mises à contribution. Jusques là que tous les concours se reportent donc sur la Maison rurale d'enfants quelle qu'en soit la modeste apparence.

Pour cela faire, il faut laisser de côté toute question d'amour-propre. La Maison rurale après tout n'a d'autre prétention que d'avoir vu et indiqué le but et s'être mise en marche pour l'atteindre, malgré l'exiguité de ses ressources. Elle pourrait rester en chemin que l'honneur d'être entrée la première dans la vraie voie avec confiance, audace et persévérance, lui demeurerait néanmoins acquis. Mais ceux de nos condisciples qui ont donné leur concours à cette œuvre continueront de la soutenir pour qu'elle atteigne le but dont elle est déjà si près. Quant à ceux qui pourraient lui donner d'importants concours et qui jusqu'à présent ont gardé une trop prudente réserve, ils auront assurément le bon esprit de s'y rallier, plutôt que de chercher à la supplanter. Aux premiers coopérateurs de la Maison rurale reviendra le mérite d'avoir donné le premier coup de feu ; mais aux nouveaux adhérents qui vont nous arriver appartiendra l'honneur bien plus grand d'avoir assuré la victoire à la grande cause à laquelle tous nous nous sommes consacrés.

Quoiqu'il en soit et tout en espérant d'importants concours de quelques-uns de nos condisciples, agissons cependant comme si notre petit nombre devait rester ce qu'il est ; doublons nos concours personnels et élargissons nos cadres en faisant appel en dehors des rangs de l'Ecole sociétaire ; organisons en un mot la *Ligue de l'Education nouvelle*, laissant de côté tout ce qui, dans la théorie d'attraction, paraît tenir du roman ou de l'utopie, et ne voyant qu'un but à atteindre : l'*Education attrayante*. Sur ce terrain, plus d'objections possibles, plus de railleries à essuyer, mais les sympathies générales à recueillir de tous les bons esprits. C'est ainsi que l'Ecole sociétaire pourra renaître et trouvera, si elle le veut et dès maintenant, un triomphe aussi rapide que certain.

JOUANNE.

CORRESPONDANCE.

Pau, le 21 juillet 1873.

« Je vous offre, Monsieur et cher Condisciple, une obole en
« souscrivant pour la *Ligue de l'éducation par le libre essor des*
« *facultés* que vous proposez de fonder.

« ..... Puisse votre œuvre grandir et prospérer. Vous êtes,
« je crois, le seul de nos condisciples resté sur la brèche pour
« une réalisation pratique.

« Tandis que d'autres demandent des millions pour agir et,
« ne pouvant les réunir, préfèrent se croiser les bras, au lieu
« de proportionner leurs entreprises aux ressources dont ils
« disposent, vous continuez la vôtre avec des moyens qui n'ont
« que le défaut d'être trop modiques en comparaison du but à
« atteindre. Espérons que vos appels seront à la fin entendus
« par nos condisciples, qu'une apathie désespérante a, je crois,
« gagnés, et que le succès finira par couronner la persévérance
« de vos efforts. »

DURRBACH.

Paris, le 28 Juillet 1873.

« ..... J'ai bien regretté que ma visite à Ry fut aussi
« courte et de n'avoir pu causer plus longuement avec vous de
« toutes les choses qui nous intéressent. Néanmoins, il m'est
« resté une très bonne impression de tout ce que j'ai *vu*, ayant
« été surprise fort agréablement par l'*état* de votre établissement
« que je croyais, d'après ce que vous m'en aviez dit, en moins
« bonne voie d'avancement. Il y a sans doute beaucoup à faire

« encore avant d'arriver au but que nous désirons ; mais en
« tout cas, et, si, comme je n'en doute pas, vous persévérez
« dans cette œuvre, je pense que, quoiqu'il arrive, c'est-à-
« dire quoi qu'on fasse en dehors de la *Maison rurale de Ry*,
« elle est destinée à devenir par ses *élèves* la *pépinière de*
« *l'avenir* et le modèle de l'organisation du *travail attrayant*.

« Courage donc, cher Monsieur, et bon espoir, malgré les
« *retards* et toutes les *déceptions* que vous éprouvez. »

C. MIGNEROT.

---

*A l'avenir, le Bulletin de la Maison rurale, dont une
nouvelle série va commencer avec l'année scolaire, ne sera
adressé qu'à ceux de nos adhérents qui auront souscrit à la
Ligue de l'Éducation nouvelle pour une cotisation d'au
moins 6 francs par an.*

Rouen. — Imp. Léon DESHAYS, rue Saint-Nicolas, 80.

MAISON RURALE D'ENFANTS

à RY (Seine-Inférieure).

BULLETIN TRIMESTRIEL

4ᵉ Année. — OCTOBRE 1873.

Séance du Conseil de famille.

Le dimanche 12 de ce mois, le conseil de famille de la Maison rurale était réuni en séance. Étaient présents à la réunion : MM. Edeline, Fruchart, Lequeux, Philippe, Prévost, Sairaison et Templier. M. Richard, président du conseil, étant absent. M. Lequeux, nommé vice-président en remplacement de M. Templier, démissionnaire, a présidé la réunion.

Le conseil s'est rendu compte de l'état satisfaisant de l'établissement, surtout sous le rapport de l'enseignement, et a reçu les communications du directeur. Il résulte de ces communications que le nombre des élèves s'est accru. Il est présentement de vingt, et tout fait présumer qu'il ira croissant. L'augmentation paraît suivre une marche régulière. Ce nombre était, en effet, de onze au commencement de l'année 1872; il s'est élevé à 17 au commencement de 1873, et il paraît devoir atteindre le chiffre de 26 à 27 pour l'an prochain, selon la proportion suivante : 11 : 17 :: 17 : 26.

Rien, en effet, ne peut faire supposer que ce résultat ne puisse être atteint et même dépassé. La situation de l'établissement, au point de vue de la salubrité, plaît aux familles. Le régime alimentaire est satisfaisant, et il n'entre pas dans nos intentions de le rendre moins abondant. Enfin, l'enseignement a fait un progrès important. Par les modifications dont le personnel enseignant a été l'objet, l'institution de la Maison rurale devient *secondaire*, de pensionnat *primaire* qu'elle était avant les vacances. Ces conditions avantageuses garantissent la marche ascendante de notre œuvre encore trop peu connue.

A ce sujet, le président entre dans quelques considérations qui tendent à établir que ce n'est en quelque sorte que de cette année que notre pensionnat peut être considéré comme sérieusement et définitivement fondé, et que tout confirme l'espoir de le voir prendre très-prochainement un large développement.

D'après les communications faites par le directeur, l'établissement est en mesure de donner, en temps opportun, une nouvelle extension à l'enseignement. Tout dépend désormais des concours financiers qui lui seront donnés. En vue de faciliter ces concours, il soumet à l'adoption du conseil les statuts d'une société civile de coopération à la Maison rurale, au moyen d'avances portant intérêt et garanties par inscription hypothécaire (voir plus loin). Ces statuts, qui ont déjà quelques signatures, sont adoptés à l'unanimité des voix, moins une, l'un des membres du conseil s'étant abstenu.

La nouvelle souscription qu'ouvrent ces statuts se recommande tout particulièrement à ceux de nos coopérateurs qui ayant déjà souscrit à la Société de fondation voudraient mettre au service de l'œuvre des sommes plus importantes sans risques de perte, puisque ces souscriptions constituent un placement productif et garanti.

Enfin, le conseil de famille a chargé MM. Richard, *président*, Fruchart, *secrétaire*, et Templier de rédiger, à bref délai, le rapport sur la situation actuelle de la Maison rurale. Ce rapport sera publié incessamment.

Société civile de coopération à la Maison rurale.

Entre les soussignés et tous ceux qui adhèreront aux présentes conventions par la prise d'une ou plusieurs des parts d'intérêt dont mention ci-après, il est formé une Société civile de coopération à la Maison rurale d'enfants, instituée à Ry. Cette Société est constituée d'après les clauses et conditions suivantes :

Article 1er. — Elle a pour objet de concourir au développement de la Maison rurale d'enfants par des avances de fonds produisant intérêt à cinq du cent et garanties sur l'ensemble de la propriété foncière affectée à la Maison rurale au moyen d'une inscription hypothécaire.

Art. 2. — Le capital de ladite Société est fixé primitivement à la somme de 20,000 fr., divisée en parts d'intérêt de chacune 400 fr.

Ce capital pourra être augmenté par la suite, selon les décisions qui seront prises par l'assemblée générale des participants, d'accord avec la gérance de la Maison rurale dûment autorisée.

Art. 3. — La présente Société est fondée pour cinq années à partir de ce jour; mais, à la fin de cette période, sa durée pourra être prorogée d'une nouvelle période de cinq ans, et ainsi de suite, jusqu'à la dissolution de l'établissement qui en est l'objet.

Les décisions seront prises dans cette circonstance, comme pour toute autre question, à la majorité des voix des membres présents, en comptant une voix pour chaque sociétaire qui ne possédera pas plus de cinq parts d'intérêt, deux voix pour celui qui en possédera six, et trois voix pour celui qui en possédera dix ou davantage.

Art. 4. — Lors de la dissolution de la Société, le remboursement du capital s'effectuera par cinquièmes, de six mois en six mois, par les soins du directeur de la Maison rurale, et au siége de celle-ci.

Si la Société est prorogée pour une nouvelle période, les Sociétaires qui n'accéderaient pas à la prorogation auront le droit de se faire rembourser de leurs parts d'intérêt dans les six mois qui suivront, si le total de la somme à rembourser ne dépasse pas le cinquième du capital intégral de la Société, auquel cas le directeur-gérant ne sera tenu qu'au remboursement de ce cinquième, que les intéressés se partageront au marc-le-franc de leur mise, et ainsi de suite de six mois en six mois.

Art. 5. — Les intérêts annuels seront payés par le directeur-gérant de la Maison rurale en deux termes égaux, aux époques du 30 juin et du 31 décembre de chaque année, et au siége de l'établissement.

En cas d'un retard de six mois dans le paiement de ces intérêts, la Société pourra être dissoute par une décision prise en réunion des intéressés; en tous cas, chaque sociétaire pourra, par suite de ce retard, exiger le remboursement de sa quote-part, lequel remboursement s'effectuera comme il est dit ci-dessus.

La non exécution de ces clauses et conditions de la

part du directeur-gérant pourra donner lieu à toutes poursuites légales contre lui, et provoquer la dissolution de la Société de fondation de la Maison rurale.

ART. 6. — Il est nommé entre les membres participants de la présente Société, par voie d'élection, un syndic, qui désignera lui-même, parmi ses collègues, un syndic adjoint pour le suppléer en cas d'absence ou d'empêchement.

Le syndic représente les intérêts de la Société civile près de la gérance de la Maison rurale, convoque les co-participants de cette Société, et fait exécuter leurs décisions. Il est leur mandataire spécial dans tous les actes civils ou judiciaires. Il prend les inscriptions sur les propriétés affectées à la Maison rurale, et veille au renouvellement de ces inscriptions.

ART. 7. — Il est réservé expressément à chacun des membres participants de la présente Société civile, le droit de souscrire à la Société de fondation de la Maison rurale (s'ils n'en sont déjà souscripteurs), à telle époque que ce soit de sa durée, jusqu'à concurrence de la somme de 400 fr., afin de pouvoir faire partie de ladite Société de fondation et y avoir voix délibérative.

ART. 8. — Le directeur-gérant de la Maison rurale, soussigné, donne son entier et complet assentiment aux clauses et conditions ci-dessus stipulées, soit comme propriétaire des parcelles de terres affectées à la Maison rurale, soit comme gérant de la Société de fondation de la Maison rurale et directeur de cet établissement.

ART. 9. — Les veuves, héritiers et ayants-droit d'un sociétaire décédé seront tenus de se conformer aux présentes conventions, comme ferait le sociétaire qu'ils représenteraient. Toutefois, ils ne peuvent avoir voix délibérative aux réunions avant d'avoir été acceptés comme sociétaires participants.

Chaque sociétaire pourra céder sa part d'intérêts à un tiers, mais ce tiers ne pourra non plus faire partie des réunions s'il n'y est lui-même admis par l'assemblée, sur la proposition du directeur de la Maison rurale.

ROUEN. — IMP. LÉON DESHAYS.

BULLETIN TRIMESTRIEL

DE LA

MAISON RURALE D'ENFANTS

à RY (Seine-Inférieure).

Supplément au Bulletin d'Octobre 1873.

A nos Amis de l'Ecole sociétaire.

Marseille, le 1ᵉʳ novembre 1873.

« ..... Que de fois ai-je répété que seul vous aviez pris la
« bonne voie, et que Ry était à mes yeux l'œuf où est déposé le
« germe de cette société harmonique que nous poursuivons tous
« depuis si longtemps de nos rêves, hélas! et de nos illusions.
« C'est à Ry, vous l'avez déjà fait entendre, et l'on ne saurait le
« crier trop haut, et non ailleurs, c'est à Ry que toute l'Ecole
« devrait porter ses ressources et faire converger tous ses efforts.
« Mais nos amis ont été si souvent victimes d'appels de fonds
« qui n'ont produit que déceptions, que l'on comprend leur hé-
« sitation actuelle.

« Que leur découragement ne vous arrête point, Monsieur;
« que le silence inconcevable que l'*on* garde à votre sujet soit
« au contraire pour nos condisciples un encouragement à sup-
« pléer par leur activité et leur concours à ce qui vous fait défaut
« de ce côté. Tenez haut et ferme le drapeau du travail at-
« trayant, et le reste viendra de soi.

« Quant à moi, je m'engage à vous envoyer 100 fr. tous les
« ans, sans vous en indiquer ni l'emploi, ni la distribution,
« comme je l'ai fait d'ailleurs jusqu'ici, les laissant à votre en-
« tière disposition..... »

Alfred ARTAUD.

C'est à dessein que je mets sous les yeux de nos

adhérents ce fragment de lettre qui caractérise bien la situation actuelle sous le double rapport de l'indifférence du plus grand nombre de nos condisciples et de la nécessité pour nos coopérateurs de persévérer dans leurs efforts pour aider notre œuvre dans sa voie ascendante.

Je ne suis cependant pas absolument de l'avis de M. Artaud sur la cause de l'indifférence de l'École sociétaire à notre égard. Non, ce ne sont point les insuccès des entreprises antérieures à la nôtre qui sont la cause principale de l'hésitation de nos condisciples; c'est bien plutôt à l'absence ou à la faiblesse des convictions qu'il faut attribuer leur abstention. On doute de la théorie d'attraction; c'est pourquoi la Maison rurale, instituée dans l'unique vue de cette théorie, perd de son importance aux yeux des partisans de l'association qui rêvent une agglomération d'une centaines de familles et plus. J'ai effleuré ce sujet au dernier Bulletin, à propos des projets de MM. Barat et Moigneu. J'irai plus loin aujourd'hui, et je dirai que beaucoup de membres de l'École sociétaire ne croient plus même à la théorie d'attraction industrielle.

Une preuve à l'appui de cette assertion.

Tout récemment, un membre de l'Assemblée nationale, bienveillant pour notre œuvre, est intervenu près de M. Godin-Lemaire, dans le but de l'intéresser à la Maison rurale. Or, M. Godin aurait répondu, entre autres choses, que « *l'éducation et le travail attrayants sont des illusions desquelles il est tout à fait revenu.....* » Combien d'autres parmi les partisans de l'association pensent comme M. Godin!... Ne soyons donc point surpris de nous trouver en si petit nombre sous le drapeau de l'attraction. A peine formons-nous le 1/8° de l'École sociétaire; n'espérons pas que ce nombre augmentera de beaucoup, comptons plutôt sur nos propres forces pour atteindre le but que nous nous sommes proposé et auquel nous conduiront infailliblement le temps et la persévérance.

Ce but, c'est avant tout de réunir une trentaine d'enfants. Malgré les difficultés, nous voici parvenus au 3/4 du chemin, ce n'est assurément pas le moment de se décourager. Pendant les deux années qui viennent de s'écouler, plus d'une fois on aurait pu être tenté d'abandonner tout. Ainsi, au mois d'avril 1871, nous comptions 11 pensionnaires, et, confiant dans certaines promesses, j'avais manifesté, dans le Bulletin, l'espoir d'une augmentation après les vacances de Pâques. Mais, au lieu de cette augmentation, voilà au contraire 4 de nos jeunes élèves qui nous quittent brusquement, sans compter un cinquième qui devait entrer en apprentissage en octobre. N'y avait-il pas là de quoi se décourager? Je persévérai pourtant, et en juin un nouvel élève nous arriva, puis quelques autres en octobre, ce qui releva le noyau défaillant de nos pensionnaires. Le nombre en fut porté à 17 en mars 1872, ainsi que le Bulletin le fit connaître; mais, à cette époque, il ne nous restait plus que 4 enfants des 11 que nous comptions primitivement. C'était donc 13 nouveaux qui nous étaient venus. Par suite de ce résultat, je ne fus point surpris, en avril dernier, de voir commencer une nouvelle dégringolade. Aujourd'hui, il ne nous reste plus que 9 élèves des 17 que nous comptions précédemment. Nous en avons 20, c'est donc 11 nouveaux qui nous sont venus depuis Pâques dernier.

Entrer dans les causes diverses d'une oscillation aussi imprévue serait trop long. Quelques élèves nous quittent parce que leur âge le veut ainsi; le plus grand nombre s'en va par suite du mauvais état des affaires commerciales; l'un de nos derniers venus dans les 17 est tombé malade pendant les vacances, et se trouve présentement encore dans sa famille, à Lille; un autre, que nous comptions bien garder de longues années, et que j'ai bien regretté à cause de sa belle intelligence, nous a été enlevé à la suite de la mort inopinée de son père, M. Péront, baryton au théâtre de Lyon. Qu'importe, après tout, cette désertion d'élèves, puisqu'en définitive, notre effectif augmente. Ainsi que je l'ai dit précédemment dans ce Bulletin, nous gravitons présentement vers le nombre 25 à 26, selon la progression : 11 : 17 : : 17 : 26. Si cette progression se continue, nous devrons arriver au chiffre de 39 à 40 dans un an, c'est-à-dire au commencement de 1875 (17 : 26 : : 26 : 39). Alors notre pensionnat, pouvant se subvenir par ses propres ressources, serait irrévocablement fondé, et notre but largement atteint, puisque, possédant une quarantaine d'élèves, nous pourrions en compter une trentaine qui seraient acquis à notre œuvre d'une manière tout à fait stable, et sur lesquels nous pourrions opérer.

La série, ai-je déjà dit, porte la lumière en toute chose, et c'est par la série que l'on parvient à lever le voile de l'avenir. Ayons confiance dans le résultat qu'elle nous promet pour l'accroissement du nombre de nos élèves. A moins de graves circonstances défavorables et tout à fait imprévues, il n'est pas douteux que nous y arrivions. La progression sur laquelle je me fonde s'est produite au milieu de difficultés assez graves. On doit, en effet, se rappeler qu'en décembre dernier l'autorité nous suscita des entraves que nous eûmes assez de peine à surmonter. Aujourd'hui le chemin s'est aplani devant nous. C'est une raison de plus pour être confiants dans l'avenir.

Nous ne pouvons pas empêcher cependant que quelques-uns de nos adhérents ne nous abandonnent, découragés par la lenteur même du développement de notre œuvre. Il est, je l'ai déjà dit, des caractères qui sont feu et flamme au début d'une entreprise et qui lâchent pied aux premières difficultés. Nous ne pouvons être surpris de ce résultat que la connaissance du cœur humain doit nous faire prévoir à l'avance. Mais il est aussi des cœurs persévérants qui, loin de se décourager par les obstacles, redoublent d'ardeur, au contraire, en présence des difficultés et s'affermissent de plus en plus à mesure qu'ils voient chaque difficulté surmontée. C'est à ces cœurs vaillants que je m'adresse. C'est à leur persévérance que notre œuvre devra de continuer sa marche ascendante.

J'ai reproduit la lettre de M. Artaud, en voici une autre, de M. Th. Héring, qui n'a pas moins d'opportunité :

Barr, le 29 novembre 1873.

« ..... Vous croyez peut-être que, moi aussi, j'ai abandonné
« la Maison rurale, parce que je n'ai pas encore répondu à vos
« différents appels. — J'avoue que c'est justement cette variation
« dans le mode d'appel de concours qui me démontre le mauvais

« succès de l'œuvre. Si celle-ci comptait beaucoup de vrais amis
« dévoués, pas ne serait besoin de faire appel, tantôt à l'honneur
« et tantôt à l'intérêt de ceux-là. Quand j'ai remis, dans le
« temps, votre quittance à M. X***, il me disait qu'il aurait cru
« que l'œuvre de la Maison rurale gagnerait bien vite les sym-
« pathies des personnes du voisinage, qui seraient à même d'en
« juger l'esprit. Mais comme, au contraire, elle trouvait dans le
« pays plus de contradicteurs, on ne pourrait guère croire
« qu'elle sera couronnée de succès, — Je ne dis pas que je suis
« du même avis, au contraire, je sais que tout prophète, c'est-
« à-dire toute innovation, ne trouve ordinairement guère d'en-
« couragements dans son pays; mais cependant je ne croyais
« pas que vous auriez tant de peine à trouver le chiffre néces-
« saire d'élèves pour pouvoir travailler au moins sans perte. —
« Il est vrai que les circonstances extérieures étaient et sont
« encore bien défavorables à la croissance d'une œuvre de philan-
« thropie, surtout quand ses principes ne sont pas ceux du com-
« mun des hommes. — Enfin, espérons contre tout espoir, et
« travaillons de notre mieux à l'avancement de l'œuvre.
« Je vous envoie 100 fr., que vous emploierez et inscrirez
« comme bon vous semblera. Vous savez que je ne compte sur
« aucun intérêt ni bénéfice quelconque; je vous donne l'argent
« parce que je crois à votre dévouement pour l'œuvre, et que
« celle-ci est pour moi une cause digne et importante pour
« l'humanité, et qui devra, tôt ou tard, influer considérablement
« sur la constitution de la société humaine...... »

M. Th. Héring, en s'inscrivant parmi les persévérants, a parfaitement raison de ne pas se déconcerter
parce que l'œuvre n'a pas encore conquis les sympathies
du voisinage. Plus cette œuvre s'éloigne des sentiers
battus, plus elle doit provoquer la défiance de son entourage. Cela est dans l'ordre, et M. X*** a tort de

croire au non succès de cette œuvre à cause de ce défaut de sympathie auquel on devait s'attendre, puisqu'il est inhérent à toute entreprise qui dépasse les idées vulgaires.

MM. Artaud et Th. Héring, par leur souscription nouvelle, portent à quinze le nombre des adhérents à la souscription d'honneur. C'est environ le quart de l'ensemble de nos coopérateurs actuels. Espérons que cette souscription verra le nombre de ses adhérents augmenter encore, et qu'elle finira par s'élever au chiffre de 8,000 fr. que nous avions indiqué tout d'abord. C'est sur cette souscription que repose la marche actuelle de notre œuvre. C'est elle qui nous permettra d'atteindre à la formation complète et à l'*organisation* de notre noyau de trente élèves.

Quant à la souscription ouverte par la *Société civile* et qui doit, avec la *Ligue de l'éducation nouvelle*, compléter la *série* des moyens financiers destinés à porter notre œuvre à son plein développement, cette souscription a été constituée surtout en vue du personnel qui sera employé dans la Maison rurale, et que nous devons nous efforcer d'intéresser à notre œuvre, ainsi que les personnes de la localité dont les sympathies finiront, tôt ou tard, par nous être acquises. — Il est quelques personnes de bonne volonté qui ne demanderaient pas mieux que de s'intéresser à la Maison rurale; mais qui, ne possédant que de faibles économies, ne pourraient pas les risquer dans le capital commanditaire; d'autres, plus heureux sous le rapport de la fortune, mais ne connaissant pas assez notre œuvre pour y sacrifier de grosses sommes, seraient cependant disposés à souscrire à la

Société civile, comme commencement de concours; enfin, parmi nos adhérents actuels, il peut s'en trouver qui, ayant déjà fait tout ce qui leur était possible en prenant part aux autres souscriptions, ne pourraient ou ne voudraient risquer davantage au capital commanditaire : la Société civile leur offre le moyen d'élargir leur concours sans nouveau risque. Tel est l'objet multiple de cette Société.

Nous ne devons négliger aucun moyen pour la fondation et le développement de notre œuvre. Tous les ressorts honorables, tous les essors passionnels non subversifs peuvent et doivent y être mis en jeu. C'est pourquoi nous devons faire appel à toutes les *espèces* de capitaux et former notre *série actionnaire* en conséquence. Ce serait une erreur de croire que la fondation d'un spécimen de travail attrayant ne doit comprendre que des actes de dévouement. Ainsi, aujourd'hui, il se présente à proximité de notre institution quelques hectares de terre qui sont à vendre, et dont l'annexion au petit domaine de la Maison rurale conviendrait parfaitement. Celui de nos adhérents qui ferait cette acquisition et nous affermerait ces terres rendrait un grand service à notre œuvre, et, en agissant ainsi, ne ferait après tout qu'une bonne spéculation, un placement lucratif. Les fonds de la Société civile, s'ils étaient assez abondants, pourraient de même être affectés à un emploi analogue. Je le répète, nous ne devons négliger aucun moyen. Plus nous sommes faibles, plus nous devons, par cela même, chercher à utiliser tous les ressorts que la Providence a placés dans nos mains.

Je dis que nous sommes faibles, et cela est assurément vrai au point de vue le plus vulgaire. Pourtant, si l'on voulait tenir compte de la totalité des ressources dont peut disposer la collectivité constituée par l'ensemble de nos coopérateurs, on verrait qu'ils ont en leur possession largement ce qui suffirait, en fait de ressources pécuniaires, pour conduire à bonne fin, et en peu de temps, le spécimen de travail attrayant qui doit décider de la transformation générale des sociétés civilisée et barbare. Ce qui manque à nos coopérateurs, c'est la confiance dans leurs propres ressources, c'est la science de l'emploi de ces ressources, en conciliant l'intérêt de l'œuvre collective avec les exigences de la prudence et de la sécurité individuelle. Cette science a sa source dans une foi pleine et entière en la bonté et la justice infinie de Dieu, en sa Providence intégrale ; si Dieu vous a donné un ardent désir de voir naître l'harmonie sur ce globe, c'est, croyez-le bien, qu'il a mis dans vos mains les moyens certains de faire éclore cette harmonie. Cherchez, et vous trouverez.

Pour faciliter l'éclosion de cette confiance en eux-mêmes, qui ne peut manquer de naître prochainement au sein de nos coopérateurs, je vais, pour terminer ce Bulletin, leur soumettre le tableau sériaire qui s'est naturellement formé de la collectivité de leur concours. J'ai la confiance qu'ils pourront puiser dans ce classement sériaire le germe d'où surgira bientôt le sentiment de leur force invincible.

On se rappelle qu'au Bulletin de décembre 1871 nous avions déjà procédé à ce classement. A cette époque,

nous comptions 45 souscripteurs, dont le versement
était au moins égal ou supérieur au minimum de 30 fr.
— La moyenne de versement pour chacun d'eux était
de

2,400 fr. pour 6 d'entre eux;
502 fr. pour 9 autres;
202 fr. pour les 12 suivants;
et 50 fr. pour les 18 qui formaient le 4ᵉ groupe.

Aujourd'hui, nous pouvons compter près d'une
soixantaine de souscripteurs, dont le versement est supérieur au minimum de 30 fr. Cette extension de
nombre nous permet, tout en maintenant quatre groupes
pour le corps de série, de distinguer un groupe de pivot
et quatre groupes de transition. Examinons les quatre
groupes qui forment le corps de la série.

Le premier n'est formé que de *trois* souscripteurs,
dont la moyenne de versement est de 2,845 fr.;

Le deuxième groupe comprend *six* souscripteurs, dont
la moyenne de versement est de 788 fr.;

Le troisième compte *neuf* souscripteurs, dont la
moyenne de versement est de 341 fr.;

Enfin, le quatrième est formé de *dix-huit* souscripteurs, dont le versement moyen est d'environ 97 fr.

Ces quatre groupes forment une proportion comme en
1871. Le nombre des souscripteurs qui y sont compris
n'est que de 36; mais leur moyenne de versement, dans
chaque groupe, est plus forte que dans la série primitive
de 45 souscripteurs.

Passons aux groupes de transition :

A. Les 36 souscripteurs formant le corps de la série
appartiennent tous à l'École sociétaire. Ce groupe de

transition n'est formé au contraire que de souscripteurs complètement étrangers à la Théorie d'attraction. Il comprend *deux* seuls souscripteurs dont le versement collectif atteint le chiffre de 4,540 fr. Cette transition offre cela d'intéressant que les deux souscripteurs qui la composent pourraient, à eux seuls et isolément, fonder dans toute sa plénitude un specimen de travail attrayant. L'un d'eux pourrait assurément à lui seul fonder le *champ de manœuvre* de M. Boulanger. N'est-ce pas là une brillante acquisition pour notre œuvre et ne devons-nous pas les plus grands remerciements aux deux condisciples qui nous ont valu ces deux importantes adhésions? Que faut-il pour que l'un d'eux se décide à devenir le fondateur de l'harmonie? quelques faits à l'appui du principe d'attraction, voilà tout. Quel puissant motif d'encouragement pour nos coopérateurs de l'Ecole sociétaire de savoir que déjà la Maison rurale compte deux coopérateurs d'une aussi grande importance.

B. Cette transition composée également de *deux* seuls souscripteurs forme contraste avec la précédente: les coopérateurs qui la constituent appartiennent à l'Ecole sociétaire. Mais ils rêvent un grand essai et pensent que la Maison rurale n'a pas assez d'importance pour mériter toute leur sollicitude. Ils ont néanmoins souscrit pour une somme collective de 1,500 fr. Que faut-il pour vaincre leur hésitation et les déterminer à faire plus? Encore quelques faits. Nos 30 enfants les produiront ces faits déterminants.....

Ainsi ces deux transitions nous ouvrent chacune une brillante perspective. De laquelle des deux partira la première impulsion ? c'est ce qu'un avenir prochain ne tardera pas à nous révéler. En tout cas, le champ reste ouvert à de nouvelles adhésions de la même importance. Si notre œuvre a conquis celles-ci pourquoi n'en provoquerait-elle pas encore d'autres tout aussi brillantes ?

C. Comme pendant à la transition **A**, j'ai réuni dans ce groupe tous les souscripteurs de la Maison rurale qui sont étrangers à l'Ecole sociétaire et qui avaient été confondus en 1871, avec les adhérents de cette Ecole. Ils sont aujourd'hui au nombre de *sept* et la moyenne de leur versement est de 71 fr. On voit que déjà nous avons conquis un peu de terrain sur l'ordre actuel et que notre œuvre amène à elle des hommes que l'Ecole sociétaire n'a jamais comptés dans ses rangs; avec le temps et par les développements ultérieurs de notre Institution, ce groupe de transition est appelé à former par lui même une nouvelle série.

D. Par contraste avec la précédente transition nous avons englobé dans ce groupe tous ceux de nos condisciples dont le minimum de souscription est égal à 30 fr. et dont le maximum ne dépasse pas le double de cette somme. Ces adhérents sont au nombre de huit et la moyenne de leur versement n'est que de 44 fr. Ainsi ils sont battus par le groupe précédent, qui pourtant ignore la belle Théorie de l'attraction !

Notre œuvre doit mettre en jeu les ressorts extrêmes : la foi la plus ardente comme la simple bonne volonté. La composition de notre pivot va le démontrer.

Nous l'avons formé de deux souscripteurs, dont le versement collectif s'élève à 15,000 fr. L'un d'eux, partisan de la Théorie sociétaire, est celui de nos coopérateurs qui, sans être riche, a pourtant effectué le plus fort versement. L'autre, étranger à l'Ecole sociétaire et poussé par le seul bon vouloir, n'a versé qu'une somme relativement bien faible dans notre entreprise; mais, il a mis tout ce qu'il possédait, les petites économies de trente années de travail. C'est dans la Société civile que la majeure partie de sa souscription sera inscrite et cela se conçoit, mais elle devait figurer au pivot, puisqu'en un sens, le souscripteur qui l'a versée a fait plus que tout autre en mettant *tout* ce qu'il possède au service de notre œuvre.

Si tous nos coopérateurs en faisaient autant, nous aurions, et au-delà, ce qu'il faudrait pour un essai de grande échelle. Chacun fait, sous ce rapport, selon sa propre inspiration, et nous n'avons de blâme à adresser à aucun d'eux : tous sont nos amis. Il y aurait dérogation à la loi sériaire, si tous nos coopérateurs agissaient avec une similitude parfaite. Tout marche par gradation. C'est la loi du mouvement universel. Mais nous devons mettre en évidence les concours hors ligne, afin que dans la nouvelle évolution de notre œuvre, chacun étant suffisamment éclairé, puisse élever son concours au degré où peuvent le pousser ses aspirations naturelles.

On a souvent parlé d'Unitéisme et d'Unité au sein de l'Ecole sociétaire et presque toujours on a confondu cet essor passionnel avec le dévouement. L'Unité se constitue de tous les essors extrêmes, générosité et intérêt. Se mettre en unité sous le rapport du capital avec une entreprise quelconque, c'est fusionner sa fortune ou au moins les 7/8 de sa fortune avec celle de cette entreprise. On voit que jusqu'à présent aucun membre de l'École sociétaire, parmi nos coopérateurs, ne s'est encore élevé à ce dégré de concours et c'est un infime souscripteur, étranger à nos idées, mais confiant en nous, qui donne la leçon en cette circonstance aux partisans de l'attraction. Ainsi la simple bonne volonté l'emporte parfois sur la foi la plus ardente, tant il est vrai que les extrêmes se touchent et s'équilibrent!...

Revenons à notre corps de série formé de 36 souscripteurs distribués en 4 groupes. C'est là que réside toute la force de notre œuvre pour le moment. C'est dans cette petite cohorte libératrice que se recrute en effet la souscription d'honneur qui, étant portée au chiffre indiqué, nous permettra de compléter et d'organiser nos trente premiers élèves. Alors, cette petite cohorte renforcée de cette poignée d'enfants chez qui, chacun le sait, l'influence de l'attraction est si grande, se verra élevée d'un nouveau degré puissanciel! Alors, comme je l'ai fait entrevoir au précédent bulletin, nous pourrons nous imposer un instant d'arrêt afin de bien mesurer nos ressources, prendre notre temps, et enfin choisir notre heure pour frapper le coup décisif qui devra consacrer sur ce globe le triomphe de la loi d'attraction.

Je ne puis juger de la puissance de notre petit noyau d'adhérents que par l'importance du concours financier qu'il nous a donné. A la fin de 1871, ce concours se chiffrait par environ 22,000 fr. Notre série actuelle de souscriptions s'élève à 40,000 fr. environ. C'est presque le double en deux ans. Bien certainement, d'après ce résultat, on peut affirmer que nos coopérateurs ont en

main tous les éléments nécessaires pour la démonstration si importante du régime d'attraction. Que leurs
efforts soient continués et le chiffre des souscriptions
s'élèvera dans la même proportion, tant par les concours
des adhérents primitifs que par celui des nouveaux qui
ne manqueront pas de nous arriver. Et quand notre
organisation sera ébauchée, les faits venant à parler,
les concours prendront des proportions telles que nos
forces en seront centuplées. Non-seulement nous aurons
à enregistrer de nouvelles et importantes adhésions;
mais, parmi nos adhérents primitifs, quelques-uns sauront s'inspirer de l'esprit d'Unité, et, confiants dans la
science, offriront à notre œuvre ce qui pourrait lui
manquer pour atteindre son but ultérieur : la conquête
du monde entier à la brillante doctrine de l'attraction.
Il est même plus que probable qu'alors les ressources
offertes seront en surabondance, et que nous devrons
refuser bien des concours devenus superflus.

Quand nous touchons à l'heure tant dérirée, où nous
allons pouvoir enfin appliquer quelques mesures em-
pruntées au régime d'attraction, n'est-ce pas le moment
de se recueillir et de s'inspirer de l'importance de la
mission qui nous échcoit. Jamais rien de semblable ne
se sera vu sur cette pauvre terre livrée à toutes les horreurs de l'incohérence. Si la doctrine de l'attraction est
vraie, nous aurons, par nos efforts, avancé de plusieurs
siècles l'heure de la délivrance. C'est à tous les coopérateurs du premier specimen du travail attrayant que
l'humanité devra son bonheur aussi subit qu'inespéré.
Elevons nos cœurs à la hauteur de ces idées; coopérateurs de la Maison rurale, notre union est cimentée

pour l'éternité. Quelques-uns d'entre vous, à qui je n'ai pu serrer la main, auront peut-être disparu avant le triomphe définitif; je puis partir moi-même l'un des premiers, mais nous nous reverrons dans un autre monde et le souvenir de l'œuvre à laquelle nous allons mettre la main nous y suivra, et deviendra pour nous la source des plus nobles jouissances dans une suite non interrompue de nombreuses existences. Oui, les fondateurs de l'harmonie aimeront à se réunir périodiquement, et se donneront rendez-vous des confins de l'Univers pour fêter, sous la présidence du Maître, aujourd'hui absent, le souvenir de cette grande rédemption. A nous de faire aujourd'hui de tels efforts que nous soyions trouvés dignes d'être comptés parmi les conviés de ces fêtes splendides qui feront date au sein de l'Eternité.

JOUANNE.

Rouen. — Imp. Léon Deshays, rue Saint-Nicolas, 30.

MAISON RURALE D'ENFANTS

à RY (Seine-Inférieure)

BULLETIN TRIMESTRIEL

4ᵉ Année. — JANVIER 1874.

Toutes les personnes qui s'intéressent à notre œuvre, et notamment les pères de famille, auront appris, avec satisfaction, par notre Bulletin d'octobre, la transformation de notre Établissement, qui de pensionat *primaire* est devenu Institution *secondaire*. Le même Bulletin laissait pressentir que de nouveaux changements pourraient avoir lieu incessamment, en rapport avec le développement de notre entreprise. Aujourd'hui, tous les amis de la Maison rurale, apprendront avec non moins de satisfaction, que nous venons d'attacher à notre œuvre par un traité tout récent et pour une longue période de temps, le concours d'un homme jeune, actif et intelligent. Dans quelques jours, en effet, M. Fiévet, ex-professeur du Lycée de Laon, va prendre la direction générale de l'enseignement théorique et pratique à la Maison rurale. Quoique jeune encore, M. Fiévet compte plusieurs années d'exercice dans l'enseignement, et notamment deux années de professorat au Lycée de Laon.

Par ses titres universitaires, son expérience et sa pleine participation aux principes de notre Institution, M. Fiévet, dont les élèves ont remporté les premiers avantages dans les concours, offre aux familles toutes les garanties désirables.

M. Rochette, ancien chef d'Institution à Paris, dont le caractère élevé et le profond savoir égalent sa longue

1874

expérience dans l'enseignement, reste toujours attaché à notre Etablissement. M. Rochette, y sera plus particulièrement chargé de l'enseignement classique.

Enfin, dans le caractère doux et aimant de Mme Fiévet, qui prend la direction du ménage, les mères de famille trouveront les meilleures garanties des bons soins, qui seront prodigués à leurs jeunes enfants. Mme Fiévet est elle-même mère de famille.

Par cette organisation *définitive*, nous nous trouvons en mesure de satisfaire les exigences des familles les plus difficiles. Ainsi à dater de ce jour, notre Institution qui ne laissait rien à désirer, comparativement aux autres pensionnats du même genre, va devenir un Etablissement tout-à-fait hors ligne.

Rien n'est changé dans le programme de notre Enseignement. Ce programme est celui des Lycées, plus ce qui concerne l'Enseignement professionnel, partie importante qu'il ne nous reste plus qu'à développer, pour que l'objet de notre fondation soit complètement atteint.

Dans notre programme, l'instruction religieuse, base fondamentale de toute bonne éducation, figure au premier plan. Elle a toujours été à la Maison rurale l'objet d'une sollicitude toute particulière. Sous ce rapport, notre passé répond de l'avenir. Du reste sur ce point si délicat, nous nous conformons toujours au vœu des familles.

Dans les autres branches de l'Enseignement, notre attention se porte surtout, on le sait, sur les connaissances qui tendent à la perfection professionnelle. Elever nos enfants au travail, leur en inspirer le goût en leur créant des travaux amusants, récréatifs et surtout *instructifs*, tel est, selon nous, le point de départ de toute bonne éducation professionnelle à laquelle nos élèves seront préparés par l'étude pratique de la comptabilité, par le dessin linéaire *appliqué*, le calcul et surtout le calcul mental, si négligé dans la plupart des écoles ; par la géométrie, l'arpentage et le nivellement, puis l'histoire naturelle, la physique, la chimie et les applications usuelles de ces diverses sciences, qui sont le fondement de l'industrie moderne.

L'étude des langues vivantes si utile dans le commerce, ne sera pas non plus négligée, et nous espérons bientôt pouvoir enseigner, à nos élèves, les trois langues les plus importantes, l'anglais, l'allemand et l'italien. Et cet enseignement ne consistera pas seulement dans les principes de la grammaire, il sera essentiellement pratique. Notre Institution est la seule qui ait pour principe l'adjonction constante de la pratique à la théorie ; et c'est par cette alliance permanente que nous comptons élever notre œuvre à un degré qui n'a pas encore été atteint dans l'enseignement populaire, et former des hommes pour la vie pratique.

Si donc il est une œuvre qui mérite les encouragements de tous les amis du progrès, c'est bien assurément la Maison rurale d'enfants qui ouvre une nouvelle route dans la carrière de l'Enseignement. Mais si tous sont intéressés à voir cette œuvre se développer, il en est qui le sont d'une façon plus spéciale ; nous voulons parler des habitants de la contrée où notre œuvre est fondée. Si cette œuvre parvient à son plein développement, nul doute qu'elle ne devienne pour la localité où elle est située, une source aussi certaine qu'inattendue d'une grande prospérité. Or, pour qu'il en soit ainsi, et dans un avenir très rapproché, il suffit que nous soyons quelque peu secondé. Que chacun donc propage notre œuvre et nous aide dans son développement, en raison des moyens dont il dispose ; que ceux

qui le peuvent se fassent inscrire parmi les nombreux
souscripteurs que cette œuvre compte déjà et viennent
grossir le petit nombre des personnes généreuses qui
font partie de son Conseil d'administration. La Maison
rurale n'est point une entreprise de spéculation individuelle, c'est une œuvre collective à laquelle tous les
hommes de bien sont appelés à concourir.

Quelques instituteurs du voisinage se sont inquiétés
des progrès de la Maison rurale. Ils y ont vu une
concurrence préjudiciable à leurs intérêts, c'est un
tort, nulle entreprise ne sert mieux que la Maison rurale
les intérêts de toutes les personnes qui s'occupent de
l'enseignement. Si l'expérimentation en vue de laquelle
notre œuvre a été uniquement fondée réussit, comme
nous n'en doutons pas, une révolution complète s'opé-
rera dans l'enseignement populaire, au grand profit de
tous les instituteurs et surtout des instituteurs des
communes rurales. Ce qu'ils attendent vainement de la
législation depuis un demi-siècle, ils l'obtiendront subitement par suite de la réforme qu'entraînera le succès
de la méthode, du *libre essor des facultés.* C'est ce qui
ressortira des explications qui seront données ultérieurement dans ce Bulletin, sur la nouvelle méthode
d'enseignement. Aussi les instituteurs qui comprendront
bien le but de notre œuvre, loin de chercher à la
contrecarrer dans son développement, s'empresseront-ils
au contraire d'en faciliter la marche. — Comme on le
verra par la suite, la Maison rurale n'est hostile à
personne. Les principes sur lesquels cette œuvre se
fonde, tendent au contraire à servir les intérêts de tous,
des instituteurs comme des pères de famille.

JOUANNE.

ROUEN. — IMP. LÉON DESHAYS.

MAISON RURALE D'ENFANTS

à RY (Seine-Inférieure).

BULLETIN TRIMESTRIEL

1ᵉ Année. — AVRIL 1874.

Développer et donner une bonne direction aux facultés de l'enfant; substituer la méthode attrayante et persuasive aux anciens procédés de rigueur; former la jeunesse au travail, à l'ordre, à l'exactitude, tel est le but de la Maison rurale, de Ry, à laquelle nous avons prêté notre concours.

Pour cela, toutes les impressions de l'enfant sont recueillies, toutes ses idées sont développées. Combien de projets dans une tête de dix ans; mais, hélas! combien sont abandonnés ou arrivent à mauvaise fin, faute d'une habile direction. Ce sont tous ces ressorts que la Maison rurale fait jouer, et cette méthode, sagement expérimentée, ne peut que produire les meilleurs résultats, nous n'en doutons pas.

Tout est travail, tout est enseignement à la Maison rurale. Les récréations consistent en mille travaux différents que les enfants exécutent sous la direction de chefs qu'ils se sont nommés. Eux-mêmes administrent une basse-cour et un jardin spacieux mis à leur disposition; des registres sont régulièrement tenus pour la comptabilité et les produits; la direction intérieure de la Maison rentre aussi dans le domaine des attributions des enfants.

Un conseil de surveillance, composé d'un certain nombre d'élèves élus par leurs camarades, se réunit périodiquement; il délibère sur tout ce qui a rapport à l'établissement, décide des récompenses et des punitions, et fait la correspondance.

Quiconque visite notre Maison, ne tarde pas à voir que ce n'est pas un établissement ordinaire. De grands murs, en effet, ne closent pas la propriété, des verrous ne se meuvent pas sous la main d'un concierge inflexible. De vastes cours, un grand jardin, une simple haie entourent la Maison, mais nos élèves ne franchissent jamais le seuil des portes, craignant que leur Maison ne fasse trop vite défaut.

A tous ces avantages, la Maison rurale offre aussi celui d'une instruction solide. Le programme des collèges et lycées est exactement suivi; l'établissement prépare des élèves à Châlons, à Alfort, au Prytanée militaire, etc.; il forme aussi des sujets pour l'enseignement.

Une exposition des travaux des élèves sera faite dans quelques mois.

FIÉVET,

Ex-Professeur au Lycée de Laon, Directeur de
l'enseignement à la Maison rurale.

CONSEIL DE SURVEILLANCE.

NOMS ET PRÉNOMS.	ÂGE.	FONCTIONS.
Décotte (Eugène).	13 ans.	Surveil. de basse-cour, *Président.*
Letellier (Jules).	11 ans.	Surveillant de jardinage.
Charpentier (Léon).	12 ans.	Moniteur de jardinage.
Scotti (Georges).	9 ans.	Moniteur de basse-cour.
Lefèvre (Louis).	10 ans.	Moniteur de dortoir, de classe, etc.
Lequeux (Gaston).	11 ans.	Monit. de basse-cour, *Secrétaire.*

INSCRIPTIONS AU TABLEAU D'HONNEUR.

Mois de mars 1874.

Scotti (Georges), interne.
Rosney (Armand), interne.

Mois d'avril 1874.

Délaplanne (Paul), interne.
Dufresne (Jules), interne.

Ry, 1er mai 1874.

FIÉVET.

Nota. — Le Bulletin donnera des extraits de la correspondance du Conseil des moniteurs et fera connaître ses travaux.

Caractère spécial de la Maison rurale. — Conseil de Famille.

Notre œuvre est enfin constituée. Comme Maison d'éducation, la Maison rurale ne laisse plus rien à désirer. Elle peut rivaliser, et avec avantage avec les meilleures institutions.

Mais la Maison rurale ne doit pas en rester là. Le point où nos efforts persévérants l'ont amenée n'est qu'un premier degré dans l'évolution de notre entreprise. Sans doute nous apporterons à cette Institution toutes les améliorations que le progrès de la science a déjà introduites dans les Maisons d'éducation en diverses contrées, comme la Suisse, l'Angleterre, les Etats-Unis et quelques autres pays qui, sous ce rapport, laissent la France bien en arrière. Et c'est ainsi que notre Institution sera déjà un établissement tout-à-fait hors ligne. Mais ce qui doit avant tout et dès à présent distinguer cette Institution, c'est qu'elle n'a pas été fondée pour rester l'œuvre individuelle d'un ou plusieurs intéressés. Il faut qu'elle devienne l'œuvre collective des familles qui y placeront leurs enfants, que ces familles concourent à son développement, qu'elles s'y intéressent dans la mesure de leurs facultés, qu'elles fassent partie de son Conseil d'administration, et par suite qu'elles surveillent et prescrivent le régime et la tenue de la maison, formulent les différents programmes relatifs aux études et aux autres exercices des enfants. C'est en agissant ainsi que ces familles rempliront le but que nous nous sommes proposé et que notre

Institution deviendra véritablement la maison de leurs enfants. Que ces familles judicieuses, qui comprennent comme il convient les intérêts de leurs enfants, prennent donc vis à vis de la Maison rurale le rôle qui leur est réservé, et viennent grossir le petit nombre de personnes de bonne volonté qui participent à l'Administration de cette Institution, sous le nom de Conseil de famille.

Ce Conseil qui n'est pas encore au complet se réunit régulièrement trois fois par an, sa dernière réunion a eu lieu le 19 de ce mois. Il a pu alors constater que le nombre des nos élèves s'est accru selon les prévisions établies au Bulletin d'octobre dernier. Parmi ces nouveaux élèves, il en est quelques-uns qui se destinent à la carrière de l'enseignement. Ces élèves pourront nous rester encore plusieurs années et terminer leurs études dans notre Institution. Où pourraient-ils en effet trouver un établissement mieux disposé pour former des Instituteurs distingués, pourvus de toutes les connaissances que les progrès de la science et de l'industrie exigent aujourd'hui de tout homme qui se dévoue à l'enseignement populaire!.. Chez nous le jeune homme pourra non-seulement acquérir son brevet complet d'instituteur, mais trouvera encore un enseignement scientifique assez large pour se préparer à l'obtention du brevet pour l'enseignement secondaire spécial.

Cet accroissement dans le nombre de nos élèves a permis de reconstituer d'une manière stable le Conseil des moniteurs qui s'était trouvé désorganisé par le trop petit nombre d'élèves aptes à y figurer. Le Conseil de famille a pu, en prenant connaissance des divers règlements en vigueur, se convaincre que cette organisation instituée en vue de maintenir une bonne discipline et de stimuler les progrès des enfants arrivera à ce résultat inappréciable de relever aux yeux de l'enfant l'importance de sa propre personne et lui inspirer un profond sentiment de sa dignité. Ce n'est cependant là qu'une ébauche informe de ce que nous nous proposons de faire.

Dans cette séance, le Conseil de famille a été particulièrement absorbé par le rapport que lui a soumis la commission qu'il avait nommée en octobre dernier et dont le fonctionnement s'était trouvé retardé par divers contre-temps. Cette commission s'est livrée pendant près de deux jours à un travail des plus sérieux. Elle a constaté avec un soin minutieux le degré d'instruction de chaque élève. Elle a formé par suite un dossier pour chacun d'eux, dossier que peut consulter chaque père de famille et qui servira de point de départ pour les inspections ultérieures.

Ainsi apparaît de plus en plus le caractère spécial de notre Institution. C'est une fondation qui a pour objet le perfectionnement des procédés d'enseignement avec le concours direct des familles; mais dont le but avant tout est de créer pour l'enfant un séjour qui satisfasse au plus haut point tout ce que peuvent souhaiter les familles, dans l'intérêt de la santé et du bonheur de leurs enfants. Nous avons conduit cette entreprise au degré d'évolution qui permet aux familles d'apprécier nos intentions. A ces familles désormais de nous seconder pour conduire à bonne fin cette œuvre importante.

JOUANNE,
Directeur-Gérant de la Société de Fondation
de la Maison rurale.

Extrait du Rapport de M. Templier au Conseil de Famille,
Séance du 19 Avril.

« .....En définitive, dès aujourd'hui, la Maison rurale entre dans une phase nouvelle d'amélioration et de progrès qui deviendrait éclatante et se continuerait (nous le pensons en raison de la foi et de la persévérance inébranlable du Directeur, qui possède les connaissances et l'expérience désirables, laborieusement acquises, pour mener l'entreprise au succés), si, notamment et sans retard, les concours financiers venaient, dans de sérieuses et importantes mesures, pousser à ce développement rapide qui mettrait bientôt un terme à tous les ennuis, les embarras, les entraves qui ont rendu jusqu'à présent si fluctueuse la marche ascendante de l'œuvre.

« Les concours et ressources, relativement faibles, qui ont été mis à la disposition du Directeur et qui ne lui sont parvenus en majeure partie que depuis 1869, et encore petit à petit et à des intervalles irréguliers, interrompus pendant une année, et qui depuis ne semblent pas augmenter sensiblement, l'ont mis dans la nécessité, — et avec juste raison, afin de ne pas laisser perdre un temps précieux en publications souvent inutiles et en projets toujours discutés et souvent irréalisables, — de n'avancer les constructions que dans les conditions les plus urgentes et souvent provisoires dans leur utilisation. Cette façon d'opérer, mais forcée, devient évidemment plus coûteuse. Comme conséquence, la propagande pour faire connaître la Maison n'a pu être faite que d'une manière restreinte. Ainsi, en supposant qu'on vienne immédiatement offrir au Directeur vingt nouveaux pensionnaires, il ne pourrait malheureusement n'en accepter que la moitié au plus, puisque les dispositions matérielles de l'établissement ne permettent pas d'en admettre au-delà d'une trentaine..........
....

« Dix mille francs immédiatement suffiraient pour satisfaire aux exigences les plus pressantes, c'est-à-dire, pour continuer les constructions, au point de pouvoir admettre une quarantaine de pensionnaires, nombre indispensable pour arriver à couvrir les frais que nécessite l'organisation de la Maison rurale pour leur entretien et leur éducation. C'est à ce prix que la Maison rurale pourra se maintenir, en s'affirmant davantage dans la situation relativement satisfaisante où nous la voyons à présent.

« Là, sans doute, ne se bornerait pas la tâche à accomplir,

mais, nous le croyons fermement maintenant, de là la marche
progressive et régulière de l'œuvre deviendrait des plus convain-
cantes. Que tous les coopérateurs de la Maison rurale redoublent
donc aujourd'hui, plus que jamais, de bonne volonté !... » (1)

TEMPLIER,

Membre du Conseil de Famille.

CORRESPONDANCE.

23 janvier 1874.

« Faut-il vous l'avouer avec franchise, je suis toujours
« enthousiaste de la méthode que vous préconisez et j'ai
« plusieurs fois pensé à vous pendant l'année qui vient de
« s'écouler. Pourquoi donc le succès ne couronne-t-il pas vos
« efforts persévérants? je vous l'ai déjà dit : C'est une révo-
« lution complète dans l'éducation de l'enfance que vous tentez
« et vous avez contre vous les préjugés et la routine toujours
« difficiles à vaincre. Vos idées sont neuves dans leur ensemble
« et surtout dans le genre d'établissement que vous voulez
« fonder, mais la méthode intuitive que vous cherchez à
« créer a été démontrée excellente par le P. Girard et plusieurs
« autres hommes éminents par leur savante simplicité ; c'est la
« seule naturelle, la seule rationnelle. Malheureusement,
« Monsieur, chez nous on fait de l'éducation bien plus une
« affaire d'ambition qu'une affaire de devoir ; aussi tout est creux
« dans les études... Pierre détruira demain ce que Jean aura
« créé hier. Pourvu qu'on fasse plus ou moins des *machines*
« *parlantes*, on est tout fier du succès.....

« ......, Vous trouverez un collaborateur qui vivifiera vos
« idées et vous verrez fleurir votre œuvre. Courage donc et
« n'oubliez pas que toute idée utile ne se propage qu'avec les
« plus grandes difficultés.....

PANNEQUIN,

Instituteur.

(1) M. Templier s'est inscrit de nouveau pour une souscription de
400 fr. A n'en pas douter, plusieurs de nos coopérateurs voudront l'imiter.
Il en sera de même des familles de nos enfants, il faut l'espérer. Enfin,
à dater de ce jour, les professeurs et employés de la Maison rurale
devront également s'intéresser à l'œuvre collective par des versements
de fonds.

BULLETIN TRIMESTRIEL

DE LA

MAISON RURALE D'ENFANTS

à RY (Seine-Inférieure),

Supplément au Bulletin d'Avril 1874.

A nos amis de l'École sociétaire.

LA NOUVELLE BATAILLE DE SEMPACH.

Ce n'est qu'un rêve. Mais ce rêve pourrait fort bien devenir une réalité. Pour qu'il en soit ainsi, l'École sociétaire n'a qu'à vouloir. Et assurément elle ne se montrerait pas trop mal avisée en prenant exemple sur ces fiers montagnards, qui, dans les temps de barbarie, surent conserver leur indépendance au milieu des puissants voisins qui ne cherchaient qu'à les asservir.

Donc à Sempach, le 9 juillet 1386, toute l'armée autrichienne allait anéantir les faibles forces de la Confédération. Celle-ci n'avait, en effet, que 1,300 hommes sous les armes. Vainement ces vaillants défenseurs de la liberté avaient tenté de percer la ligne autrichienne, véritable muraille hérissée de lances. Tout à coup un généreux citoyen s'élance, disant à ses compagnons qu'il allait leur ouvrir un passage. Il prend dans ses bras autant de lances qu'il peut en embrasser, les attire à lui, et tombe percé de coups. Mais la brèche était faite, ses compagnons s'y précipitent, et le massacre commence. Le duc d'Autriche y périt avec toute sa noblesse.

Eh bien! j'ai pensé qu'il suffirait que l'un des membres de l'École sociétaire sacrifiât de même, non pas sa vie pourtant, mais seulement tout ce qu'il pourrait posséder, pour déterminer, par ce sacrifice, tous les partisans de l'Attraction à s'engager dans la voie de la réalisation. C'est ainsi qu'a été fondée la Maison rurale d'enfants. Aujourd'hui, la brèche est faite, et l'École sociétaire peut y passer sur la ruine de l'un des siens, et, à l'instar des 1,300 braves de Sempach, battre l'ennemi, triompher de l'incohérence et de la civilisation, et instaurer à tout jamais le règne de l'Harmonie. Cette victoire, assurément, sera tout aussi glorieuse que celle de Sempach. Elle aura, de plus, ce précieux avantage de ne coûter ni une seule larme, ni une seule goutte de sang.

Que les coopérateurs de la Maison rurale continuent encore quelque temps leur concours à celle-ci, et bientôt le rêve sera devenu une réalité. Le chemin s'est aplani devant nous, et, sous peu, nous serons maîtres de la situation. En théorie d'attraction, ne l'oublions pas, c'est le sexe faible, ce sont les enfants qui donnent l'impulsion. C'est donc par les enfants qu'on doit commencer la réalisation. Il suffira de 160 enfants (120 choisis) pour donner la pleine démonstration de la théorie sociétaire, et cette démonstration entraînera la transformation générale du monde social. Est-ce une œuvre bien colossale que de réunir ces 120 enfants!... La première trentaine est en train de se compléter. Dans quelque temps ce petit nombre sera doublé, puis quadruplé, et l'œuvre achevée. Et, pour en arriver là, il nous en coûtera maintenant beaucoup moins de temps, beaucoup moins d'argent et beaucoup moins de peines sous tous rapports, qu'il ne nous en a fallu pour former le petit noyau actuel. Tant il est vrai qu'en toutes choses ce sont les premiers pas qui coûtent le plus. Donc, prenons courage, puisque le plus difficile est fait.

Une autre considération doit contribuer à fortifier notre résolution. C'est celle-ci : Nous n'attendrons pas

d'avoir réuni ces 120 ou 160 enfants pour commencer
l'application de notre belle théorie du *libre essor des
facultés*. L'application que nous en ferons sur notre premier noyau, toute partielle et toute restreinte qu'elle
puisse être, ne laissera pas que de donner quelques résultats satisfaisants, plus satisfaisants même qu'on ne
pourrait l'espérer tout d'abord. En voici l'augure. Dans
le *sérigerme* de 24 à 25 familles, formant un ensemble
de 120 personnes de tout âge, on compte à peine 30 enfants actifs de six à treize ans, et ce sont ces enfants qui
pourtant doivent entraîner les adultes!... Nous pouvons donc fonder un grand espoir sur nos premiers enfants, dès que nous aurons pu les organiser. Que de
raisons pour nous de ne pas nous décourager!... Bientôt nous allons recueillir les premiers fruits de nos persévérants efforts, et c'est avec la certitude croissante
d'un triomphe assuré que nous allons pouvoir agir
désormais.

Dans l'un des précédents Bulletins, je parlais d'un
temps d'arrêt volontaire. Mais il ne faut pas entendre
par là que nous devrons rester complètement inactifs.
Non. Nous aurons à nous occuper tout d'abord de l'organisation de notre premier noyau d'enfants, nous aurons
ensuite à compter nos forces et nous entendre pour porter le coup décisif. Si nos ressources collectives paraissent
trop faibles, nous insisterons quelque peu sur la propagande, qui sera d'autant plus fructueuse qu'elle s'ap-
puiera sur des faits incontestables, et c'est ainsi qu'en
peu de temps nous nous serons mis en état, par notre
première opération, de préparer une grande expérimentation, que l'on aurait attendue vainement en suivant
toute autre direction.

Pour atteindre ce résultat, il ne faut pas que nos amis

ralentissent leurs efforts. J'avais demandé une souscription de 8,000 fr., réalisable en quatre annuités, pour
parer à des difficultés imprévues qui ont surgi sous nos
pas dans ces derniers temps, difficultés qui ont leur
source commune dans les événements des années 1870
et 1871. Ces tristes événements nous ont retardé de
plus d'une année, en nous faisant éprouver une perte
proportionnelle à ce long retard. Ils nous ont atteint
directement dans nos ressources personnelles, sans
compter que la gêne générale qui s'en est suivie à rendu
plus difficile le recrutement de nos jeunes élèves. Les
efforts persévérants de nos amis peuvent faire disparaître
les embarras que ces difficultés nous ont occasionnés.
Mais les souscriptions n'ont encore atteint que la moitié
à peine de la somme demandée. Nous ne pouvons espérer
d'entraîner dans notre direction toute l'École sociétaire
qu'autant que nous aurons réalisé le chiffre complet. A
nos amis d'aviser.

A cette idée d'entraîner dans notre voie toute l'École
sociétaire, plusieurs de nos amis seront assurément
tentés de secouer la tête, en considérant l'indifférence et
le découragement profonds dont cette École est frappée.
Mais, par École sociétaire, il ne faut pas entendre seulement les anciens adeptes de l'Attraction. De nouveaux
adhérents vont nous arriver, dont l'adhésion sera provoquée par notre œuvre même. Une nouvelle École va
donc se constituer, jeune, active et impatiente d'agir. Les
anciens adeptes avaient accueilli la Théorie sociétaire
comme une nouvelle philosophie, une matière à controverse. Aussi, chacun est-il arrivé à se forger une
doctrine à soi, sans aucun souci de réalisation quelconque. Les divers projets qui se sont produits ont toujours été conçus en dehors de toute idée pratique, et

rentrent, par cela même, dans le cadre de la spéculation
philosophique. Enfin, à force de controverse, on en est
arrivé, même, à la belle hypothèse de supposer sérieusement que l'homme descendrait en droit ligne du singe!
La Providence, pouvait-elle infliger, à ceux de nos
condisciples qui ont détourné leur esprit des questions
pratiques, un plus grand châtiment que de ménager une
telle chute à leur génie!!! Combien différente sera la
nouvelle École sociétaire! Avec elle, point de controverse stérile. Étrangère même, dans le principe, à toute
théorie, elle fera de la *pratique sociétaire*, comme M. Jour-
dain faisait de la prose, *sans le savoir*! Elle n'arrivera à
la Théorie que progressivement, guidée par les faits,
mais, à une Théorie toute scientifique, conforme à
l'observation, au calcul, à l'expérience, à une Théorie,
en un mot, toute positive. Déjà nous voyons poindre le
germe de ces nouveaux adeptes dans le petit nombre des
coopérateurs de la Maison rurale, étrangers à l'École
sociétaire. Que leur nombre augmente quelque peu, ainsi
que leur concours, et ils feront équilibre aux autres
coopérateurs. Alors, les anciens adeptes, forcés dans leurs
retranchements, piqués au vif dans leur amour-propre,
se détermineront à suivre l'exemple. Ils secoueront le
vieil esprit philosophique qui, jusqu'à ce jour, les a
paralysés, et ils marcheront droit au but : l'application
du *régime Sériaire*. Alors, adeptes nouveaux et adeptes
anciens rivaliseront d'ardeur dans la nouvelle carrière,
dont la Maison rurale n'aura été que l'humble et modeste initiative. Le triomphe sera complet.

Dans l'avant-dernier Bulletin, je constatais que l'un
de nos coopérateurs, étranger à l'École sociétaire, avait
placé ses modestes économies dans notre Institution.
Voici un fragment de lettre d'un autre adhérent qui,

également étranger à la Théorie sociétaire, se disposerait pourtant à contribuer à l'œuvre, et d'une façon non moins importante. Sa lettre est bonne à méditer; par les dispositions que manifeste cet homme de cœur, on pourra juger de ce que seront et feront les hommes nouveaux que notre œuvre est appelée à rallier. Voici ce qu'il écrit :

« Je suis toujours très-content ici, où je suis l'enfant
« gâté... Mes projets de départ ayant été connus, on
« s'est empressé de m'accorder tout ce que je pouvais
« désirer. Je suis marié dans une famille plus qu'aisée,
« et Dieu a béni mon union en m'envoyant une petite
« fille. Je possède à peu près 20,000 fr. en argent. Vous
« voyez, Monsieur, que je suis dans une excellente po-
« sition.... »

Suit l'énoncé de ses projets d'avenir.

« Votre lettre pourrait détruire ces projets, car une
« position sédentaire me plairait!... et je crois que je
« pourrais décider ma femme à venir en Normandie.
« Mais je vous laisse juge, Monsieur, quitter une posi-
« tion sûre et honorable, un avenir certain, n'y aurait-il
« pas folie pour un père de famille à abuser ainsi des
« bienfaits de la Providence! Une secrète sympathie
« m'attire vers vous, mais la sagesse et la raison me
« permettent-elles de songer à Ry?...

« Voilà où j'en suis, Monsieur, penseriez-vous à me
« procurer mieux que ce que Dieu me donne?... »

Eh! oui, la Théorie du libre essor des facultés procurera de plus grands avantages à l'auteur de cette
lettre. Sous la baguette magique de cette nouvelle fée,
ses 20,000 fr. peuvent devenir 20 millions, sans compter
la gloire d'être l'un des principaux fondateurs de l'Harmonie.

Chose étrange! et qui ne sera pas un mince sujet d'étonnement pour les générations futures, combien d'hommes parmi les anciens adeptes de la Théorie sociétaire sont dans une position de fortune, égale et même supérieure à celle de cet homme de bonne volonté, et à qui, pourtant, l'idée n'est pas venue de consacrer leur fortune à l'avènement du règne de l'Harmonie! Combien même ont sacrifié, les imprudents! dans certaines spéculations hasardeuses de la civilisation, huit à dix fois plus, courant ainsi à une ruine presque certaine, tandis que la réalisation du spécimen d'Harmonie leur aurait valu le centuplement de leur capital. En tous cas, ruine pour ruine, ne valait-il pas mieux sacrifier à la cause de l'humanité et de la justice.

Mais si Dieu veut l'avènement de l'Harmonie, si cet avènement est l'objet de ses plus vifs désirs, il a dû rendre extrêmement faciles les opérations qui conduisent à cette Harmonie, les entourer des plus fortes garanties. Il fallait chercher ces garanties. Et, puisqu'elles sont aujourd'hui trouvées, pourquoi tant d'hésitation?. Quel jugement pourra porter l'avenir sur les hommes qui, ayant connu la découverte des destinées heureuses de l'humanité, seront restés froids et indifférents en présence d'une Théorie si facile à réaliser et si grandiose dans les conséquences de son application!...

Il faut secouer cette torpeur. Un germe existe. Il a conquis sa place au soleil. Nouvelle difficulté vaincue : les sympathies de son voisinage lui sont acquises depuis la récente organisation de son personnel! La Maison rurale réussira, dit-on maintenant aux alentours. Ce revirement de l'opinion est d'un bon augure. Il faut en profiter et redoubler d'efforts, de zèle et d'activité. Le triomphe est à ce prix.

JOUANNE.

Dotation industrielle des Enfants.

Sommes reçues depuis le 15 juillet 1873 :

MM. Belin, propriétaire à Juilly, déjà souscripteur . . . . . 5 fr.
Boulogne, receveur d'enregistrement, à Bohain,
　　déjà souscripteur 5
Catineau, chef d'escadron d'artillerie en retraite,
　　à Châtellerault, déjà souscripteur. 20
Estienne, ex-typographe, à Cosne, déjà souscript^r. 25
Glorget, à Coutances. 10
Houdin, ancien notaire, à Saint-Léonard, déjà
　　souscripteur 20
Ragot-David, à Trigny, déjà souscripteur 100

Société de Fondation.

Adhésions définitives formant complément à la liste de janvier 1873 :

MM. Bichet, à Besançon, *Société bizontine* . . . . 89 fr. 70
Brun, conducteur des ponts et chaussées, *So-*
　　ciété bizontine . . . . 96　20
Coste, à Besançon, *Société bizontine*. . . . . 74　60
Faney,　　　　—　　　　　—　　. . . . . 70　40
Ledoux,　　　　—　　　　　—　　. . . . . 70　40
Odigey,　　　　—　　　　　—　　. . . . . 96　　»
Oscar Kœchlin, chimiste à Dornach. . . . . 200　　»
Willemin, à Besançon, *Société bizontine* . . . . . . 60　　»

Nota. — A l'avenir, aucune souscription inférieure à 30 fr. ne sera reçue pour la *Dotation industrielle*; toutefois, ce minimum de 30 fr. pourra être versé en cinq annuités de 6 fr. chacune.

A l'avenir aussi, le Bulletin de la Maison rurale ne sera adressé gratuitement qu'aux seuls souscripteurs dont l'ensemble des versements atteindra au moins 400 fr. Pour le recevoir, les autres coopérateurs devront être souscripteurs à la *Ligue de l'Éducation nouvelle*, dont le minimum de souscription est de 6 fr. par an.

L'un des prochains Bulletins donnera la première liste des souscripteurs à la Ligue de l'Éducation nouvelle.

Nous ne saurions trop engager nos amis à propager cette souscription. Elle a déjà été favorablement accueillie dans plusieurs loges maçonniques. Au succès de cette œuvre se rattache le développement de notre Institution.

ROUEN. — IMP. LÉON DESHAYS.

MAISON RURALE D'ENFANTS
à RY (Seine-Inférieure).

BULLETIN TRIMESTRIEL

1ᵉ Année. JUILLET 1874.

Distribution des Prix du 3 Août 1874.

ENSEIGNEMENT SCOLAIRE

Prix donnés par M. TEMPLIER

PRIX D'HONNEUR

décerné à l'élève DÉCOTTE (Eugène),

pour sa supériorité sur les différentes branches d'Enseignement.

PREMIÈRE DIVISION.

Instruction religieuse. — 1ᵉʳ *Prix* : LETELLIER (Jules).
— 2ᵉ *Prix* : LEQUEUX (Gaston) — *Accessits* : CHARPEN-
TIER et BUTAUD.

Lecture. — *Prix* : LETELLIER (Jules), 2 fois nommé. —
Accessits : LEQUEUX (Gaston), 2 fois nommé. — CHAR-
PENTIER (Léon), 2 fois nommé.

Écriture. — *Prix* : CHARPENTIER (Léon), 3 fois nommé. —
Accessits : LEQUEUX (Gaston), 3 fois nommé. — LETELLIER
(Jules), 3 fois nommé.

Français. — *Prix* : LEQUEUX (Gaston), 4 fois nommé. —
Accessits : CHARPENTIER (Léon), 4 fois nommé. —
LETELLIER (Jules), 4 fois nommé.

Mathématiques. — *Prix* : CHARPENTIER (Léon), 5 fois nommé. — *Accessits* : LEQUEUX (Gaston), 5 fois nommé. — LETELLIER (Jules), 5 fois nommé.

Histoire et Géographie. — *Prix* : LETELLIER (Jules), 6 fois nommé. — *Accessits* : CHARPENTIER (Léon), 6 fois nommé — LEQUEUX (Gaston), 6 fois nommé.

Thème latin. — 1er *Prix* : TEMPLIER (Noël), 1 fois nommé. — 2e *Prix* : PETITPAS (Pierre), 1 fois nommé. — *Accessit* : LEQUEUX (Gaston), 7 fois nommé.

Version latine. — 1er *Prix* : LEQUEUX (Gaston), 8 fois nommé. — 2e *Prix* : BUTAUD (Joseph), 2 fois nommé. — *Accessit* : PETITPAS (Pierre), 2 fois nommé.

Dessin linéaire. — *Prix* : CHARPENTIER (Léon), 7 fois nommé. — *Accessits* : LEQUEUX (Gaston), 9 fois nommé. — LETELLIER (Jules), 7 fois nommé.

Dessin d'imitation et d'ornement. — 1er *Prix* : LEQUEUX (Gaston), 10 fois nommé. — 2e *Prix* : TEMPLIER (Noël), 2 fois nommé.

Musique vocale. — *Prix* : LETELLIER (Jules), 8 fois nommé. — *Accessits* : LEQUEUX (Gaston), 11 fois nommé — TEMPLIER (Noël), 3 fois nommé.

Musique instrumentale. — 1er *Prix* : CHARPENTIER (Léon), 8 fois nommé. — 2e *Prix* : TEMPLIER (Noël), 4 fois nommé.

Anglais. — *Prix* : PETITPAS (Pierre), 3 fois nommé. — *Accessits* : CHARPENTIER (Léon), 9 fois nommé. — LETELLIER (Jules), 9 fois nommé.

DEUXIÈME DIVISION.

Instruction religieuse. — 1er *Prix* : SCOTTI (Georges), 1 fois nommé. — 2e *Prix* : MAURICE (Jules), 1 fois nommé. — *Accessits* : GANIVET (Charles) 1 fois nommé. — ROSNEY (Armand), 1 fois nommé.

Lecture. — 1er *Prix* : Scotti (Georges), 2 fois nommé. —
2e *Prix* : Ganivet (Charles), 2 fois nommé. — *Accessits* :
Colonne (Edouard), 1 fois nommé. — Prével (Paul),
1 fois nommé.

Ecriture. — 1er *Prix* : Prevel (Paul), 2 fois nommé. —
2e *Prix* : Dufresne (Jules), 1 fois nommé. — *Accessits* :
Ganivet (Charles), 3 fois nommé. — Folliot (Georges),
1 fois nommé.

Orthographe. — 1er *Prix* : Folliot (Georges), 2 fois nommé.
— 2e *Prix* : Prével (Paul), 3 fois nommé. — *Accessits* :
Colonne (Edouard), 2 fois nommé. — Scotti (Georges)
3 fois nommé.

Style et Grammaire. — 1er *Prix* : Scotti (Georges)
4 fois nommé. — 2e *Prix* : Rosney (Armand) 2 fois
nommé. — *Accessits* : Ganivet (Charles), 4 fois nommé.
— Maurice (Jules), 2 fois nommé.

Calcul. — 1er *Prix* : Colonne (Edouard), 3 fois nommé. —
2e *Prix* : Houel (Charles), 1 fois nommé. — *Accessits* :
Scotti (Georges), 5 fois nommé. — Ganivet (Charles),
5 fois nommé.

Histoire et Géographie. — 1er *Prix* : Folliot (Georges),
3 fois nommé. — 2e *Prix* : Ganivet (Charles), 6 fois
nommé. — *Accessits* : Maurice (Jules), 3 fois nommé.
— Rosney (Armand), 3 fois nommé.

Dessin. — 1er *Prix* : Dufresne (Jules), 2 fois nommé.
2e *Prix* : Maurice (Jules), 4 fois nommé. — *Accessits* :
Rosney (Armand), 4 fois nommé. — Houel (Charles),
2 fois nommé.

Musique vocale. — 1er *Prix* : Rosney (Armand), 5 fois
nommé. — 2e *Prix* : Lefèvre (Louis), 1 fois nommé.
— *Accessits* : Prével (Paul), 4 fois nommé. — Maurice
(Jules), 5 fois nommé.

Musique instrumentale. — 1er *Prix* : Scotti (Georges),
6 fois nommé. — 2e *Prix* : Ganivet (Charles), 7 fois
nommé.

TROISIÈME DIVISION.

Instruction religieuse. — 1er *Prix* : DELAPLANNE (Paul), 1 fois nommé. — 2° *Prix* : FOURSIN (Jules), 1 fois nommé. — *Accessit* : SCOTTI (Albert), 1 fois nommé.

Lecture. — 1er *Prix* : SCOTTI (Albert), 2 fois nommé — 2° *Prix* : DELAPLANNE (Paul), 2 fois nommé. — *Accessits* : FOURSIN (Jules), 2 fois nommé. — DUFRESNE (Alphonse), 1 fois nommé.

Écriture. — 1er *Prix* : DUCHEMIN (Henri), 1 fois nommé. — 2° *Prix* : DUFRESNE (Alphonse), 2 fois nommé. — *Accessits* : SCOTTI (Albert), 3 fois nommé. — DELAPLANNE (Paul), 3 fois nommé.

Orthographe. — 1er *Prix* : DELAPLANNE (Paul), 4 fois nommé. — 2° *Prix* : SCOTTI (Albert), 4 fois nommé. — *Accessits* : DUCHEMIN (Henri), 2 fois nommé. — DUFRESNE (Alphonse), 3 fois nommé.

Calcul. — 1er *Prix* : DUCHEMIN (Henri), 3 fois nommé. — 2° *Prix* : DUFRESNE (Alphonse), 4 fois nommé. — *Accessits* : DELAPLANNE (Paul), 5 fois nommé. — FOURSIN (Jules), 3 fois nommé.

Dessin. — 1er *Prix* : DUFRESNE (Alphonse), 5 fois nommé. — 2° *Prix* : SCOTTI (Albert), 5 fois nommé. — *Accessits* : DELAPLANNE (Paul), 6 fois nommé. — DUCHEMIN (Henri), 4 fois nommé.

QUATRIÈME DIVISION.

Instruction religieuse. — 1er *Prix* : CHAPITEL (Charles), 1 fois nommé. — 2° *Prix* : CHAPERON (Georges), 1 fois nommé.

Lecture. — 1er *Prix* : FERMINE (Gabriel), 1 fois nommé. — 2° *Prix* : DURAND (Albert), 1 fois nommé.

Écriture. — 1er *Prix* : TEMPLIER (Vincent), 1 fois nommé.

ENSEIGNEMENT PRATIQUE.

PRIX D'HONNEUR

donné par M. Pointel, décerné à l'élève DÉCOTTE (Eugène),

pour sa supériorité sur l'ensemble des Matières.

Forge. — *Prix* : TEMPLIER (Noël), 5 fois nommé.
Menuiserie. — *Prix* : LEQUEUX (Gaston), 12 fois nommé.
Horticulture. — *Prix* : LETELLIER (Jules), 10 fois nommé.

TENUE, ORDRE, PROPRETÉ.

Grand dortoir. — *Prix* : DUCHEMIN (Henri). 5 fois nommé.
— *Accessits* : CHARPENTIER (Léon), 10 fois nommé.
— LEFÈVRE (Louis), 2 fois nommé,
Petit dortoir. — *Prix* : DELAPLANNE (Paul), 7 fois nommé.
— *Accessits* : SCOTTI (Georges), 7 fois nommé. — GANIVET (Charles), 8 fois nommé.

La rentrée générale des classes est fixée au jeudi 1ᵉʳ octobre.

Les familles qui veulent laisser leurs enfants pendant les vacances, ou partie des vacances, en ont toujours la faculté.

Décision de la Gérance concernant l'élève Decotte.

Considérant que l'élève Decotte, âgé de 13 ans, peut dès à présent rendre quelques services à la Maison rurale, à titre de professeur-aspirant, le Directeur soussigné décide qu'à partir du 1ᵉʳ octobre prochain, il sera alloué à cet élève, une gratification de cinq fr. par mois, pendant toute l'année scolaire, à la condition que cet élève continuera de se rendre digne de cette faveur.

A Ry, le 12 Juillet 1874.

Cette décision est la première application de l'un des principes caractéristiques de notre fondation. En formant nos élèves au travail, nous avons l'espoir que l'aide de ces enfants nous permettra de réduire le prix de leur pension. Aujourd'hui l'élève Decotte obtient la remise d'un dixième; dans quelques mois peut-être cette remise sera doublée ou triplée. C'est dans l'enseignement que cet élève peut rendre quelques services à notre Institution; d'autres pourront nous être utiles en d'autres fonctions, selon leurs vocations et aptitudes. Plus on nous donnera les enfants jeunes, plus vite ils arriveront, tout en s'instruisant autant et plus que partout ailleurs, à obtenir des gratifications analogues à celles que la gérance a cru devoir accorder aujourd'hui à l'élève Decotte.

J.

EXTRAIT DU REGISTRE DES VISITEURS.

I. — « J'ai eu le précieux avantage de visiter la Maison rurale « de Ry. J'ai apprécié de tout près ce que cette Institution ré- « serve d'avantages immenses pour l'avenir des enfants; toutes « les classes et conditions y trouveront les connaissances, le dé- « veloppement des sciences qui s'adapteront à toutes les voca- « tions et spécialités de carrières.

« Donné avec bonheur, comme heureuse impression et con- « viction, ce 3 juin 1874. »

DUPUIS,
Curé d'Ancourteville (Seine-Inférieure).

II. — « J'ai eu l'avantage de visiter la Maison rurale de Ry le « 6 juin 1874. J'avais entendu dire que la tenue de cet établisse-

« ment était excellente; bien que je sois aussi bien prévenu,
« j'avoue que ma surprise a été grande et que j'ai trouvé l'in-
« stallation et l'organisation beaucoup au-dessus, sous tous les
« rapports, de ce qui m'a été dit et de l'idée que j'en avais moi-
« même.

« M. Cantzeler, qui a visité cet établissement avec moi, a en-
« tièrement partagé mes impressions. »

CANTZELER.   Lucien FROMAGE,
                                    Manufacturier, à Darnétal.

III. — « Je désire et souhaite sincèrement à la Maison rurale
« une prospérité égale à son utilité. Le spectacle que présentent
« ces enfants *trouvant plaisir au travail*, obéissant à des chefs
« élus par eux-mêmes, véritables hommes en miniature, con-
« vaincrait les plus incrédules..... »

Ry, 23 juin 1874.
                              De ASARTA, ingénieur.

CORRESPONDANCE.

                                    Paris, 12 juin 1874.

« .... J'ai le plaisir de vous envoyer une somme de 250 fr.
« pour la souscription de M. Ménier à la *Maison rurale d'expé-
« rimentation sociétaire*. Il me charge de vous exprimer ses
« meilleurs souhaits pour votre entreprise et de vous dire tout
« l'intérêt qu'il y prend..... »

                              G. LEFEBVRE, secrétaire.

Les témoignages qui précèdent attestent que notre
œuvre occupe aujourd'hui une place honorable dans
l'opinion. Tous nos coopérateurs puiseront assurément,
dans ce fait, une grande satisfaction, en même temps
qu'ils y trouveront un encouragement à nous seconder

de nouveau, jusqu'à ce que nous ayons atteint le but
que nous nous sommes proposé et dont nous approchons
chaque jour davantage.

L'année scolaire s'achève; avant qu'une autre soit
commencée, voyons, en quelques mots, où nous ont
conduit nos efforts persévérants.

Sous le rapport de l'enseignement *classique*, notre organisation est telle aujourd'hui que notre institution est
en mesure de préparer ses élèves à l'examen de grammaire qui conduit, on le sait, aux professions d'avoué,
de médecin et de pharmacien. Par conséquent, ceux
d'entre eux qui voudraient poursuivre les études classiques dans un lycée, trouveront dans notre institution
les connaissances qui leur permettront de parcourir
brillamment toute la carrière des Humanités. A plus
forte raison ceux qui voudraient concourir pour le Prytanée militaire pourront-ils, à la Maison rurale, se préparer à subir un examen satisfaisant.

Sous le rapport de l'enseignement *secondaire spécial*
et de l'enseignement *primaire supérieur* la Maison rurale
est en mesure de préparer les jeunes gens aux brevets
de capacité pour ce double enseignement, ainsi qu'à
toutes les écoles du gouvernement, Châlons, Alfort, etc.
En sortant de notre établissement les élèves de la Maison rurale seront donc pourvus de toutes les connaissances voulues pour aborder avec succès toutes les carrières industrielles et commerciales.

Deux résultats restent encore à obtenir pour que notre
entreprise ait parcouru la première phase de son évolution : C'est, d'une part, un plus large développement à
l'enseignement pratique; c'est, d'autre part, la création

d'une salle d'asile pour les plus petits de nos enfants. Que chacun s'y prête, et bientôt nous aurons ajouté à notre œuvre ce complément indispensable.

.Le nombre de nos élèves, selon les prévisions émises au Bulletin d'octobre dernier, est de 26. Nous arriverons, l'an prochain, à la quarantaine, d'après la progression qui caractérise la marche de la Maison rurale (Bulletin d'octobre et supplément). Cette marche ascendante sera d'ailleurs proportionnée aux concours.

Cette entreprise, nous ne devons cesser de le rappeler, est une œuvre *collective* à laquelle peuvent et doivent prendre part toutes les personnes qui, de près ou de loin, s'intéressent au progrès de l'enseignement. Mais ce sont les pères de famille dont la Maison rurale attend surtout un concours efficace. Aussi, dans l'admission de nouveaux élèves la préférence sera-t-elle accordée aux familles qui se seront intéressées à la Maison rurale d'une manière effective. Un store coopératif est annexé à notre Institution en vue de former nos élèves à la pratique commerciale; or, les fournisseurs en seront également choisis parmi ceux qui se seront intéressés à notre utile fondation par une souscription quelconque. Quelle stabilité offrirait la Maison rurale, si elle n'était l'œuvre que de quelques-uns, si elle ne comptait qu'une trentaine de souscripteurs plus ou moins éloignés !.. Non, il faut que toutes les personnes qui ont des rapports journaliers avec elle, pères de famille, fournisseurs et autres intéressés, en deviennent les principaux coopérateurs. C'est dans ces conditions que la Maison rurale offrira de sérieuses garanties de permanence et de stabilité, et qu'elle s'élèvera à la hauteur d'un établissement d'utilité publique.

Quand nous aurons réuni la quarantaine d'élèves (40
pour en avoir 30 qui soient stables) et que nous aurons
pourvu à la direction de nos plus jeunes enfants, par
une organisation spéciale analogue aux salles d'asile, alors
la Maison rurale entrera dans la deuxième phase de son
évolution, caractérisée par l'application aussi large que
possible de la méthode du libre essor des facultés. Alors
aussi, à la vue des premiers résultats de cette application, tous ceux qui auront eu le bon esprit d'y concourir,
se féliciteront d'avoir contribué à une œuvre si féconde,
d'où tant de bienfaits pourront découler. Nous reviendrons ultérieurement sur ce sujet et nous examinerons
quelques-uns des avantages inespérés qui devront résulter de notre expérimentation.

Terminons ce bref exposé de la situation par une
parole d'espérance.

Si notre entreprise avait eu pour chef ou protecteur
un homme influent par son nom ou sa fortune, il est
incontestable que la plupart des difficultés que nous
avons éprouvées se seraient vite aplanies, et que les
lenteurs de la fondation auraient été considérablement
abrégées. Cette heureuse circonstance ne s'est pas présentée jusqu'alors. Mais aujourd'hui que la Maison
rurale a pris consistance, serait-il trop hazardé d'espérer
que, dans un temps peu éloigné, un homme influent
veuille bien y attacher son nom et donner son patronage à une expérimentation qui n'aurait rien que d'honorable, *même en cas d'insuccès!* Nous aurions alors la
meilleure garantie de conduire cette entreprise à son
but, sûrement et rapidement. Et pourquoi un ou plusieurs hommes influents n'accorderaient-ils pas leur

protection à une œuvre dont le pis aller serait d'introduire dans l'enseignement de notre pays, les améliorations qu'invoquent tant d'esprits éminents, tels que MM. de Laprade, le Dr Fonssagrives, Jules Simon, etc., et dont plusieurs sont déjà réalisées en diverses contrées !... A chacun son rôle et sa mission dans ce monde. Notre modeste tâche, à nous, c'était de former et organiser le premier noyau, aux hommes compétents par le rang qu'ils occupent et la fortune qu'ils possèdent, de prendre bientôt en main la cause de la nouvelle éducation pour en généraliser la propagation.

JOUANNE.

La Presse et l'Éducation nouvelle.

Quelques journaux ont parlé avantageusement de la Maison rurale, entre autres la *Finance nouvelle* qui, à deux reprises, a fait mention de notre entreprise. *Le Monde thermal*, à son tour, s'exprime ainsi dans son n° du 16 juillet :

« Il ne me reste presque plus de place pour vous
« parler d'une Institution très digne d'être recommandée
« et sur laquelle je me suis promis depuis longtemps
« d'attirer votre attention. C'est la *Maison rurale* de Ry,
« (Seine-Inférieure.), établissement d'instruction pri-
« maire et secondaire, conçu d'après de nouvelles mé-
« thodes d'éducation et d'enseignement. Les enfants y
« sont placés en pleine campagne, dans un milieu
« fortifiant et sain; ils y reçoivent une instruction
« dirigée non pas d'après les traditions routinières,

« mais comprise de manière à les attacher à leur travail.
« Des hommes de haut savoir et de grande expérience
« sont à la tête de cet Etablissement qui sera bientôt
« au premier rang de nos Institutions scolaires. Je n'ai
« point le loisir d'entrer dans des détails, mais je
« voudrais en avoir dit assez pour inspirer aux familles
« le désir de se renseigner plus amplement. Ce que j'ai
« pu apprendre au sujet de l'Etablissement m'autorise
« à affirmer qu'on ne sera pas déçu, tout au contraire. »

Saint-Hérem.

Nous remercions les organes de la Presse de leur bon concours. C'est en propageant une œuvre et une idée nouvelle, en la faisant connaître dans son but et ses principes qu'on parvient à rallier à elle les hommes de cœur qui peuvent en aider la réalisation. A ce titre la Presse peut nous rendre d'importants services. Aussi toutes les fois que l'occasion s'en présentera nous reproduirons, en notre Bulletin, les articles qui seront publiés sur notre Etablissement par les journaux bienveillants. Les propagateurs de la Maison rurale contribuent au succès de cette œuvre aussi bien que les souscripteurs.

J.

ROUEN. — IMP. LÉON DESHAYS

MAISON RURALE D'ENFANTS
à RY (Seine-Inférieure).

BULLETIN TRIMESTRIEL

5ᵉ Année. — OCTOBRE 1874.

A nos Amis de l'École sociétaire.

Le premier résultat que je me proposais tout d'abord, c'était, on se le rappelle, de réunir trente et quelques enfants pour appliquer ensuite à cette petite réunion le principe de l'Attraction. A force de persévérance, nous atteignons enfin ce premier échelon de notre œuvre. Notre premier noyau est formé; il dépasse la trentaine et, dans peu de temps, il approchera de la quarantaine. Mais que de peines et d'efforts il a fallu pour arriver où nous en sommes!...

Il existait un moyen d'atteindre ce résultat plus vite et avec moins de frais. Ce moyen était un peu scabreux, en ce qu'il reposait sur un concours qui pouvait nous échapper d'un instant à l'autre, et c'est en effet ce qui nous est arrivé. On se rappelle qu'en 1871 nous comptions une quinzaine d'externes qui s'occupaient de différents travaux, entre autres d'exercices de jardinage, sous la direction de l'instituteur communal.

Si ce noyau avait pu se soutenir, il ne nous eût fallu que 15 à 20 pensionnaires pour le compléter. Tout nous faisait espérer qu'il en serait ainsi. N'ayant de dispositions prises que pour le logement d'une vingtaine d'enfants, nous eussions trouvé, dans cette combinaison, l'économie des frais de construction d'un dortoir, sans compter une autre économie, non moins considérable, résultant de frais généraux qui auraient été beaucoup moindres, par ce fait que notre institution aurait pu rester une simple annexe de l'école communale. D'un autre côté notre noyau eût été formé plus tôt. Mais à peine avions-nous réuni la demi-douzaine de pensionnaires que l'instituteur communal, cédant à des inspirations hostiles, nous tourna le dos. Privé de ce concours, nous dûmes néanmoins persévérer, et ne plus compter désormais, pour ce premier noyau, que sur les élèves internes de la Maison rurale, qu'il fallait par suite, à tout prix, élever à la hauteur d'un pensionnat digne, à tous égards, de la confiance des familles.

Aujourd'hui, ce résultat est atteint. Puis l'élan est donné. La progression numérique de nos élèves continuera certainement tout naturellement et sans nouvel effort de notre part. Nous en compterons l'an prochain une soixantaine, si toutefois nous savons prendre au printemps les dispositions nécessaires pour les recevoir. Un autre indice de marche ascendante et aussi de prospérité, c'est qu'en même temps que le nombre de nos élèves augmente, la moyenne du prix de pension s'élève aussi. Elle était de 430 fr. l'an dernier, elle dépassera 450 cette année.

Nos ressources financières répondront-elles aux exigences de cette évolution ascendante, qui va nécessiter un léger agrandissement de local?... et surtout une organisation sérieuse du noyau actuellement formé?... Nous avions demandé à nos amis pour parer au déficit que nous occasionnait alors l'insuffisance du nombre de nos élèves, et, pour subvenir à l'organisation de cette première trentaine d'enfants, une souscription de 8,000 fr. à verser en quatre annuités. L'effectif de cette souscription n'a pas même atteint la moitié du chiffre demandé,

et, dans cette somme, il faut comprendre la transformation de plusieurs obligations. Cette transformation constitue, sans doute, un allègement, puisqu'elle nous dis-
pensera de rembourser dans un certain délai ces obligations transformées en nouvelles souscriptions; mais,
pour le moment, elle n'atténuait en aucune sorte les
difficultés qui avaient surgi sous nos pas. Néanmoins,
j'ai continué ma route comme si cette souscription devait se compléter à bref délai. Aujourd'hui, nous avons
les 30 enfants, et le déficit qui provenait de l'insuffisance du nombre va disparaître, mais l'attirail industriel
et attractif va manquer ou sera insuffisant pour leur
organisation. Le temps d'arrêt *volontaire* pendant lequel,
tout en nous occupant d'organiser nos premiers enfants,
nous aurions agité avec nos coopérateurs les questions
relatives à l'essai *décisif* qui devra suivre notre première
opération, va-t-il se transformer en temps d'arrêt *forcé*,
et faudra-t-il, en attendant de meilleures circonstances,
que nous restions dans les conditions d'un simple pensionnat rural?... A nos amis de l'Ecole sociétaire
d'aviser... Ce sont eux qui ont aidé l'œuvre à son début, n'est-il pas naturel que l'on s'adresse également à
eux, alors qu'il s'agit d'y mettre la dernière main!

Notre principal objectif, je crois devoir ici le rappeler, c'est l'essai du régime sériaire sur une masse de
120 à 160 personnes, soit enfants, soit adultes et enfants
réunis. Par notre Maison rurale de quarante enfants,
plus leurs chefs, nous sommes arrivés au tiers du chemin, pour le nombre. Mais l'organisation est encore
nulle ou informe. Il s'agit de procéder à cette organisation d'une façon sérieuse, avant de faire un nouveau
pas en avant, et de manière à vérifier *pratiquement* la
valeur du principe d'attraction. Je suis fondé à penser

qu'aucun de nos condisciples ne s'est appesanti sur cette question. Aucun d'eux ne l'a étudiée. C'est pourtant le point fondamental de la Théorie sociétaire. Et, si ce principe est vrai, s'il doit donner les résultats annoncés, sa démonstration en plein sur 120 à 160 personnes devra entraîner l'adhésion générale, et provoquer, en un très-petit nombre d'années, une transformation complète de la Société. A ce point de vue, la petite affaire que nous avons entreprise acquiert une immense importance pour tout le monde, et plus spécialement encore pour l'Ecole sociétaire.

Il n'est pas douteux, en effet, que cette Ecole pourrait réunir les ressources nécessaires pour cet essai, le jour qu'elle le voudrait sérieusement. Ce qui fait qu'elle reste *inactive*, c'est qu'il ne lui est point encore démontré que le principe d'attraction aurait les conséquences que je viens de rappeler. L'Ecole sociétaire doute de sa propre doctrine. Or, s'il était possible de transformer ce doute, de donner la foi à cette Ecole, tout serait vite résolu. Eh! bien, notre petite institution de 30 à 40 enfants aura cette propriété. Et, comme il suffit d'un très-petit nombre de coopérateurs pour achever cette institution, je suis réellement fondé dans l'espoir que nous verrons bientôt l'aurore de cette harmonie, que beaucoup ajournent à plusieurs siècles et que quelques-uns même relèguent aux Calendes grecques. Je prie donc instamment ceux de nos condisciples qui ont un ardent désir de contribuer à l'avènement prochain de ce nouvel ordre social, de ne pas tarder davantage, non-seulement à augmenter leur souscription, mais à se mettre en rapport direct et suivi avec le directeur de la Maison rurale.

Deux comités sont à former : celui des Fondateurs,

qui se composera des plus forts souscripteurs, et celui
des Organisateurs, dans lequel devront entrer, quel que
soit le chiffre de leur souscription, tous ceux qui ont
l'intention de contribuer à l'œuvre de leur personne, en
y apportant leur travail, leur science et leurs talents,
soit dès maintenant, soit à un moment donné de l'évolution de l'entreprise. Il faut, dès à présent, préparer la
formation de ces deux comités, auxquels incombera la
tâche ultérieure de fonder l'essai décisif, le *sérigerme* à
120 personnes, soit par l'extension naturelle de la Maison rurale, soit par une autre opération complémentaire
et solidaire de celle-ci. Quand ces deux comités seront
formés, notre Société de fondation pourra se transformer
en Société anonyme, ainsi qu'il est prévu en ses statuts.
Pendant ce temps, la gérance actuelle de cette Société,
ayant achevé sa tâche spéciale par l'organisation des
30 premiers enfants, pourra disparaître. Telle nous apparaît la mache naturelle des choses.

On ne se fait pas, dans l'Ecole sociétaire, une idée
bien nette et bien précise de notre œuvre et de son
objet. Si la propagande sociétaire a inspiré la fondation
de la Maison rurale, comme celle du Familistère et de
la Société de Beauregard, ainsi que le dit le *Bulletin du
Mouvement social,* du 1ᵉʳ octobre dernier, il n'en est pas
moins vrai qu'une énorme différence caractérise la pensée qui a présidé à ces diverses entreprises. Le fondateur du Familistère nie le principe d'attraction, base
fondamentale de la Théorie sociétaire; la Société de
Beauregard, de son côté, quelque intéressante que soit
cette entreprise, n'a pas pour objet l'application immédiate de ce principe; la Maison rurale est la seule fondation qui se soit posé pour objet cette application. C'est

là ce qui la distingue de toutes les entreprises qui se sont inspirées plus ou moins de la propagande sociétaire. Sans nul doute, la Maison rurale, par l'exiguité de ses débuts, ne peut se comparer, ni au Familistère, fondé avec des capitaux surabondants, par un riche industriel qui s'est uniquement proposé d'accroître le bien-être de ses ouvriers, ni à la Société de Beauregard, dont le but, paraît-il, serait également d'accroître les profits de ses adhérents, par le moyen de diverses spéculations industrielles et commerciales aux bénéfices desquelles chacun d'eux est appelé à participer. Par la masse des capitaux dont chacune de ces œuvres dipose et par la prospérité matérielle dont elles jouissent, elles laissent loin derrière elles notre modeste fondation. Celle-ci se recommande tout simplement par son but caractéristique : l'expérimentation du régime sériaire. Peu importe l'exiguité des moyens dont elle dispose, c'est le but qu'elle se propose qu'il faut envisager : l'application du principe d'attraction, application à laquelle elle tend par la voie progressive, la seule logique, la seule même qui soit possible dans les circonstances où se trouve l'Ecole sociétaire. Aussi, toute personne qui se proposerait la même expérimentation comme objet de ses recherches pratiques, à moins de fouler aux pieds les règles les plus élémentaires de la science et du bon sens, devra-t-elle rattacher ses efforts à la Maison rurale par les liens de la plus étroite solidarité. C'est ce que l'auteur de l'article du *Bulletin du Mouvement social*, auquel nous faisons allusion, paraît ne pas avoir compris.

Ce n'est pas seulement dans le *Bulletin du Mouvement social* qu'on voit se produire des idées erronées sur les voies et moyens de réalisation. Dès que ces questions s'agitent au sein de l'Ecole sociétaire, presque toujours elles donnent lieu à des raisonnements qui partent d'une base illogique et manquent de précision. C'est ainsi que l'un de nos meilleurs amis, celui de nos condisciples qui, depuis l'origine de l'École sociétaire, est demeuré ferme et inébranlable sur la brèche, défendant, en toute occasion, les vrais principes fondamentaux de l'attraction, le Dr Pellarin, nous a paru cependant dévier de cette rigueur mathématique par laquelle devraient se distinguer les vrais disciples de Fourier, lorsqu'il émettait, dans l'un de ses derniers écrits, cette opinion qu'un fondateur, tel que M. de Rotschild, ne serait pas embarrassé pour fonder un essai sociétaire de grande échelle, qu'il trouverait aisément des Agronomes, des Industriels, des Ingénieurs, et des Savants pour l'exécution de cet essai. Suffirait-il donc d'être un agronome instruit ou un savant ingénieur pour savoir organiser le mécanisme sériaire ? Il nous semble au contraire qu'un agronome ne saurait faire que ce qu'il aurait appris : de l'agriculture, et de l'agriculture incohérente, et de même de tout industriel quelconque. Donc, avec tout cet attirail d'hommes pratiques et de savants éminents, M. de Rotschild, s'il lui en prenait fantaisie, ne saurait faire que de la Civilisation, à moins que lui même ne connût l'organisation des séries et ne s'entremît à diriger tous ces hommes qui, malgré leur grand savoir, pourraient fort bien se montrer, et très-souvent, rétifs aux dispositions qu'exige le mécanisme sériaire. Il faudrait donc que le fondateur opulent réunît les qualités de l'organisateur, qu'il joignît la science à son immense fortune ! Ne serait-ce pas trop demander à la fois ? Et, croit-on que la providence va nous envoyer un second Fourier qui, celui-là, réunira au génie du premier, les millions qui sont nécessaires à un grand essai ? Compter là-dessus ce serait compter sur un miracle. Il faut donc au Fondateur adjoindre un ou plusieurs organisateurs, que ces derniers soient ou non des savants, des ingénieurs ou des agronomes. Or, comment former ces Organisateurs, si ce n'est en les mettant à l'œuvre sur un essai restreint, N'est-ce pas en forgeant qu'on devient forgeron?

Plus l'Ecole sociétaire est étrangère aux questions qui, se rapportent au mécanisme sériaire, plus il importe de débuter en pratique par un essai restreint destiné à se développer progressivement. Telle est la Maison rurale de Ry qui débute avec 40 enfants, pour s'élever progressivement à 60 et 120. Dès que ces 40 enfants seront organisés selon les principes de l'éducation attrayante, on avisera à s'élever d'un degré supérieur qui, selon les ressources disponibles pourra s'étendre aux trois sexes ou se restreindre aux enfants seuls, mais qui, en tout cas, sera décisif.

C'est un tort d'envisager la propagation de la Théorie sociétaire à un point de vue simpliste en comparant cette propagation à celle des doctrines et systèmes philosophiques. Toutes ces vulgarisations au sein de l'humanité avaient pour objet de substituer des principes ou des croyances à d'autres principes ou à d'autres croyances; mais non de modifier l'état social par une organisation supérieure. Il serait plus juste de comparer la Théorie sociétaire à quelqu'une des nombreuses inventions industrielles. Les inventeurs de l'une quelconque de ces inventions se sont-ils donc préoccupés de rallier de nombreux adhérents à leur idée, de former école? Non, ils ont cherché tout simplement quelques hommes judicieux qui, comprenant la justesse de leur conception, ont consenti à leur avancer l'argent nécessaire pour les premiers essais. Quand ces premiers essais furent exécutés, l'invention se propagea spontanément. Ainsi il arrivera de la Théorie sociétaire dès qu'un premier specimen en aura manifesté les avantages.

C'est donc vers cet objectif, le premier specimen d'attraction, que l'Ecole sociétaire devrait faire converger tous ses efforts. Et, puisque la Maison rurale est en marche vers ce but, c'est à elle que doivent apporter leur concours tous les hommes judicieux qui sont désireux d'accélérer l'heure de la délivrance pour le genre humain. Ne nous laissons point décourager par les réflexions attristantes du *Bulletin du mouvement social* sur le nombre qui s'amoindrit de plus en plus des partisans de l'attraction. Sans doute si l'on avait pu faire participer les masses à nos idées, un essai eut pu se former dans de meilleures conditions, s'effectuer de suite sur une grande échelle et constituer ainsi, pour les organisateurs, selon les plans de M. Boulanger, un vaste champ de manœuvre. Mais ce résultat ne s'est pas produit. Prenons-en notre parti résolument, car, au fond, nous sommes encore assez nombreux et assez forts pour conduire à bonne fin l'expérimentation sériaire selon la voie progressive.

Il ne faut pas non plus se laisser influencer par cette opinion décourageante que l'humanité ne doit avancer que lentement vers sa brillante destinée, passer par toutes les phases du Garantisme pour arriver, après plusieurs siècles, à l'Harmonie. Sachons mieux juger les temps où nous vivons. Cuvier, dans son rapport à Napoléon, sur le progrès des sciences, disait qu'elles avaient fait dans le dernier siècle, plus de progrès que dans tout l'ensemble des siècles antérieurs, et que les vingt-cinq dernières années de ce siècle avaient égalé à elles seules les soixante-quinze années précédentes. Que signifient donc cés faits, sinon que l'humanité est entrée dans une période d'*élan*, où le mouvement suit une marche progressive, accélérée? Jusqu'alors toutes les sciences ont donné à l'exception de la science sociale qui est le pivot. A elle désormais de fournir son contingent de merveilles. Nous possédons la boussole qui doit nous guider dans cette brillante carrière. Mettons-nous donc en route et hardiment.

Si, contre tout espoir, la période d'*élan* devait se borner à l'évolution *garantiste*, eh! bien, l'expérience nous l'apprendrait. D'ailleurs notre premier essai étant *progressif* doit tout d'abord s'organiser sous la forme garantiste, pour tenter ensuite un pas de plus dans la carrière. Quand nous en serons à cette première organisation que nous pouvons effectuer sans délai, puisque trente enfants y suffisent, nous verrons bien s'il nous sera possible d'avancer plus loin. Ceux de nos condisciples dont les *desiderata* s'arrêtent au Garantisme devraient donc tout les premiers nous venir en aide puisque la Maison rurale, comme il nous sera facile de le démontrer, va constituer, dans son organisation première une fondation toute garantiste, mais pleinement garantiste.

JOUANNE.

Extrait du Registre des Visiteurs.

Ry, le 12 octobre 1874.

« ..... Le progrès obtenu étonne en face des difficultés à vaincre. Désigné en 1870 par l'honorable M. Muiron, Doyen de l'Ecole, et le groupe de Besançon, pour visiter l'essai sociétaire de Ry, je n'y trouvai alors que des préparatifs et quelques élèves : c'était le début. — En 1872 il y avait une quinzaine d'enfants déjà très-bien organisés. Aujourd'hui, à ma troisième visite, on y voit près de quarante élèves qui, dans leurs joyeux exercices, semblent nous inviter à venir partager le bien être qu'ils éprouvent. Le fils d'un de nos amis de Londres, à peine arraché aux tendres baisers de sa mère (il n'a pas huit ans), n'a pas eu le temps ou l'occasion de verser une larme, de pousser un soupir de regrets.

« Ry ne doit grandir qu'avec le concours des adhérents ; et il nous est pénible de constater que les souscriptions se font attendre pour agrandir la Maison rurale et loger les enfants que chacun voudra confier à ses tendres soins ; car on commence à comprendre que là l'étude est un plaisir et le travail un délassement, pour arriver ou noble but qu'il faut atteindre.

« De cet essai sortira le germe du bien ; l'organisation prouvant que non-seulement l'humanité n'est pas vouée à la misère et au dénument forcés, mais qu'elle peut, qu'elle doit être heureuse autrement que les heureux du jour. Le morcellement et le *chacun pour soi* engendrent l'indigence et le mal : l'association et l'organisation intégrale peuvent seules les détruire. Est-il bien d'imposer, avec le désespoir et l'isolement, la faim et l'ignorance, à une partie de nos frères ? La Société actuelle remplit-elle bien ses devoirs ?... L'homme juste et sensé doit souffrir de voir la rigueur et l'inintelligence du châtiment qui frappe les déshérités, victimes, souvent inconscientes, de nos vicieuses institutions....

« La Maison rurale avec le concours efficace et empressé des amis de l'humanité, prouvera bien vite combien il est facile d'être plus équitable et d'éviter tant de mal, car elle signifie : *Concorde, travail, instruction et bien-être pour tous....*

« Hâtons-nous donc de l'aider à atteindre son but, car la faim et l'ignorance n'attendent pas et le temps presse. »

LAGIER.

CONSEIL LE FAMILLE. — (Séance du 8 novembre 1874.)

Extrait du procès-verbal.

..... L'attention du Conseil de famille ayant été appelée sur les dispositions des statuts de la Société de fondation qui établissent que la première assemblée générale des coopérateurs de la Maison rurale sera convoquée, lorsque celle-ci comptera une trentaine d'enfants, le Gérant explique que, d'après les termes de ces statuts, il est entendu qu'il s'agit de trente enfants *définitivement* admis ; or, il convient de préciser ce qu'on doit entendre par admission *définitive*. Non-seulement il y a un rapport à établir entre l'étendue du domaine de la Maison rurale et le nombre des élèves admissibles, mais il importe encore de ne considérer comme admissibles à titre *définitif* que les enfants dont les familles auront adhéré d'une manière absolue à l'esprit et aux principes de la Fondation. Par conséquent, on ne devrait, selon lui, considérer comme admissibles à titre définitif que les

enfants dont les familles auraient souscrit à la Dotation industrielle pour une somme qui les rendrait éligibles au Conseil de
famille, ou bien ceux qui, à défaut de souscription de la part
de leurs familles, seraient déjà résidants à la Maison rurale depuis un certain temps, soit au moins trois années. D'après ces
considérations, le nombre des élèves admissibles à titre *définitif*
serait encore loin de s'élever au nombre fixé par les statuts pour
la convocation de la première assemblée générale. Cependant,
considérant qu'il entre dans l'esprit de la fondation d'appeler à
prendre part aux conseils de la direction le plus grand nombre
possible de coopérateurs, le Gérant est d'avis et propose que le
Conseil prenne une décision d'après laquelle, dès à présent,
tous les coopérateurs de la Maison rurale qui, aux termes des
statuts, rempliraient les conditions voulues pour faire partie de
la première assemblée générale, soient admis aux réunions du
Conseil de famille, ou tout au moins à l'une de ses réunions an-
nuelles, afin d'y donner leur avis sur toutes les questions qui
sont de la compétence de ce Conseil.

Le Conseil, après en avoir délibéré, adoptant la proposition
du Gérant, décide que les coopérateurs de la Maison rurale seront à l'avenir appelés à *toutes* les réunions du Conseil dans les
conditions ci-dessus énumérées....

La publication tardive de ce Bulletin nous permet de
porter à la connaissance de nos amis une excellente
nouvelle. L'un de nos condisciples, connu depuis longtemps dans l'Ecole comme un ardent zélateur de la
Théorie sociétaire, M. Pierre, ancien professeur de philosophie au collége de Mortain, nous est arrivé de
Lorient, avec l'intention formelle de se fixer à la Maison rurale. M. Pierre y prendra la direction des études
classiques, et nous secondera dans l'organisation des
enfants. M. Pierre est l'auteur d'une méthode de lecture
très-expéditive, dont il se servira près de nos plus jeunes
enfants. Le concours de M. Pierre, nous en sommes
convaincu, est une précieuse acquisition pour notre
œuvre et une nouvelle garantie d'un prochain succès.

Rouen. — Imp. Léon DESHAYS, rue Saint-Nicolas, 30.

MAISON RURALE D'ENFANTS
à RY (Seine-Inférieure).

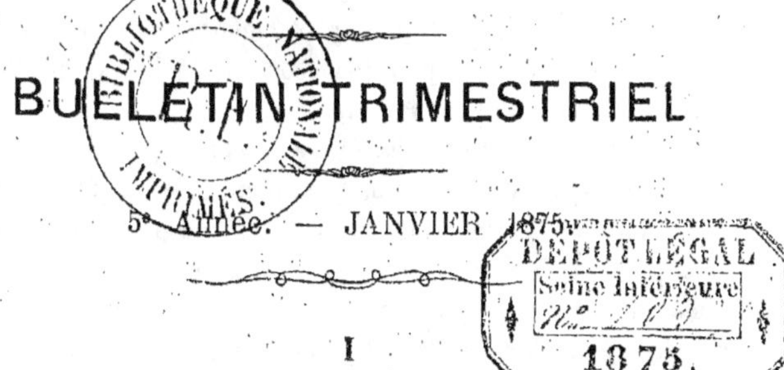

BULLETIN TRIMESTRIEL

5ᵉ Année. — JANVIER 1875.

I

A nos Amis de l'Ecole sociétaire.

RECTIFICATION AU BULLETIN D'OCTOBRE.

A propos d'un passage de notre dernier Bulletin, où il se trouvait mis en cause notre ami et condisciple, le Dʳ Pellarin nous adresse la rectification suivante, que je m'empresse de soumettre à l'appréciation de nos amis.

« MON CHER CONDISCIPLE,

« Dans votre *Bulletin* trimestriel d'octobre dernier, en don-
« nant plus d'éloges qu'elle ne mérite à ma persévérance pha-
« lanstérienne, vous me reprochez cependant une idée erronée
« quant aux voies et moyens de réalisation.

« Le Dʳ Pellarin, dites-vous, nous a paru dévier..... lorsqu'il
« émettait dans l'un de ses récents écrits cette opinion qu'un
« fondateur tel que M. de Rothschild, ne serait pas embarrassé
« pour fonder un Essai sociétaire de grande échelle, qu'il trou-
« verait aisément des agronomes, des industriels, des ingénieurs
« pour l'exécution de cet Essai. — Suffirait-il donc d'être un
« agronome de mérite et un savant ingénieur pour savoir orga-
« niser le mécanisme sériaire?.... »

« Si vous aviez été, cher condisciple, jusqu'au bout de ma
« phrase, vous auriez reconnu qu'elle ne tombait pas sous le
« coup de votre critique et que j'y exprimais précisément la vé-
« rité que vous m'accusez d'avoir méconnue. Je disais, en effet :
« Si M. de Rothschild annonçait l'intention de consacrer 20 ou
« 30 millions à un Essai sociétaire de grande échelle, il ne
« manquerait pas d'architectes, d'agronomes, etc., qui, attirés
« par l'appât de services bien rétribués et de postes enviables
« sans préjudice de quelques éventualités de renommée et de
« gloire, il ne manquerait pas je le répète, d'hommes spéciaux
« qui s'empresseraient de *s'initier aux dispositions de la théorie*
« afin de répondre aux vues de l'opulent Fondateur. »
« J'étais donc bien loin de prétendre qu'on pût se passer,
« pour fonder un Essai sociétaire, des notions de la théorie ;
« mais, d'un autre côté, je suis non moins convaincu que la
« connaissance de la théorie d'association ne saurait, en aucun
« cas, dispenser du savoir technique et pratique de chacune des
« professions qui doivent nécessairement intervenir dans l'éta-
« blissement d'un Phalanstère.
« Veuillez agréer, cher Condisciple, pour vous et pour votre
« œuvre, mes meilleurs souhaits.

« Cʜ. PELLARIN. »

Je me contenterai de cette seule observation près de
notre cher condisciple : Il n'est jamais entré dans mon
esprit qu'il eût prétendu qu'on pouvait réaliser la théorie
sociétaire sans l'avoir étudiée. Je tiens seulement en
suspicion les aptitudes et la bonne volonté des hommes
spéciaux sur qui M. Pellarin paraîtrait compter (*a*). J'ai

(*a*) Il est vrai que je me suis servi de l'expression *pour savoir orga-*
niser..... Pour préciser ma pensée j'aurais dû dire *pour être apte à or-*
ganiser.

dit que, malgré leur grand savoir, et j'ajouterai de plus, à cause même de ce grand savoir, ils pourraient·fort bien se montrer rétifs aux dispositions qu'exige l'ordre sociétaire. Les dispositions d'attraction reposent, en effet, sur des minuties que l'on considère habituellement comme indignes d'attention. On ne s'imagine point que ces minuties qu'on foule aux pieds sont les ressorts d'harmonie, et plus on occupe un poste élevé dans la science, l'industrie ou l'administration, plus on incline ordinairement à se montrer dédaigneux pour tous ces petits détails qui forment pourtant les assises de la Théorie sociétaire.

Qu'un homme opulent s'annonce comme voulant réaliser un Essai sociétaire de grande échelle, il ne serait donc nullement certain que, parmi les hommes qui l'entoureraient ou qu'il appellerait à lui pour le seconder, il rencontrerait, même en les payant fort cher, des gens empressés à s'initier sérieusement à toutes les dispositions de la Théorie sociétaire Pour être sûr que l'opération ne dévierait pas de son but, le travail attrayant et l'harmonie passionnelle, il serait indispensable d'en surveiller les plus minutieux détails. Il faudrait donc avoir fait soi-même une étude approfondie des passions, des groupes et des séries. Or, les hommes riches ont leurs loisirs tellement remplis, qu'ils ne sauraient trouver un seul instant pour une pareille étude. Gagnés à la cause de l'attraction par les principes fondamentaux dont ils auraient reconnu la justesse, ils voudraient s'en remettre à d'autres du soin de l'application. C'est du moins ce qui arriverait le plus généralement et c'est pourquoi j'ai insisté sur la nécessité, pour les disciples de Fourier,

de constituer par eux-mêmes un groupe organisateur
qui pourra se tenir à la disposition des riches Fondateurs.

On sait combien les innovations sont mal accueillies
à leur origine par les hommes les plus éminents de la
civilisation. Fulton avait adressé un mémoire à l'empereur sur l'application de la vapeur à la navigation. En
parcourant ce mémoire, Napoléon fut frappé des idées
judicieuses de l'auteur, mais, n'ayant pas le loisir de
pousser plus loin par lui-même l'examen de la question,
ou ne se reconnaissant pas l'aptitude nécessaire, puisqu'il n'était pas marin, il confia cet examen à ses amiraux avec recommandation de lui faire un rapport à
bref délai. On sait que ce rapport fut hostile à Fulton.
Pouvait-on cependant choisir des hommes plus éminents
et plus compétents?.... Si Napoléon, au lieu de se con-
tenter d'un simple rapport, avait ordonné à ses amiraux
de faire construire un navire sur les données de Fulton,
avec les mauvaises dispositions dont ils s'inspiraient et
leurs préjugés enracinés, pense-t-on qu'ils se seraient
bien pénétrés des idées de l'inventeur et n'est-il pas admissible, au contraire, que le bateau qu'ils auraient présenté à l'empereur n'aurait en rien ressemblé à celui
qu'avait conçu le génie de Fulton ! Prenons donc toutes
les garanties possibles pour qu'on ne vienne pas, par de
fausses manœuvres, défigurer la grande conception de
Fourier. L'avénement de l'Harmonie pourrait en être
retardé.

TRIOMPHE PROCHAIN DE LA THÉORIE
SOCIÉTAIRE.

Brisons sur cette petite discussion qui, après tout, de-

vient superflue, puisque nous sommes dans la voie qui
conduit à la formation du groupe organisateur. Bientôt
nos enfants auront ébauché leur organisation en conformité avec le principe d'attraction, et cette ébauche,
si faible qu'elle sera, produira néanmoins des faits dignes
d'attirer l'attention. On verra que certaines manifestations, dont on ne tient pas compte chez l'enfant, sont
pourtant des germes dont on peut tirer d'excellents résultats. Ce sera un stimulant pour pénétrer plus avant
dans cette voie qui consiste à recueillir toutes les impul-
sions de l'enfant et les utiliser par la combinaison sériaire. L'élan sera donné. On voudra étendre cette organisation à tous les âges, à toutes les relations. Mais, si
l'organisation enfantine n'est qu'un jouet par sa simplicité, l'extension de cette organisation au-delà des attributions de l'enfant, offrira des problèmes dont la solution
pratique pourra présenter quelques difficultés; c'est alors
que le concours de tous les hommes versés depuis longtemps
dans la Théorie sociétaire, comme M. Pellarin et quelques
autres, deviendra d'une grande utilité. Une seule intelligence ne saurait fournir toutes les bonnes idées. Celles-ci
surgiront en abondance d'un groupe d'esprits chez qui
l'idée sociétaire aura fait une longue incubation et à
qui l'organisation enfantine servira de fanal conducteur.

Plusieurs hommes bienveillants, dispensateurs d'une
grande fortune, ont les yeux fixés sur la Maison rurale
et n'attendent que quelques faits saillants pour se prononcer ouvertement en faveur de l'Attraction universelle. Quand ces faits se produiront, et cela ne saurait
tarder, ce ne sera donc pas un seul fondateur opulent
qui donnera son patronage à l'Essai sociétaire. Plusieurs

ambitionneront cet honneur et ce sera un Comité de personnages riches et influents qui prendra la direction de la première phalange. Il faudra donc que ce Comité trouve prêt à seconder ses vues philanthropiques, un groupe d'hommes mûris dans l'étude de la question sociétaire.

Cette perspective peut se réaliser dans un temps plus rapproché qu'on ne serait tenté de le supposer. En effet, l'un de nos condisciples, l'auteur du *Champ de manœuvre*, M. Boulanger, d'Athènes, est revenu tout récemment en France avec des ressources qu'il destinait à un essai sociétaire de quelque importance. M. Boulanger se rallie aujourd'hui à notre initiative et nous a manifesté l'intention formelle de nous donner tout son concours. Nous ne doutons pas que les intentions généreuses de M. Boulanger ne se réalisent. Notre Maison rurale va donc très-prochainement achever son expérimentation sur les enfants, et cela de la manière la plus complète. Alors nous nous trouverons en face du grand problème de l'Association intégrale sur tous les âges et toutes les conditions, autrement dit en face d'une commune sociétaire à organiser.

Notre ami et condisciple, M. Julien Le Rousseau, écrivait, il y a quelque temps déjà, que l'École sociétaire était morte, bien morte. Mais voici qu'elle va renaître de ses cendres et se présenter de nouveau au Monde civilisé, mais cette fois avec les mains pleines de faits concluants. Cette rénovation phalanstérienne aurait pu être différée de quelques années encore. C'est à M. Boulanger que reviendra l'honneur d'avoir précipité cet heureux dénoûment.

O vous, qui avez reçu en dépôt une parcelle de la foi

nouvelle, vous qui croyez que la Théorie sociétaire est bien l'agent du salut des sociétés humaines, l'instant est solennel, venez et unissez vos efforts aux nôtres pour porter enfin les derniers coups à l'incohérence sociale, source de tous les maux, et entraîner une bonne fois l'humanité dans la voie de sa véritable destinée.

GUILBAUD ET LA MAISON RURALE D'APPRENTISSAGE.

Puisque nous voici parvenus au moment de procéder à la première application de la Loi sériaire sur les enfants, n'est-il pas opportun de donner un souvenir à l'homme qui, le premier, et avant même que Fourier n'eût publié ses articles sur l'extrême facilité d'expérimenter la Théorie sociétaire avec les enfants, avait compris tout le parti qu'on pouvait tirer du sexe neutre dans un premier essai. M. Guilbaud, car c'est lui dont je veux parler, par ses profondes études de la science sociétaire, était arrivé à cette conclusion : que l'*initiative* d'entrée en deuxième phase du mouvement social doit de toute nécessité être prise par les enfants. Fourier avait écrit, en parlant de la société primitive ou Eden : *Les enfants furent le dernier appui de cet ordre. Les enfants couvraient la retraite politique et se maintinrent encore longtemps en harmonie, lorsque les pères étaient déjà tombés en discorde* (*Quatre mouvements*, page 83.). Donc, ajoutait Guilbaud, c'est aux enfants à prendre l'initiative à la renaissance de l'harmonie. Et le disciple talonna le maître, lui envoyant lettres sur lettres, jusqu'à ce qu'enfin il eût la satisfaction de voir que Fourier s'occupait de cette question d'après plusieurs articles qu'il publia dans la *Réforme industrielle*. Fourier savait mieux que personne, disait Guilbaud, qu'il en devait être ainsi.

Lorsqu'on arrive à un certain âge dans la Civilisation, on s'est tellement imbu des préjugés et des fausses doctrines qui dominent dans cette société subversive, qu'il est bien difficile d'ouvrir les yeux à la lumière ; on a été tellement déçu dans sa carrière qu'on redoute d'être trompé de nouveau : le cœur est fermé pour toute idée neuve. M. Guilbaud avait déjà franchi les portes de la vieillesse quand, pour la première fois, le nom de la Théorie sociétaire frappa ses oreilles. Mais il était de ces cœurs qui ne vieillissent point, et qui restent jeunes et généreux jusqu'à leur dernière pulsation. Il cherchait depuis longtemps quelque moyen de remédier à la misère incessamment croissante, mais sans pouvoir rencontrer rien de satisfaisant. *Ecce homo !* s'écria-t-il à la lecture du premier article de Fourier, qui lui tomba sous la main, l'homme est trouvé !.... Et vite de se mettre à l'étude et de nouer des relations avec l'inventeur du Régime sériaire. Enfin, le plan d'une phalangette pour 200 orphelins est dressé sous le modeste titre de *Maison rurale industrielle d'apprentissage.* L'autorité départementale à laquelle on s'adresse ne fait qu'une seule objection : c'est trop beau pour des enfants trouvés ; on en réfère donc au ministre. L'affaire traîne en longueur ; on refond le plan en vue des enfants autres que les orphelins, car maître et disciple sont pressés ; il est soumis à Fourier qui le corrige et le remet au disciple en disant : Maintenant, vous pouvez marcher, comptez sur moi quand tout sera prêt. Ceci se passait en avril 1837. Mais Fourier

meurt, et bientôt après le disciple, réduit à l'impuissance
par des infirmités prématurées, va rejoindre le maître.
Les choses en sont là depuis une trentaine d'années....

Nous ne suivrons point le plan de M. Guilbaud à la
lettre, non pas que ce soit par un vain sentiment de préférence pour des idées qui nous seraient personnelles.
Nous ne sommes point de ceux qui, malheureusement
trop nombreux, pensent qu'il y a des imperfections, des
lacunes et des erreurs dans la théorie de Fourier. Nous
admettons toute son organisation du travail attrayant
sans aucune restriction. Mais, si nous ne suivons pas
toujours la lettre du maître, nous voulons nous appliquer constamment à bien en pénétrer l'esprit. Si donc,
nous ne marchons pas droit à la réalisation du plan de
Guilbaud, c'est que des circonstances impérieuses nous
feront une nécessité d'en dévier. Les conditions dans
lesquelles nous nous trouvons, nous ont obligé de restreindre notre opération à l'organisation de 30 à 40 enfants seulement. Nous gravissons bien par voie progressive vers la phalangette de Guilbaud, et s'il nous était
donné d'arriver en quelques mois à 160 ou 200 enfants
ce serait bien le plan Guilbaud qui se trouverait réalisé.
Mais, pour peu que les choses traînent, nous aurons déjà
obtenu des faits importants avant d'en être arrivés à ce
chiffre; les familles qui nous avoisinent, surtout celles
qui ne sont pas riches, voudront se joindre à notre entreprise et s'organiser à l'instar de nos enfants; d'un
autre côté, des ressources supérieures à celles qu'exige
un essai sur les enfants pourront nous être acquises; de
toutes ces circonstances probables il pourra résulter,
qu'à un moment donné, le principe d'association mis en

évidence par nos enfants tende à s'irradier au-delà. Bref, nous poursuivons un double résultat ; c'est, d'une part, gagner à la Théorie sociétaire d'importantes adhésions à l'aide desquelles on puisse réaliser l'association intégrale ; c'est, d'autre part, la conquête affectueuse, passionnée du milieu circonscrit dans lequel notre petite entreprise rurale est implantée. Et, pour atteindre ce double résultat, nous n'avons qu'un seul et unique moyen : l'organisation sériaire telle que Fourier en a tracé les règles. Nous voulons suivre religieusement les indications de sa théorie. Il avait de son vivant combiné plusieurs degrés d'expérimentation dont tous tendaient à une prompte et rapide démonstration, quelques mois tout au plus. Dépourvus des ressources indispensables même pour le moins coûteux de ces essais, nous avions à choisir entre deux partis : ou nous arrêter, ou bien attaquer l'œuvre de réalisation *par voie progressive ;* c'est ce dernier parti que nous avons adopté avec nos amis. Fourier lui-même n'est pas arrivé d'un seul bond à la conception de la phalange de haute harmonie. Il en sera de même de la réalisation. Cette marche progressive devient même une nécessité par suite de l'absence du maître.

CORRESPONDANCE.

Roman, le 5 janvier 1875.

« Très-cher Condisciple et Ami,

« J'ai reçu votre dernier Bulletin d'octobre 1874. Je vois avec
« plaisir que, quoique lentement, notre œuvre se fortifie de plus
« en plus et avance à pas sûrs vers le but. Je ne désespère pas

« de voir une partie de nos condisciples venir vers nous, le jour
« où ils reconnaîtront que le principe d'attraction duquel ils
« doutent, se trouvera vérifié sur un petit groupe. L'ancienne
« École sent son impuissance et sa nullité, seulement elle hésite
« encore à reconnaître que cette impuissance ne lui est venue
« que par son défaut de Foi, elle doute de la découverte fonda-
« mentale du Maître. Ce doute, hélas! rongeait déjà son sein dès
« les premières années après la mort de Fourier; ce fut à tel
« point, que, comme vous le dites, toutes les créations qui se
« sont inspirées de la propagande de l'ancienne École ne portent
« aucune le cachet du principe sériaire; elles ne se sont pas
« même élevées jusqu'au Garantisme, ce sont de simples germes
« d'issue de Civilisation. Ainsi, le Familistère de Guise est un
« Spécimen d'Architecture combiné; or, l'Architecture combinée
« est une des trente-deux issuses de Civilisation pour ouvrir
« l'ère du Garantisme, mais le Familistère est encore loin d'être
« une Institution pleinement garantiste, à plus forte raison est-il
« encore éloigné du Sérigerme, institution de 7ᵉ période. Mais,
« quoiqu'il en soit, il est curieux de voir ce phénomène de l'an-
« cienne École se désespérant de son impuissance, au lieu de
« regarder franchement en face les fautes commises, et se dire :
« Si notre propagande qui, cependant, ne se fondait pas sur la
« base même de la Théorie sociétaire, a été capable de faire surgir
« des œuvres telles que le Familistère et la société Beauregard,
« que ne devrait pas produire une propagande basée sur la re-
« connaissance et la proclamation du Principe d'Attraction? Si,
« partant de là, l'ancienne École rebroussait franchement chemin
« pour revenir à son point de départ, elle se verrait forcément
« obligée de se joindre à nous, c'est-à-dire au petit groupe de
« disciples qui avons conservé la tradition du Maître et qui nous
« nous groupons sous l'égide de notre cher et vénéré doyen Just
« Muiron. La nouvelle École, ne se basant plus uniquement sur
« une propagande Simpliste, mais s'appuyant sur l'expérimen-

« tation méthodique et progressive, marcherait alors à pas de
« géant vers le but définitif.

                                « SIBERLING. »

M. Siberling, comme la plupart de nos souscripteurs,
nous a continué ses versements annuels. Il nous promet
aujourd'hui un concours plus important dans un avenir
peu éloigné. L'un des prochains Bulletins fera connaître
les souscriptions recueillies depuis la publication de la
dernière liste.

Plusieurs Loges maçonniques se sont intéressées à
notre œuvre. La bienveillance qu'elles témoignent en
général pour la question du travail attrayant ou libre
essor des facultés, nous fait espérer de leur part un
large concours pour un temps assez rapproché.

Nous pourrons aussi aborder, dans l'un des prochains
Bulletins, la question des connaissances théoriques et
pratiques nécessaires pour l'organisation Sériaire des
enfants, question dont on aurait tort de se faire un épouvantail. Nous ferons connaître, à ce sujet, le résultat de
l'apprentissage agricole que nous avons fait pendant les
quatre années qui ont précédé l'admission des premiers
enfants à la Maison rurale.

                                   JOUANNE.

Rouen. — Imp. Léon DESHAYS, rue Saint-Nicolas, 80.

MAISON RURALE D'ENFANTS
à RY (Seine-Inférieure).

BULLETIN TRIMESTRIEL

Annexe au Bulletin de Janvier 1875.

II.

Aux Familles qui sont intéressées à la prospérité de la Maison rurale.

Avec le temps et la persévérance nous sommes enfin parvenus à réunir la trentaine d'élèves et plus (35). C'est le nombre que nous avions fixé pour la première application de la méthode du libre essor des facultés. Nous allons donc pouvoir incessamment procéder progressivement à cette application.

Cependant la condition du nombre n'est pas la seule indispensable; il faut aussi que les enfants que nous ferons participer aux avantages de notre fondation appartiennent à des familles qui soient sympathiques à notre œuvre, assez sympathiques même pour y donner leur concours et s'y intéresser. C'est pourquoi, au lieu de chercher maintenant à augmenter le nombre de nos élèves, nous devrons nous appliquer avant tout à les bien choisir; à n'admettre et conserver dans notre Institution que les enfants dont les familles sauront apprécier la haute importance de notre œuvre et les avantages considérables qu'elles pourront en tirer lorsqu'elle aura atteint le but qu'elle poursuit. Toutes explications à ce sujet seront successivement fournies par le Bulletin. Aujourd'hui nous nous contenterons de rappeler le caractère tout spécial de notre entreprise au point de vue du concours des familles.

La Maison rurale, nous l'avons répété bien des fois, n'est point une œuvre individuelle, une spéculation en vue d'un profit quelconque. C'est avant tout une œuvre *collective* ayant pour objet de réaliser une idée éminemment utile. Fondée par une société de souscripteurs qui se sont particulièrement proposé d'améliorer le système actuel d'éducation; la Maison rurale est appelée à devenir plus particulièrement encore l'œuvre des familles qui auront eu l'avantage d'y faire admettre leurs enfants. Le concours même de ces familles nous est indispensable pour la bonne organisation et le fonctionnement régulier de l'entreprise. C'est ce qui jusqu'à, présent n'a pas été suffisamment compris, et, si l'œuvre a laissé quelquefois à désirer, si elle a présenté quelques lacunes dans son organisation, jusqu'ici provisoire, c'est particulièrement à l'absence du concours des familles que l'on doit attribuer la cause de ces lacunes.

Ainsi, un Conseil est institué pour surveiller l'instruction des enfants, leur bonne tenue, celle de la Maison, aider à l'organisation de celle-ci. Les familles sont appelées à faire partie de ce conseil. Or, nous constatons avec regret qu'elles ont à peine usé de la faculté qui leur est ainsi donnée de contribuer aux travaux de ce Conseil; parmi les pères de famille qui ont des enfants à la Maison rurale deux seulement en font partie. Il faut que désormais les familles se pénètrent bien du caractère spécial de notre œuvre et qu'elles n'hésitent pas à intervenir dans notre administration. Sans doute celles qui sont éloignées ne peuvent pas nous donner ce concours, mais celles-ci témoignent déjà d'un grand intérêt pour notre entreprise en se séparant de leurs enfants pour nous les confier de si loin. Ce serait à celles là qui sont rapprochées de nous, de nous seconder sérieusement en intervenant de leurs personnes au sein de notre Conseil de surveillance. Il est vrai nous avons jusqu'à présent faiblement insisté près d'elles sur la nécessité de leur concours; plusieurs d'entre elles aussi ne sont rattachées à notre œuvre que depuis fort peu de temps et n'ont encore pu en apprécier la portée, mais voici le moment venu d'appeler leur attention sur la nature et l'importance de nos projets. Espérons qu'une fois bien renseignées quelques-unes d'entre elles se feront un devoir de participer ainsi à notre administration.-

Elles trouveront ultérieurement dans le succès de l'œuvre de belles compensations aux petits dérangements que cette intervention aura pu leur occasionner.

Sous le rapport financier pourquoi aussi les familles n'interviendraient-elles pas plus qu'elles ne l'ont fait jusqu'à présent? Nous ne comptons encore que trois familles parmi nos souscripteurs. Cependant, c'est pour les engager à souscrire que la *Société civile de coopération* à la Maison rurale a été instituée. La souscription qui forme l'objet de cette société n'est point une souscription actionnaire. Elle se compose uniquement d'avances faites à la Maison rurale, avances produisant 5 p. 0/0 d'intérêt et garanties par inscription hypothécaire. Ces avances constituent par le fait un placement sûr et lucratif. Pourquoi donc, parmi les familles qui se rattachent à la Maison rurale, ne s'en trouverait-il pas quelques-unes qui se feraient inscrire pour une ou plusieurs parts d'intérêt dans cette société? (Voir le Bulletin d'octobre 1873 (*a*).

C'est par le concours des familles à la Maison rurale que nous jugerons tout d'abord de leur bon vouloir à l'égard d'une entreprise dont elles ont tout à espérer. Déjà la société de fondation a fait de grands sacrifices par suite de l'admission des enfants à des prix de pension extrêmement réduits. Il ne serait pas juste que des familles qui n'auraient aucune sympathie pour le but de notre entreprise profitassent d'un tel avantage en déclinant toute participation à notre œuvre, soit sous le rapport de la surveillance, soit sous le rapport du concours financier, soit enfin à tout autre point de vue; car il est foule de moyens de seconder une œuvre à laquelle on porte intérêt, ne serait-ce qu'en la propageant dans le cercle de ses connaissances.

Les conditions d'admission actuelles sont des condi-

(*a*) Indépendamment des versements à la *société civile*, les familles peuvent encore déposer à la caisse de la gérance toute somme d'au moins 200 fr , produisant intérêt et remboursable à la sortie des enfants, (Décision adoptée au Conseil d'administration en date du 8 novembre 1874). — Toutes facilités sont donc accordées aux familles pour qu'elles n'aient aucun motif de s'abstenir de tout concours pécuniaire, autant, bien entendu, que leur position le leur permettrait.

tions de faveur, qui devront être réservées pour les élèves dont l'admission sera la plus ancienne en date. Pour les admissions nouvelles les conditions devront être plus rémunératrices des soins prodigués aux enfants. Que l'on songe en effet aux efforts que nous avons faits pour porter notre œuvre au degré de développement présentement acquis! Que les familles examinent le cadre de notre enseignement et qu'elles voient si partout ailleurs elles pourront trouver le même enseignement pour des conditions de prix aussi modiques! Profiter de cet avantage sans donner à notre œuvre le moindre témoignage de sympathie, ce serait montrer que l'on ne s'inspire vis-à-vis d'elle que d'un égoisme des plus mesquins, et qu'on veut exploiter à son profit personnel exclusif les sentiments généreux dont tous nos souscripteurs sont animés pour notre Institution.

Nous ne conserverons point parmi les élèves de la Maison rurale des enfants dont les familles ne sauraient pas apprécier le but de nos efforts, surtout quand il s'agit de procéder à une organisation dont les avantages peuvent devenir immenses pour ceux de nos élèves qui seront appelés à y prendre part. Nous reviendrons sur cette organisation et ses avantages dans les Bulletins ultérieurs, au fur et à mesure que nous y donnerons les développements progressifs dont elle sera susceptible. Qu'il suffise aujourd'hui aux familles de savoir que cette organisation, restreinte seulement à une trentaine d'enfants, exigera de la part des fondateurs, des sacrifices qui pourront s'élever de 10,000 à 30,000 fr. Or, quand il s'agit de sacrifier à pur don des sommes de cette importance, n'est-il pas juste de choisir ceux à qui doivent profiter de tels sacrifices, et de faire tomber son choix sur des familles qui s'en montreront dignes par le cœur.

JOUANNE.

Rouen. — Imp. Léon DESHAYS, rue Saint-Nicolas, 30.

L'ÉDUCATION NOUVELLE

PAR LE LIBRE ESSOR DES FACULTÉS.

BULLETIN TRIMESTRIEL

De la MAISON RURALE d'Expérimentation sociétaire

FONDÉE A RY

Avec Ménage d'enfants, Jardins et Ateliers d'apprentissage.

5ᵉ Année. — AVRIL 1875.

MORT DE M. F. BOULANGER.

Dans la nuit du 11 au 12 avril, s'éteignait, à Paris, après une longue et douloureuse maladie, l'un de nos amis, M. F. Boulanger, ancien architecte, à Athènes, l'un des principaux fondateurs de la Maison rurale. On verra plus loin ce que M. Boulanger avait fait dans ces derniers temps, en faveur de notre œuvre. La mort n'a pas permis qu'il pût remplir ses engagements; mais les dispositions de son testament, par lequel il a institué le Directeur de la Maison rurale son légataire universel, assurent et au-delà la réalisation de ses promesses. Nos amis apprendront ultérieurement à quelle importance s'élève la fortune qu'il nous a laissée.

Les restes mortels de notre généreux ami, après avoir reçu les prières du culte catholique dans l'église Saint-Honoré, à Passy, ont été déposés dans une tombe provisoire en attendant qu'il soit pris des dispositions pour leur procurer un asile définitif, digne de l'homme à qui notre œuvre sera redevable en grande partie, du développement nouveau qu'elle va prendre incessamment.

M. Boulanger savait depuis quelque temps déjà que la maladie dont il était frappé était mortelle. Ses jours étaient comptés; il en avait pris son parti avec une résignation toute chrétienne, et son unique préoccupation en attendant l'heure de sa délivrance, c'était que la fortune qu'il avait amassée, en vue d'un essai sociétaire, ne fût pas détournée de ce noble but. Puissions-nous, tous, lorsque nous irons rejoindre sa grande âme, quitter ce monde avec la conscience d'avoir rempli, aussi bien que lui, les devoirs que nous imposent nos convictions !

M. Boulanger, ancien pensionnaire de l'école de Rome, grand prix d'architecture, chevalier de l'Ordre de Saint-Stanislas de Russie, officier de l'Ordre royal du Sauveur de Grèce, architecte des Corps législatifs de Grèce, laisse des travaux d'art qui, paraît-il, sont d'une grande importance. Pendant son long séjour en Grèce, il avait aussi recueilli de précieux documents sur d'intéressantes associations fondées dans ce pays vers la fin du siècle dernier, et qui étaient parvenues en quelques années, à un grand degré de prospérité, lorsque le despotisme des turcs vint à les ruiner. Ces documents font l'objet d'une brochure qui doit paraître incessamment.

CONSEIL DE FAMILLE

Séance du 7 avril 1875.

1° *Extrait du Rapport du Gérant.*

MESSIEURS,

Vous connaissez les difficultés qui, dans ces derniers temps, m'ont obligé à modifier le personnel enseignant de la Maison-rurale. Ces difficultés ne se seraient pas présentées, si l'on avait pu se pénétrer de la force invincible qui réside dans le principe sur lequel notre œuvre repose. La main de Dieu, croyez-le bien, Messieurs, s'étend sur notre modeste entreprise et ce ne sont pas les petites et mesquines passions qui s'agitent autour de nous, quelle qu'en soit la perversité, qui pourraient arrêter la marche d'une œuvre telle que la nôtre. De même que nous avons pu, dans le passé, surmonter les obstacles qui avaient surgi sous nos pas, de même encore nous serions sortis victorieux des embarras récents dans lesquels notre œuvre se trouvait engagée, et celle-ci aurait poursuivi sa marche lente et sûre. Mais en même temps que s'élevaient contre nous des entraves que l'on aurait pu croire insurmontables, une main providentielle nous apportait un concours précieux qui va nous permettre de marcher à notre but avec une nouvelle assurance et une plus grande célérité. Ce concours, c'est celui que vient de nous accorder l'un de nos amis, déjà connu de vous, puisqu'il avait souscrit dans le principe pour 500 fr. au profit de la dotation industrielle de nos enfants. M. Boulanger, car c'est lui, vient de mettre à notre disposition une somme de 19,000 fr., dont 5,000 à titre gratuit sont appliqués à la *Souscription d'honneur* et le surplus à la *Société civile.* Bien que la prudence nous ait appris à ne compter que sur les souscriptions réalisées, je dois dire que M. Boulanger ne restreindra pas

son concours à cette dernière souscription. S'il a limité à
14,000 fr. sa part d'intérêts dans la Société civile, c'est que le
capital de celle-ci était fixé à 20,000 fr. et que déjà elle avait
réuni 6,000 fr. de souscriptions diverses.

Par suite de ce concours important, la première phase de
notre œuvre est close. Elle va donc entrer dans sa deuxième
phase qui sera caractérisée par l'organisation de nos enfants
selon le principe du *libre essor des facultés*. A la première
phase incombait la tâche de réunir le nombre d'enfants et les
autres éléments indispensables à cette organisation. A la 2e
phase revient le soin de préparer par des faits concluants le
patronage de quelque personnage riche et influent, ou la formation d'un comité d'hommes marquants par leur rang ou leur
fortune, qui, voyant dans la théorie du libre essor des facultés
une carrière de gloire immense, prendront en main la cause de
cette théorie et se feront un devoir d'en faciliter l'application
intégrale en toutes fonctions, application qui résoudra de fait
les plus importants problèmes des temps modernes. Ce sera
l'apogée du mouvement initial auquel, Messieurs, nous aurons
l'honneur d'avoir prêté notre faible concours.

Pendant cette première phase que nous venons de parcourir
les difficultés que nous avons rencontrées proviennent en partie
du peu de concours que nous ont prêté les familles et de l'appui
presque nul que nous avons rencontré dans la population qui
nous environne. Cependant la confiance persévérante que nous
témoignent la plupart de ces familles en nous laissant leurs
enfants malgré certaines lacunes qui ont existé dans notre organisation, atteste quelque sympathie de leur part pour les
principes nouveaux qui nous guident. De même aussi la presque
unanimité des suffrages recueillis par le Directeur de la Maison
rurale aux dernières élections municipales, témoigne que l'esprit
de la population qui nous entoure ne se laisse point prendre aux
insinuations malveillantes du petit nombre d'ennemis, acharnés,
on ne sait pourquoi, contre une œuvre qui peut faire tant de

bien à la localité. Espérons que ces bonnes dispositions de la
part des familles de nos jeunes élèves et de la part de nos
concitoyens ne feront qu'augmenter ; et que c'est entourée de la
sympathie générale que notre œuvre parcourra la nouvelle
phase dans laquelle elle va entrer dès ce jour.

Vous vous rappelez, Messieurs, que par suite des difficultés
que j'éprouvais à réunir à bref délai le nombre d'enfants nécessaire à notre organisation, j'avais fait appel à la généreuse intervention de ceux de nos coopérateurs qui ne seraient point
effrayés de ce retard et qui voudraient bien combler par une
souscription toute gratuite le déficit que cette lenteur allait
occasionner. Je demandais 8,000 fr. à réaliser en quatre années.
Cette souscription ne s'élevait encore qu'à 3,580 fr., quand
M. Boulanger est intervenu pour 5,000 fr. La souscription
d'honneur se clôt donc par un excédant de 580 fr. Comme
la gérance n'avait demandé que 8,000 fr. pour atteindre à l'année
1877 et que cette somme est dépassée dès maintenant, je crois,
Messieurs, qu'il conviendrait d'affecter les 580 fr. d'excédant
à la formation spéciale d'un fonds de caisse qui serait admi-
nistré par nos enfants et qui aurait pour destination d'être employé à des œuvres empreintes d'un caractère religieux. Nous
devons nous appliquer à former le cœur de ces enfants et l'on
ne peut mieux atteindre ce but qu'en leur inspirant la pratique
des grandes et belles actions. Mettre à leur disposition un petit
trésor avec la condition de ne l'employer qu'à des œuvres de
religion et de charité, ce serait, ce me semble, remplir parfaitement le but, et le don de M. Boulanger ne saurait recevoir de
plus noble emploi.

Le capital de la Société civile de coopération à la Maison rurale étant porté au complet par la souscription de M. Boulanger,
il va être opportun de s'occuper des formalités légales qui
doivent constituer les garanties qui sont dues à ce capital ; c'est
ce dont je vais m'occuper avec le syndic de cette Société. Ici se
présente une question. Ne serait-il pas convenable d'augmenter

le chiffre de ce capital fixé dans le principe à 20,000 fr. ? Je crois, Messieurs, que ce serait imprudent. Les fonds de la Société civile sont remboursables après la cinquième année. Ce remboursement éventuel pourrait être exigé, et si nous élevions le chiffre du capital, nous pourrions nous créer des embarras pour l'avenir. Je propose donc de laisser le chiffre de ce capital tel qu'il avait été fixé dans les Statuts et de ne plus recevoir de fonds pour la Société civile, du moins quant à présent.

La Souscription commanditaire qui avait été suspendue lors de l'ouverture de la souscription d'honneur, va donc pouvoir être rouverte. Mais la souscription qu'il presse le plus d'augmenter c'est celle de la dotation industrielle de nos enfants dont les fonds doivent être affectés au matériel agricole et industriel de ces enfants. Aussi, suis-je disposé à n'accepter de nouvelles souscriptions commanditaires qu'autant qu'elles proviendront de personnes qui auront déjà souscrit dans une proportion déterminée à la Dotation industrielle. C'est quand ces deux souscriptions, souscription commanditaire et dotation industrielle, auront acquis une certaine importance qu'il conviendra d'examiner, s'il est possible d'augmenter le capital de la Société civile.

Espérons que le concours de M. Boulanger, que nous avons l'espoir de voir s'élargir encore, déterminera de nouveaux concours de la part de nos premiers souscripteurs, de telle sorte que nous puissions arriver promptement au but que nous poursuivons.

La tâche qui nous échoit aujourd'hui, Messieurs, se résume à achever les constructions qui sont commencées, à compléter le matériel de nos enfants qui est beaucoup trop restreint, enfin à leur composer un personnel qui soit plus stable que par le passé et surtout qui soit sympathique à nos vues. C'est la tâche que je poursuis présentement. Il se peut que de nouvelles difficultés nous accueillent dans cette seconde partie de notre évolution. On s'était appliqué dans ces derniers temps à entretenir

le mauvais vouloir au sein de notre personnel. On cherchait et on
cherche encore à nous enlever des enfants en trompant la bonne
foi des familles. Ne nous effrayons point de cette perversité de
quelques ennemis de notre belle œuvre et poursuivons courageusement notre carrière. Dieu est avec nous et le succès couronnera certainement nos efforts.

(La suite au prochain numéro).

Nota. — La mort de M. Boulanger apporte nécessairement
quelques modifications aux conclusions de ce rapport. Ainsi les
35 parts d'intérêt qu'il avait prises à la Société civile, redevien-
nent disponibles entre les mains du gérant qui en disposera pré-
férablement en faveur, soit des familles qui ont des enfants à la
Maison rurale, soit des personnes de la localité qui désireraient
s'intéresser à notre œuvre, soit encore des employés de la Maison rurale qui voudraient y placer leurs économies. Quant aux
14,000 fr. de M. Boulanger qui représentaient ces 35 parts d'intérêts, ils doivent recevoir, selon les intentions du défunt, un
autre emploi que le prochain bulletin fera connaître.

2° Extrait du Procès-Verbal de la Séance.

....M. le Directeur-Gérant donne au Conseil lecture de son
rapport dans lequel les questions qui y sont développées, lui ont
été suggérées principalement par le généreux et important concours de M. Boulanger.... Les propositions contenues dans ce
rapport, son adoptées.

Avant de passer aux autres questions mises à l'ordre du jour,
le Conseil de famille tient à exprimer combien il apprécie l'acte
de haut intérêt et de rare sollicitude que M. Boulanger vient de
donner à une œuvre qui certes est appelée à produire les plus
heureux, les plus brillants résultats; mais qui néanmoins n'est
encore aujourd'hui qu'à l'état de formation, dans des conditions
provisoires et malheureusement le point de mire de bien des

attaques dirigées par des esprits aussi aveugles qu'égoïstes. Si le concours de M. Boulanger est une nouvelle affirmation de la virtualité des principes qui ont éclairé et guidé M. Jouanne dans la création de la Maison rurale, il n'en est pas moins évident que ce concours est d'autant plus précieux et méritoire qu'il est venu dans un moment où bien des difficultés restent encore à vaincre.

Le Conseil de famille adresse à M. Boulanger d'unanimes et chaleureux remerciments. En outre, il désire et demande instamment qu'il soit pris dans le plus bref délai possible les dispositions nécessaires pour perpétuer par une marque quelconque et des plus dignes, à la Maison rurale, le souvenir de ce concours qui élève M. Boulanger au rang des premiers bienfaiteurs et fondateurs de cette œuvre A cet effet, une commission est nommée pour recevoir les communications qui seront faites par les Membres du Conseil et pour s'entendre avec le Directeur-Gérant sur la décision à prendre. . . . .

Le Directeur-Gérant a présenté ensuite au Conseil de famille les deux médailles en vermeil, les cinq médailles en argent et les cinq médailles en bronze qu'il venait de recevoir de M. Boulanger et qui sont destinées, comme signes distinctifs, aux élèves les plus dignes et les plus méritants dans les divers groupes organisés.

Le Conseil de famille nomme une Commission pour examiner les élèves sur le degré actuel de leur instruction, afin de pouvoir se rendre compte des progrès qu'ils auront faits aux grandes vacances, et aussi des soins apportés par les professeurs. Le résultat de cet examen devra être consigné dans un dossier particulier à chaque élève; comme cela à d'ailleurs été fait précédemment en 1874, lors des vacances de Pâques et de fin d'année.

. . . .

Avant de lever la séance, tous les Membres du Conseil se promettent de faire le possible pour se réunir deux ou trois fois par mois, afin de s'assurer par eux-mêmes, si le personnel de la maison se conforme aux instructions de la direction et dans quelles conditions ils remplissent les devoirs qui leur incombent respectivement et collectivement. A la suite de leur visite, ils feront part de leur impression au Directeur......

LEÇON DE PRUDENCE.

Parce que la Maison rurale peut être appelée d'ici peu à disposer de ressources importantes, ce ne serait pas une raison pour y donner de suite une extension extra-ordinaire, opposée à la marche lente et progressive qu'elle a suivie jusqu'à ce jour. Bien au contraire, plus nos ressources augmentent, plus notre prudence doit elle-même augmenter. D'ailleurs le surcroît de ressources que nous prévoyons, ne sera lui-même que le résultat de la marche réfléchie que nous avons adoptée. Nous allons donc poursuivre notre chemin sans nous laisser influencer en quoi que ce soit par les nouvelles forces que nous avons conquises et sans discontinuer de provoquer de nouveaux concours, car toutes les difficultés ne sont pas aplanies, tant s'en faut, et nous avons besoin plus que jamais de nous rattacher aux règles de la plus stricte prudence.

A cette occasion il ne nous paraît pas inopportun de mettre sous les yeux de nos coopérateurs, les réflexions que faisait l'inventeur même de la Théorie sociétaire, à propos de la marche qu'il se proposait de suivre dans la deuxième phase organique d'une Tribu sociétaire. Il s'agissait d'une œuvre au capital de 4,000,000. Les pré-cautions que s'imposait dans cette circonstance l'auteur du Traité de l'attraction universelle doivent être suivies plus rigoureusement encore, alors qu'il s'agit d'une entreprise comme la nôtre dont le capital restreint ne saurait dépasser, même dans l'hypothèse d'un plein developpement, le 1/8 de cette somme. Voici comment s'exprimait celui qui avait le mieux approfondi la question sociétaire.

« La Tribu sera entourée d'ennemis, tous les gens de
« bien voteront pour elle; mais qu'est-ce que les gens
« de bien dans l'ordre incohérent? Une poignée de
« pygmées qu'un aboyeur de club met en désarroi. On
« en a trop bien vu la preuve en 1793. Si donc nous
« voulons opérer à coup sûr, comptons pour peu de
« chose le suffrage des gens estimables, et ne voyons
« que nos ennemis. Nous avons à lutter contre la ma-
« ligne cohorte des sophistes (et des envieux). Ce n'est
« pas avec de belles théories qu'il faut les attaquer,
« mais avec des forces réelles, avec une supériorité co-
« lossale de moyens, et jusqu'à ce que ces moyens soient
« rassemblés, bornons-nous à des ébauches.... à des
« prétentions restreintes; évitons tout engagement sé-
« rieux. Quand nous aurons amassé beaucoup plus de
« moyens qu'il n'en faut pour garantir le succès, nous
« pourrons, sans rien donner au hasard, nous montrer
« en rase campagne..... enfin livrer la bataille rangée.....
« Entretemps, gardons-nous de conduire l'opération
« à la manière de Bonaparte, qui se mettait constam-
« ment dans le cas d'être anéanti par un seul revers.
« Pendant cinq ans on lui appliqua cet horoscope, que
« l'affaire de Moscou vint justifier. Il faut, au contraire,
« se fortifier de manière que trois et quatre défaites ne

« puissent pas compromettre. Adoptons ce principe,
« timide si l'on veut, mais prudent.

« Je ne raisonnerais pas ainsi dans le cas où je pour-
« rais *tailler en plein drap*....

« Mais puisque nous spéculons sur une manœuvre
« gênée par le défaut de nombre et de moyens, soyons
« conséquents avec nous-mêmes et bornons-nous long-
« temps à tenir l'ennemi en échec jusqu'à ce que nous
« ayons en surabondance les moyens de l'écraser et
« donnons d'autant plus de soins à diriger la deuxième
« phase qui est l'époque faible de la Tribu, le moment
« où elle pourrait commettre des fautes si elle agissait
« présomptueusement; soyons, en dépit des railleries,
« hésitants et tâtonneurs....

« Tel est le plan que je vais suivre.... Il faut sans
« cesse me défier de mes moyens, caver au pis en toute
« affaire, multiplier les suretés, tripler et quadrupler
« les précautions... puis après tant de garanties, douter
« encore et recourir à de nouveaux moyens... Et parce
« que la Tribu... temporisera et agira, comme Fabius
« devant Annibal, sera-t-on fondé à penser qu'elle se
« méfie de sa force? Non, mais elle veut frapper à coup
« sûr. Nous arriverons assez au moment décisif...
« Concertons longtemps nos dispositions et selon le pré-
« cepte si bien donné et si mal suivi par les sophistes,
« croyons qu'il n'y a rien de fait, tant qu'il reste quel-
« que chose à faire. Etayons-nous de tous les moyens
« imaginables... avant de hazarder l'affaire décisive
« qui doit opérer la délivrance du genre humain, son
« avénement aux destinées heureuses, aux richesses,
« aux plaisirs, à l'harmonie sociale et à l'unité uni-
« verselle. »

Telle est la marche prudente que se proposait de suivre l'homme de génie qui connaissait les procédés sociétaires dans leurs plus minutieux et plus infimes détails. Rallions-nous-y de la manière la plus absolue, nous qui, malgré de longues méditations sur la Théorie sociétaire, sommes encore si éloignés d'en posséder toutes les ressources. Quelques amis nous disent : quand on sentira derrière vous une réserve importante de capitaux, vos ennemis s'apaiseront et les difficultés s'évanouiront. Ne serait-ce pas là une erreur? et ne sommes-nous pas exposés, au contraire, à voir nos adversaires redoubler leurs hostilités en raison même des forces que notre œuvre aura conquises? Nous devons le craindre. C'est un parti pris chez quelques-uns de faire tous leurs efforts pour nous anéantir. Tenons-nous sur nos gardes. Nous triompherons certainement de nos adversaires, mais c'est à la condition d'agir en toute chose avec une extrême circonspection.

SOUSCRIPTION CONDITIONNELLE.

On se rappelle que l'un de nos coopérateurs, M. Tiquet, avait proposé d'ouvrir une *Souscription conditionnelle* pour la fondation intégrale de la Maison rurale d'enfants. « S'il vous faut 200,000 fr., disait M. Tiquet, pourquoi ne pas ouvrir une souscription pour réaliser cette somme, et attendre qu'elle soit réunie en entier avant de commencer toute opération?... » Ce conseil était assurément fort sage et excessivement prudent. Mais, si on l'eut suivi au début, il est probable que la somme demandée n'aurait pas été souscrite; d'un autre côté il est bien probable aussi que les souscripteurs n'auraient pas été unanimes sur la manière de procéder à l'organisation de ce premier essai. Pour entraîner l'École sociétaire dans la voie de la réalisation, il fallait se jeter franchement en avant, avec les seules ressources dont on pouvait disposer, si restreintes qu'elles fussent et avec l'espoir fondé que les hommes d'initiative suivraient, et que petit à petit les capitaux arriveraient en suffisance. Ce résultat a été obtenu quoique avec une extrême lenteur ; enfin, il a été obtenu.

Aujourd'hui que nous sommes engagés dans la voie d'une réalisation progressive et qu'un noyau de coopérateurs s'est formé, l'idée de M. Tiquet peut être mise à exécution, non pas qu'elle soit indispensable pour porter notre œuvre au plein développement que peut nécessiter l'organisation de 30 à 40 enfants, mais parce qu'elle peut faciliter l'extension ultérieure de cette œuvre ; et, comme cette extension constituera de fait une entreprise sociétaire d'une certaine importance, ce ne sera pas seulement à 200,000 fr., qu'il conviendrait de porter le chiffre de cette souscription, mais bien au demi million complet. C'est le chiffre fixé par l'auteur du Traité d'attraction pour l'essai le plus minime du régime sériaire. Les souscripteurs ne seraient donc tenus que pour le cas seulement où cette somme serait entièrement souscrite. Une autre condition serait de produire, par l'organisation à laquelle nous allons procéder avec notre noyau d'enfants, des faits qui justifient de tout point la Théorie d'attraction dans son application à l'enfance ; ce qui serait constaté par le vote affirmatif de l'assemblée des souscripteurs délibérant à une majorité convenue. Enfin, une troisième condition serait la constitution d'un puissant patronage, résultat que devraient faciliter également les faits qui vont se produire dans la deuxième évolution de la Maison rurale. Les adhérents à la souscription conditionnelle ne seraient donc liés qu'autant que ces trois conditions seraient remplies.

J'appelle l'attention de tous les partisans de l'association sur cette question importante et les supplie de donner leur avis sur la proposition qui leur est soumise.

La Maison rurale a groupé autour d'elle les hommes aventureux qui sont d'un caractère à ne pas s'effrayer de la faiblesse des débuts d'une entreprise, qui ont foi dans la puissance de l'infiniment petit et qui croient à la supériorité des moindres faits sur de simples projets, fussent-ils les mieux combinés. Dans sa deuxième phase, la Maison rurale devrait rallier à elle les hommes qui, non moins convaincus de l'efficacité de la Théorie sociétaire, se sont jusqu'à présent tenus à l'écart de notre œuvre, parce que leur caractère les portait à se laisser guider par la prudence plutôt que par l'audace. Dans cette catégorie viennent se ranger tous les hommes qui tiennent à n'opérer qu'avec des moyens surabondants et ceux qui donnent leurs préférences à des opérations sociétaires d'une certaine importance. Par l'extension que la souscription conditionnelle serait appelée à donner à notre entreprise, celle-ci se trouverait élevée à ce degré d'importance susceptible de satisfaire les esprits les plus exigeants. C'est cette transformation qui constituerait la troisième phase de notre évolution que la phase dans laquelle nous entrons est appelée à préparer.

Ainsi, souscription conditionnelle au minimum de 500,000 fr.; formation d'un comité spécial pour diriger l'opération élevée à ce degré d'importance; tel est le double résultat qu'il nous faut préparer par l'organisation à laquelle nous allons procéder, en suivant la voie progressive qui nous a réussi jusqu'à présent.

SOUSCRIPTION DE M. Ch. GOUTÉ.

L'un des souscripteurs de la Maison rurale, M. Ch. Gouté, propriétaire à Ouchamps, ayant en perspective un essai sociétaire de haute échelle et devançant le moment où il pourra être question d'une semblable entreprise a voulu souscrire différentes actions en vue de cet essai.

Se fondant sur certaines réformes plus ou moins probables dans la numération, M. Gouté pense qu'il convient de fixer le chiffre des actions à 256 fr., première puissance du nombre seize. Il a donc souscrit :

1° Pour une action foncière, série des acquisitions, groupe des acquéreurs de terres, 256 fr.;

2° Pour un à compte d'*un quart* sur une action industrielle, série de métallurgie, groupe des ajusteurs, 64 fr.

3° Pour un à-compte d'*un huitième*, sur une action industrielle, série de tannerie, groupe des metteurs en fosse, 32 fr.; en tout 352 fr.

J'avais présenté quelques observations à M. Gouté sur ce concours quelque peu excentrique et qui me paraissait inopportun. M. Goûté répond ceci à mes objections :

« Cette dernière action (l'action industrielle pour la
« tannerie) est encore plus extraordinairement excen-
« trique que votre critique ne la suppose.

« Il peut arriver qu'un certain nombre d'enfants
« prennent goût aux travaux de tannerie et qu'on
« sacrifie quelques capitaux à cette fantaisie pour
« tannage de peaux de chèvres et de moutons, (il en est
« qui vont jusqu'à croire qu'on peut utiliser dans cette
« industrie même des peaux de rats); j'ai connu des
« enfants de 13 ans qui surpassaient la moyenne des

« ouvriers sur des cuirs de boucherie de Paris et des
« bœufs de Rio et de Buenos-Ayres.

« Mais pour faire fonctionner un groupe de metteurs
« en fosse ne fonctionnant que deux à trois heures par
« jour, il faut au moins un million de francs dans le
« travail de la peausserie.

« D'ici là que feront les petits capitaux qui auront été
« versés pour tenter de former ces groupes impossibles?
« Ils resteront comme fonds de roulement, tout en
« marquant les directions que chacune des différentes
« fantaisies capitalistes s'étaient proposé d'atteindre et
« que l'harmonie se chargera plus tard de réaliser. »

Dès l'instant que M. Gouté a eu déclaré qu'il accepte
l'utilisation provisoire de ses souscriptions en les appliquant au fonds de roulement, je n'ai pas jugé à propos
de les refuser. Je laisse à nos lecteurs le soin d'apprécier
les vues de M. Gouté et de l'imiter s'ils le jugent convenable. Nous reviendrons sur la manière dont M. Gouté
envisage l'organisation du capital dans un essai sociétaire.

JOUANNE.

SOUS PRESSE :

AUX TRAVAILLEURS DE TOUS LES PARTIS

LES ASSOCIATIONS EN GRÈCE

et particulièrement

L'ASSOCIATION D'AMBÉLAKIA

Avec documents à l'appui recueillis et mis en ordre par F. BOULANGER.

1 vol. in-18. — PRIX : 1 fr. 50.

Rouen. — Imp. Léon DESHAYS, rue Saint-Nicolas, 30.

MAISON RURALE D'ENFANTS
A RY (Seine-Inférieure).

BULLETIN TRIMESTRIEL

5e Année. — JUILLET-AOUT 1875.

DISTRIBUTION DES PRIX DU 30 AOUT.

DIVISION HORS LIGNE.

Prix d'Excellence.

(Supériorité sur toutes les matières de l'Enseignement.)

1er *Prix*..... Gaston LEQUEUX.
2e .... Noël TEMPLIER.

PREMIÈRE DIVISION.

Instruction religieuse.

1er *Prix*..... Armand ROSNEY.
2e .... Louis LEFEBVRE.
Accessit..... René PINCHON.

Lecture.

1er *Prix*..... Edouard COLONNE.
2e .... Jules MAURICE.
3e .... Georges FOLLIOT.
Accessits .... Armand ROSNEY et René PINCHON, déjà
nommés.

Écriture.

1er *Prix*..... René PINCHON, 2 fois nommé.
2e .... Ernest PINEAU.
3e .... Henri PINCHON.
Accessits .... Edouard COLONNE et Georges FOLLIOT,
déjà nommés.

Français.

1er *Prix*..... Jules MAURICE, 2 fois nommé.
2e .... Ernest PINEAU, 2 fois nommé.
3e .... Henri PINCHON, 2 fois nommé.
Accessits .... Edouard COLONNE et Georges FOLLIOT, déjà nommés.

Arithmétique.

1er *Prix*..... Georges FOLLIOT, 4 fois nommé.
2e .... Edouard COLONNE, 3 fois nommé.
3e .... René PINCHON, 3 fois nommé.
Accessits .... Louis LEFEBVRE et Jules MAURICE, déjà nommés.

Géographie.

1er *Prix*..... Armand ROSNEY, 3 fois nommé.
2e .... Edouard COLONNE, 4 fois nommé.
Accessits .... Jules MAURICE et Henri PINCHON, déjà nommés.

Dessin.

1er *Prix*..... Jules MAURICE, 5 fois nommé.
2e .... Henri PINCHON, 4 fois nommé.
Accessits .... Louis LEFEBVRE et Georges FOLLIOT, déjà nommés.

Histoire.

1er *Prix*..... Edouard COLONNE, 5 fois nommé.
2e .... Georges FOLLIOT, 6 fois nommé.
Accessits .... Jules MAURICE et Ernest PINEAU, déjà nommés.

Ordre et Propreté.

1er *Prix*..... Ernest PINEAU, 4 fois nommé.
2e .... Armand ROSNEY, 4 fois nommé.
Accessits .... Louis LEFEBVRE et Henri PINCHON, déjà nommés.

Travail.

1er *Prix*..... Louis LEFEBVRE, 5 fois nommé.
2e .... Georges FOLLIOT, 7 fois nommé.
Accessits .... Henri PINCHON et Edouard COLONNE, déjà nommés.

DEUXIÈME DIVISION.

Instruction religieuse.

Prix........ Louis LACORNE.
Accessits .... Paul PRÉVEL et Henri DELAMARE.

Lecture.

1ᵉʳ *Prix*..... Paul PRÉVEL, 2 fois nommé.
2ᵉ .... Louis LACORNE, 2 fois nommé.
Accessits .... Henri DELAMARE, déjà nommé, et Charles
        CHAPITEL.

Écriture.

1ᵉʳ *Prix*..... Henri DELAMARE, 3 fois nommé.
2ᵉ .... Paul PRÉVEL, 3 fois nommé.
Accessits .... Louis LACORNE et Charles CHAPITEL, déjà
        nommés.

Français.

1ᵉʳ *Prix*..... Paul PRÉVEL, 4 fois nommé.
2ᵉ .... Henri DELAMARE, 4 fois nommé.
Accessits .... Louis LACORNE et Charles CHAPITEL, déjà
        nommés.

Arithmétique.

1ᵉʳ *Prix*..... Henri DELAMARE, 5 fois nommé.
2ᵉ .... Paul PRÉVEL, 5 fois nommé.
Accessits .... Charles CHAPITEL et Louis LACORNE, déjà
        nommés.

Histoire et Géographie.

1ᵉʳ *Prix*..... Louis LACORNE, 6 fois nommé.
2ᵉ .... Charles CHAPITEL, 5 fois nommé.
Accessits .... Henri DELAMARE et Paul PRÉVEL, déjà
        nommés.

AOUT 1875.

TROISIÈME DIVISION.

Instruction religieuse.

Prix unique. Louis ROUSSEAU.

Récitation.

Prix unique. Jules FOURSIN.

Lecture.

1er *Prix*..... Louis ROUSSEAU, 2 fois nommé.
2e .... Octave FILLEUL.

Écriture.

1er *Prix*..... Jules FOURSIN, 2 fois nommé.
2e .... Louis ROUSSEAU, 3 fois nommé.

Français.

1er *Prix*..... Louis ROUSSEAU, 4 fois nommé.
2e .... Jules FOURSIN, 3 fois nommé.

Calcul.

1er *Prix*..... Louis ROUSSEAU, 5 fois nommé.
2e .... Octave FILLEUL, 2 fois nommé.

QUATRIÈME DIVISION.

Lecture.

1er *Prix*..... Gabriel FERMINE.
2e .... Charles LETELLIER.

Écriture.

Prix unique. André LEQUEUX.

ROUEN.—IMP. LÉON DESHAYS, RUE SAINT-NICOLAS, 80.

L'ÉDUCATION NOUVELLE

PAR LE LIBRE ESSOR DES FACULTÉS

BULLETIN TRIMESTRIEL

De la MAISON RURALE d'Expérimentation sociétaire

FONDÉE A RY

Avec Ménages d'enfants, Écoles de différents degrés, Jardins
et Ateliers d'apprentissage.

> « Laissez venir à moi les petits enfants,
> « car le royaume des cieux est pour ceux
> « qui leur ressemblent. »
>
> ÉVANGILE.

6ᵉ Année. — 2ᵉ Série. — Nᵒ 1.

OCTOBRE 1875.

S'ADRESSER, POUR TOUS RENSEIGNEMENTS

A M. JOUANNE, DIRECTEUR DE LA MAISON RURALE

A RY (Seine-Inférieure).

La **Maison rurale** a pour objet de développer chez les
enfants leurs différentes aptitudes; faciliter, dès leurs plus jeunes
années, l'éclosion de leurs vocations, afin de les rendre aptes à
s'ouvrir, plus tard, dans l'agriculture, l'industrie, le commerce ou
les sciences, une brillante carrière conforme à leurs aptitudes naturelles.

Les Fondateurs de la Maison rurale se sont proposé surtout de
créer un milieu qui soit, autant que possible, la reproduction en
petit des industries primordiales, pour que l'enfant placé dans ce
milieu puisse manifester ses tendances et développer ses capacités
pour telle ou telle profession.

Un vaste jardin annexé à l'établissement permet aux enfants de
s'initier à la taille des arbres et aux premiers éléments de la culture,
d'expérimenter la valeur, l'aménagement et la fabrication des différents engrais. Un atelier spécial leur permet de s'exercer aux
travaux sur bois et sur métaux. Enfin, une basse-cour variée complète le cadre actuel des amusements récréatifs et instructifs offerts
aux enfants.

Des professeurs instruits, pourvus de leurs diplômes universitaires et possédant une longue expérience de l'enseignement, prodiguent à ces enfants l'instruction dans ses différents degrés.

Placée dans

L'ÉDUCATION NOUVELLE

PAR LE LIBRE ESSOR DES FACULTÉS.

LES MÉTHODES ATTRAYANTES.

L'ORTHOGRAPHE APPRISE A L'AIDE DE LA STÉNOGRAPHIE PLUS LOGIQUEMENT, PLUS RAPIDEMENT ET PLUS SUREMENT QU'A L'AIDE DES ANCIENS PROCÉDÉS.

Discours de M. Emile Duployé, Président de l'Institut sténographique des deux mondes, à la troisième Assemblée générale annuelle :

« Le grand but de l'instruction primaire, en France, est de former avec les enfants qui lui sont confiés des machines à orthographe.

Cette assertion ne provoquera, j'espère, aucune protestation : en effet, quand on veut se rendre compte du but que poursuit un homme ou une institution, on tâche de connaître le genre d'occupation auquel s'adonne principalement cet homme ou cette institution. Si une personne consacre presque toutes ses journées à l'étude de l'allemand, non-seulement on pourra, mais on devra dire que cette personne se propose surtout et avant tout de connaître l'allemand ; une institution qui ferait employer la plus grande partie du temps à l'étude de la géographie, voudrait évidemment former des géographes.

Or, pendant les trois, quatre années que l'enfant passe à l'école, à quoi l'applique-t-on présque continuellement ?

Dans les premiers temps, il étudie, et cela du matin

au soir, les lettres séparées, afin de pouvoir les grouper;
plus tard il consacre au moins les trois quarts du temps
des classes à l'étude de l'orthographe. Le calcul, la géographie, l'histoire prendront bien, par-ci par-là, quelques
heures; mais un fait indéniable, c'est que presque tout
le temps passé à l'école est consacré à l'étude de l'orthographe. Avec les idées actuellement reçues, il faut
bien qu'il en soit ainsi : on vous pardonnera d'ignorer
l'histoire, la géographie, les mathématiques, on ne vous
pardonnera pas d'ignorer l'orthographe; si vous ne
savez pas l'orthographe, vous n'êtes plus un homme;
et lorsqu'une personne adresse une supplique pour
occuper une position, quand même elle apporterait les
raisons les plus péremptoires, si quelques fautes d'orthographe se sont glissées dans sa lettre, sa cause est
perdue. Arrière, arrière, le pestiféré! Il ne connaît pas
l'orthographe! Que peut-on faire de lui?

De par la pression de l'opinion publique, l'instruction
primaire est donc obligée de faire, avec les enfants
qu'on lui confie, avant tout, par-dessus tout, des machines à orthographe.

Je ne crois pas que le temps soit venu d'attaquer
cette funeste manie, cette déplorable aberration qui
réduit presque l'instruction à la connaissance du
groupement des lettres d'après certaines règles plus ou
moins fantaisistes, ou même d'après les caprices de
l'usage.

Un peuple nous a devancés dans cette voie : ce sont
les Chinois. Le *summum* de l'instruction chez eux, c'est
de connaître une multitude de groupements de signes;
plus on en connaît plus on est réputé savant, plus on

obtient de diplômes. Aussi les Chinois n'ont fait aucun progrès dans les sciences proprement dites depuis de longs siècles : ils en sont toujours un même point.

La France, hélas! n'a guère à envier sous ce rapport aux Chinois : si dans la langue française chaque mot n'a pas une physionomie tout à fait spéciale, qui ne se rattache par aucun lien aux mots exprimant le même genre d'idées, en revanche, elle a je ne sais combien de manières différentes de représenter le même son : O s'écrit de quarante-quatre manières différentes! É de soixante et une! On voit que notre civilisation peut, sous ce rapport, presque lutter avec celle des Chinois.

L'instruction, il faut bien le reconnaître, est tout à fait indépendante de tel ou tel système d'orthographe; l'orthographe n'est qu'une affaire de convention qui n'influe en rien sur l'instruction proprement dite : les étrangers s'instruisent parfaitement bien sans avoir à passer par les difficultés de notre orthographe, et nous arriverions certainement à des résultats semblables en laissant l'orthographe de côté; mais enfin, dans l'état actuel des esprits et des choses, il faut nécessairement former avec les enfants des machines à orthographe.

Eh bien! à l'aide de la sténographie, nous offrons de faire, nous faisons des machines à orthographe beaucoup plus vite, à meilleur marché et d'une manière plus sûre que par les procédés usités.

Un jour le bambin, à force de manger de la bouillie et de se rouler par terre, est devenu presque un homme. Il a six ans, sept ans; ses ébats commencent à devenir trop bruyants, trop tapageurs, trop compromettants pour la tranquillité de la famille, et puis il faut déjà songer à l'avenir de l'enfant et lui fournir des armes avec lesquelles il luttera contre les difficultés de la vie.

Le papa le conduit à l'école, il le confie à un homme qui a mission d'instruire les enfants, de dégrossir les natures incultes, de redresser les natures vicieuses, et surtout, car c'est là surtout et avant tout ce qu'on lui demande, de faire d'eux des machines à orthographe.

Généralement, l'enfant arrive animé de bonnes dispositions, plein d'ardeur pour l'étude : les parents, bien avisés, lui ont présenté l'école comme une terre promise, où il apprendra à devenir homme, et, dans ce petit cerveau, des idées d'ambition ont déjà germé : il veut arriver à la tête de ses compagnons, les devancer.

On le colloque sur un banc, en face d'une noire ardoise ou d'une blanche feuille de papier, on arme ses doigts inexpérimentés d'un crayon..... En avant ! mon enfant, emboîte les premiers pas dans la glorieuse carrière de l'instruction ! Trace-moi des bâtons, et encore des bâtons, et toujours des bâtons, et, plus tard, lorsque tu sauras tracer assez droits, sans trop de sinuosités, les bâtons, on te lancera dans les courbes, on te fera tracer des ronds.

Des bâtons et des ronds, c'est quelque chose de beau : la ligne droite n'est-elle pas le plus court chemin d'un point à un autre ? Et la circonférence n'est-elle pas l'image de la terre et de l'éternité ?

Tout cela, c'est très-beau ; mais vous savez comme moi que ces considérations, fussent-elles présentées aux enfants, les laisseraient parfaitement insensibles, et qu'aucune considération n'empêchera que le tracé des lignes droites et des lignes courbes ne soit une chose ennuyeuse, assommante et abrutissante au premier chef.

Évidemment, il faut savoir tracer des lignes droites et des lignes courbes pour pouvoir plus tard tracer facilement les lettres de l'écriture ordinaire; je sais que les lettres ordinaires sont, dans une certaine mesure, composées de lignes droites et de lignes courbes; mais cette considération, pas plus que les autres, n'aura guère le privilége d'amuser et de dérider l'enfant; si, dans les longues heures, les longs jours, les longues semaines où il lui faut tracer des bâtons et des ronds, une image lui apparaît, c'est peut-être celle de l'autre bâton, qu'une sévérité parfois nécessaire tient en réserve pour prouver à l'enfant que le métier de tracer des bâtons est le plus agréable de tous les métiers passés, présents et futurs.

Le résultat le plus certain, le plus indéniable de cette manière de procéder, c'est que l'enfant, qui était arrivé plein de bonne volonté, ne tarde pas à prendre l'instruction, l'école et l'instituteur en dégoût et en horreur. Il viendra à l'école parce qu'il est obligé d'y venir; il y restera parce qu'il ne peut pas s'en aller; mais en face de ces ronds et de ces bâtons, il jurera une haine éternelle à l'instruction. N'est-ce pas là ce qui arrive aux trois quarts des enfants qui passent sur les bancs des écoles? Et cela tient en grande partie, je ne crains pas de l'affirmer, aux occupations écœurantes et abrutissantes auxquelles on les soumet à leur début. *On devrait donner à l'enfant des travaux attrayants, amusants, propres à développer son intelligence; propres à lui faire aimer l'instruction; propres à lui faire savourer, dès ses*

premiers pas, les jouissances du succès et du progrès.....,
et on le met devant des bâtons et des ronds! Que
voulez-vous donc que lui disent ces bâtons et ces ronds
dont il a couvert mille fois son ardoise, dont il a sali
des centaines de feuilles de papier? Pourquoi ne pas
donner un sens, une justification à ces bâtons et à ces
ronds? Pourquoi ne pas les vivifier du souffle de la
pensée?

N'est-ce pas là ce que nous faisons à l'aide de la
sténographie? Notre sténographie ne consiste uniquement qu'en bâtons et en cercles ou fragments de cercles
juxtaposés, groupés; mais en ronds et en bâtons non
modifiés comme dans l'écriture ordinaire, mais tracés
comme on les fait tracer à l'enfant, c'est-à-dire tout
ronds et tout droits, de vrais ronds, de vrais bâtons; il
suffit, pour avoir des mots et des phrases, de mettre les
cercles ou fragments de cercles contre les bâtons, de les
juxtaposer, de les souder, et les mots jaillissent, et la
pensée surgit, et l'intelligence est illuminée; et de cet
amas informe, décharné, mort, de bâtons et de ronds,
vrais ossements de cadavres que l'on faisait entasser les
uns sur les autres à l'enfant, et qui ne disaient rien,
absolument rien à son intelligence, qui ne faisaient que
lui rendre l'étude odieuse, surgit le mouvement, la vie,
l'intérêt, l'instruction, le goût, l'amour de l'étude.

Un jour, nous dit le prophète Ezéchiel, Dieu s'em-
para de moi; il me conduisit dans une vaste campagne
toute remplie d'ossements; il me fit faire le tour de
cette campagne pour que je pusse me rendre compte
du spectacle que j'avais sous les yeux; et les ossements
étaient en nombre incalculable sur toute la surface du
champ, et ces ossements étaient rudement desséchés.

Et Dieu me dit : « Fils de l'Homme, penses-tu que
ces ossements puissent vivre? » Et je répondis : « Seigneur Dieu, vous seul le savez. » Et le Seigneur me
dit : « Prophétise sur ces ossements et dis-leur : Os
arides, voici ce que dit le Seigneur : Voici que j'en-
verrai en vous l'Esprit et vous vivrez; et je mettrai
sur vous des nerfs, et je ferai croître des chairs sur
vous, et j'étendrai la peau sur vous, et je vous don-
nerai l'Esprit et vous vivrez. »

Et je prophétisai comme le Seigneur me l'avait ordonné.

Or, pendant que je prophétisais, il se fit un grand
bruit et une grande commotion; et les ossements s'ap-
prochèrent des ossements, chacun à sa jointure, et
voilà que les nerfs et les chairs montèrent sur ces os,
et voilà que la peau s'étendit sur eux. Mais ils n'avaient
pas encore l'Esprit, et le Seigneur me dit : « Prophétise
maintenant à l'Esprit, fils de l'Homme, prophétise, et
tu diras à l'Esprit : Esprit, viens des quatre vents et
souffle sur ces morts et qu'ils revivent. »

Et je prophétisai comme Dieu me l'avait ordonné,
et l'Esprit entra dans ces os, et ils vécurent, et une armée
innombrable se tenait devant moi, debout sur ses pieds.

Et c'est là, oui, c'est là ce que produit notre sténographie! Elle vivifie cet amas informe de bâtons et de ronds,
qui jonchaient, morts et inertes, les tables des écoles;
elle leur donne l'esprit, l'âme; au lieu de l'immobilité du
sépulcre, c'est le mouvement; au lieu de la mort, c'est
la vie! C'est une armée de pensées qui s'agite et se meut
devant l'enfant, qui défile sous ses yeux, qui l'intéresse,
qui le stimule, qui l'entraîne, qui le conduit GAIMENT,
sûrement, victorieusement à l'assaut de l'instruction.

(La suite au prochain Bulletin.)

L'ASSOCIATION D'AMBÉLAKIA

Documents confirmatifs, recueillis et mis en ordre par F. Boulanger (*).

Nous transcrivons ici-dessous le préambule et la conclusion du deuxième contrat de l'*Association d'Ambélakia*, renouvelé à la date du 1ᵉʳ janvier 1795. Il n'est pas sans intérêt de voir que dans une Association, qui n'avait d'autre mobile que l'intérêt, les fondateurs s'appuyaient néanmoins sur la religion, cette base indestructible de toute prospérité humaine.

Voici cet extrait du contrat de cette Association qui, constituée en 1795 avec un capital de 100,000 fr., possédait en 1810, 15 ans après sa fondation, une fortune de plus de 20 millions de francs :

« Là où il y en a deux ou trois réunis en mon nom, je suis « au milieu d'eux, » dit le Seigneur dans les Evangiles;

Et le Prophète-Roi :

« Le commencement de tes paroles est la vérité; »

Et :

« La crainte de Dieu est pure, subsistant dans les siècles des « siècles; »

Et :

« Tes serviteurs, en les observant, seront bien récompensés. »

En conséquence, nous, les soussignés, marchands et artisans en fils rouges de cette ville d'*Ambélakia*, fondant notre existence sur la *pierre angulaire*, au nom de Notre-Seigneur même, avons décidé de renouveler notre Société et notre Confrérie, pour exercer l'industrie de

(*) Un vol. in-18, en vente au profit de la *Maison rurale*, librairie sociétaire, 3, rue Hautefeuille, à Paris. — Prix : 2 fr. 50.

la teinture en rouge, faire le commerce des fils de coton, ainsi que de toute autre marchandise.

Nous avons établi pour base de notre Société les articles suivants :

. . . .
. . . .

Article 17. — ... Et que notre Roi céleste, le Christ, chef de la paix, nous envoie à nous, les humbles, sa bénédiction céleste et qu'il répande dans nos âmes l'huile de la paix et de la concorde ; qu'il nous comble de ses grâces ; qu'il bénisse nos entreprises et nos efforts par sa bénédiction spirituelle ; qu'il consolide notre Société et pour nous et pour les enfants de nos enfants. Amen.

LA PETITE PRESSE.

Deux petits journaux se sont faits tout récemment l'écho de rapports erronés contre la Maison rurale. Nous ne répondrons point à leurs attaques. Mais nous devons pour une bonne fois prémunir nos amis contre ces manœuvres. Nous remplirons notre devoir, tout notre devoir, et le temps fera son œuvre.

Remarquons toutefois que nos adversaires se montrent bien faibles en Théorie sociétaire. L'un deux, enthousiaste apparent du garantisme, ne comprend même pas le sens de ce mot. En effet, en toute chose on doit, autant qu'on le peut, prêcher d'exemple ; par conséquent un journal qui s'inspirerait du garantisme n'aurait pas inséré une critique quelconque sur une œuvre, sans au préalable en avoir donné communication aux principaux fondateurs de cette œuvre, en leur offrant la faculté de réponse en regard. Cela n'aurait rien coûté à ce journal et aurait donné la preuve manifeste de son esprit de justice, de son impartialité et de son désir sérieux de se conformer avant tout à la vérité, et enfin de son ralliement sincère à la Théorie du garantisme. En agissant autrement, on a prouvé de fait qu'on ne comprenait point la Théorie sociétaire et qu'on était étranger à tout esprit de justice.

Même remarque à l'égard de notre second adversaire, qui pourtant se pique d'être un ardent zélateur de l'esprit de justice.

Quant aux gens qui nous auraient, à ce qu'il paraît, donné d'excellents conseils, ces gens-là auraient fait beaucoup plus sagement de prêcher d'exemple et d'agir par eux-mêmes.

Ils ont en main des moyens d'action beaucoup plus importants que ne sont nos faibles ressources; que n'agissent-ils!

Puis, quels peuvent avoir été ces conseils?...

J'en pourrais énumérer jusqu'à trois que je n'ai pas suivis.

D'après le premier, il eût convenu d'arborer le drapeau de la *Libre pensée*. Il y a bien une *Libre pensée* ralliée à l'Attraction et au bon sens qui constitue une doctrine vraiment lumineuse et féconde ; il ne s'agissait point de celle-là, mais de cette *Libre pensée* étroite et rabougrie, telle qu'elle se présente communément, doctrine incohérente et hétérogène, véritable avorton, qui n'est autre chose qu'un engin de trouble et de bouleversement, une arme de guerre contre les cultes publics. Or, la Maison rurale, œuvre de paix et de conciliation, renierait son principe et son origine, si elle se faisait jamais l'organe d'une doctrine aussi subversive.

Le deuxième conseil, plus ridicule encore que le premier, c'était de se convertir..... au *Spiritisme*, cette superstition nouvelle qui sera l'une des erreurs de notre siècle!..... Nous ne nous rattachons qu'aux doctrines qui ont la sanction de la science et du bon sens, et l'on ne nous verra jamais nous rallier à certaines élucubrations qui déshonorent l'esprit humain et qui paraissent être le produit de ... que nous craignons, peuvent tourner ...

Enfin un troisième conseil, c'était de nous inféoder à un certain parti très-influent qui, en revanche, nous eût garanti une grande prospérité. Mais notre œuvre, je l'ai répété cent fois, est une œuvre indépendante, dégagée de tout esprit de parti. Nous ne sommes d'aucun parti ; nous les respectons tous et nos principes tendent à les tous concilier ; aussi nous ne pouvons livrer notre œuvre à aucun d'eux.

Serait-ce de pareils conseils que l'on nous reprocherait d'avoir méconnus ? Ces reproches feraient notre éloge. Au surplus, que les donneurs de conseils agissent et agissent en suivant leurs beaux principes. Nous sommes curieux de les voir à l'œuvre.

DU GARANTISME

Puisque nous avons été amené à nous servir de cette expression, il est bon d'en donner une explication sommaire à ceux de nos lecteurs qui ne connaissent point la Théorie sociétaire. Il faut entendre par Garantisme un ensemble de dispositions qui ont pour objet, au sein de la Société, de *garantir* en toutes relations l'équité et la vérité et sauvegarder les intérêts de chacun. C'est un résultat qui se voit rarement dans l'ordre actuel.

A ne parler que des journaux, qui peut être certain qu'un article quelconque d'une gazette est bien l'expression de la vérité ?... On n'en a aucune garantie. Le droit de réponse en regard, s'il existait, pourrait, en bien des cas, ramener les écrivains à respecter la vérité. Il ne suffirait pas toujours. Il faudrait pour remédier à l'anarchie de la presse le concours de plusieurs autres contre-poids dans le détail desquels il serait trop long d'entrer. Ignorant ces contre-poids, les Gouvernements n'ont d'autre moyen que l'emploi du bâillon pour se

(A suivre.)

défendre contre les attaques de ce pouvoir anarchique. C'est un moyen dangereux et qui n'est point à la portée des simples particuliers qui restent victimes des attaques du premier venu.

Une règle fondamentale en Théorie du Garantisme, c'est de fusionner les deux intérêts, le collectif et l'individuel. On en voit de beaux germes dans les Assurances, comme celles contre les incendies où la masse est solidaire et vient en aide à celui des assurés devenu victime d'un sinistre. Même observation pour les Sociétés de secours mutuels entre ouvriers, où la masse des bien portants vient au secours des sociétaires malades. Si l'état social actuel qui est un état incohérent, caractérisé par la divergence des intérêts, introduisait en toutes relations cette fusion des intérêts, on arriverait au plein Garantisme, état dans lequel il n'existerait plus aucun germe de trouble intérieur.

La Maison rurale a introduit dans son organisation quelques mesures de Garantisme. C'est ainsi qu'elle a garanti aux familles leur intervention dans l'administration et la surveillance de l'établissement, par la formation d'un Conseil spécial dont elles peuvent faire partie.

La Théorie du Garantisme est donc une Théorie fort intéressante au fond et qui mérite, assurément, l'attention de toutes les personnes qui s'occupent sérieusement des améliorations dont l'état social est susceptible.

JOUANNE.

(*A suivre.*)

ROUEN.— IMP. LÉON DESHAYS, RUE SAINT-NICOLAS, 30.

Placée dans une situation des plus agréables et des plus salubres, entourée de grands bois qui assainissent l'air, recevant les rayons du soleil à telle heure que ce soit de la journée, la **Maison rurale** présente aux familles toutes les garanties désirables au point de vue de la santé des enfants et du développement de leurs forces physiques.

Quant au régime alimentaire, il suffit de rappeler que la *Maison rurale* est une fondation toute philanthropique pour que les familles soient assurées de l'excellence de ce régime. Un conseil de surveillance dont elles peuvent faire partie, le *Conseil de famille*, préside à l'organisation et au fonctionnement de cette œuvre caractéristique.

Bref, la Maison rurale est fondée et administrée par une Société de souscripteurs dont peut faire partie toute personne honorable. C'est une œuvre collective, étrangère par conséquent à toute spéculation individuelle ou mercantile.

La Maison rurale est située à proximité de la ville de Rouen, d'où l'on peut s'y rendre directement en moins de deux heures. On peut également s'y transporter par le chemin de fer du Nord, station de Morgny, où un omnibus fait la correspondance de Ry, trois fois par jour, aux trains de 8 h. 40 du matin, 1 h. 40 et 6 h. du soir.

Le but

Placée dans une situation des plus agréables et des plus sublimes, entourée de grands bois qui dessinent l'air, recevant les rayons du soleil à telle heure que ce soit de la journée, la Maison rurale présente aux familles toutes les garanties désirables au point de vue de la santé des enfants et du développement de leurs forces physiques.

Le *but fondamental* de la Maison rurale est la *Recherche pratique* des moyens de rendre le travail et l'étude *attrayants* aux enfants.
Ses principaux Fondateurs pensent être en possession d'un procédé spécial dont l'essai, qui ne peut se faire que dans des conditions particulières qui ne sont pas encore réunies, s'il réussit, comme ils sont fondés à l'espérer, entraînera des conséquences d'une immense portée, en ouvrant une carrière qui offrira de grands avantages et mettra à l'abri des éventualités malheureuses, si communes à notre époque, tous ceux qui l'auront favorisé, tels que maîtres et souscripteurs, et notamment les élèves de la Maison rurale et leurs familles.

L'ÉDUCATION NOUVELLE

PAR LE LIBRE ESSOR DES FACULTÉS.

BULLETIN TRIMESTRIEL

De la MAISON RURALE d'Expérimentation sociétaire

FONDÉE A RY

Avec Ménage d'enfants, Ecoles de différents degrés, Jardins
et Ateliers d'apprentissage.

« Laissez venir à moi les petits enfants,
« car le royaume des cieux est pour ceux
« qui leur ressemblent. »

ÉVANGILE.

6ᵉ Année. — 2ᵉ Série. — Nᵒ 3.

JANVIER 1876.

S'ADRESSER, POUR TOUS RENSEIGNEMENTS

A M. JOUANNE, DIRECTEUR DE LA MAISON RURALE

A RY (Seine-Inférieure).

La **Maison rurale** a pour objet de développer chez les enfants leurs différentes aptitudes ; faciliter, dès leurs plus jeunes années, l'éclosion de leurs vocations, afin de les rendre aptes à s'ouvrir, plus tard, dans l'agriculture, l'industrie, le commerce ou les sciences, une brillante carrière conforme à leurs aptitudes naturelles.

Les Fondateurs de la Maison rurale se sont proposé surtout de créer un milieu qui soit, autant que possible, la reproduction en petit des industries primordiales, pour que l'enfant placé dans ce milieu puisse manifester ses tendances et développer ses capacités pour telle ou telle profession.

Un vaste jardin annexé à l'établissement permet aux enfants de s'initier à la taille des arbres et aux premiers éléments de la culture, d'expérimenter la valeur, l'aménagement et la fabrication des différents engrais. Un atelier spécial leur permet de s'exercer aux travaux sur bois et sur métaux. Enfin, une basse-cour variée complète le cadre actuel des amusements récréatifs et instructifs offerts aux enfants.

Des professeurs instruits, pourvus de leurs diplômes universitaires et possédant une longue expérience de l'enseignement, prodiguent à ces enfants l'instruction dans ses différents degrés.

L'ÉDUCATION NOUVELLE

PAR LE LIBRE ESSOR DES FACULTÉS.

LES MÉTHODES ATTRAYANTES.

L'Orthographe apprise a l'aide de la sténographie plus logiquement, plus rapidement et plus sûrement qu'à l'aide des anciens procédés

Discours de M. Emile Duployé, président de l'Institut sténographique des deux mondes, à la troisième Assemblée générale annuelle (suite) :

L'enfant connaît parfaitement toutes les lettres de l'alphabet, il sait admirablement les tracer ; l'adjonction de la sténographie à ce premier travail, a été pour lui un encouragement, un bonheur ; il lit, il écrit l'alphabet, il croit savoir quelque chose, il ne sait rien, quand je dis rien..., j'entends rien... sous le rapport de l'écriture ordinaire, car, pour la sténographie, il sait tout et pourrait très-bien, d'ores et déjà, s'instruire en laissant de côté l'écriture vulgaire ; mais enfin, sous le rapport de cette dernière écriture, connaissant les lettres de l'alphabet, sachant admirablement les écrire, il ne sait rien. Comment cela ? C'est que dans notre bienheureuse écriture française on écrit tout autrement qu'on ne prononce, ou ce qui revient au même, on prononce tout autrement qu'on n'écrit. Oui, dans l'écriture française quatre-vingts mots sur cent s'écrivent autrement qu'ils ne se prononcent ! Essayez donc d'utiliser les connaissances que l'enfant vient d'acquérir pendant les premiers mois de son installation sur les bancs de l'école. Dites-lui d'écrire : *moi*; il écrira invariablement *moa* et non pas *moi*; dites-lui d'écrire *mon*, il ne saura comment faire, car *mon* lui donnerait *monc*, et, dans l'alphabet, il ne trouve pas de signe qui veuille dire *on*; dites-lui d'écrire *beaucoup*, il mettra *bok*, et, pour le son *ou*, il ne saura l'exprimer.

Mettez-le devant un livre et essayez de vous rendre compte de la manière dont il lira cette phrase : *Maman aime beaucoup son petit enfant, et moi je l'aime aussi de tout mon cœur.* Pour être logique, pour utiliser les connaissances acquises, il devra lire : *Mamane aïmeu beaüsoupe sone peutite eunefante, eute moï jeu l'aïme aüssi deu toute mone cœuür.*

Il faut donc nécessairement apprendre à l'enfant à prononcer presque tous les mots tout autrement qu'ils ne sont écrits, il faut lui apprendre à donner aux lettres de l'alphabet un son tout autre que celui qu'on s'est obstiné à lui seriner pendant des mois entiers.

Qui va entreprendre ce nouveau travail? Qui va répéter mille et mille fois à l'enfant : *haut* se prononce *o; ai* se prononce quelquefois *é* et quelquefois *è; oïs* se prononce *oa; c* se prononce très-souvent *k; ent* ne se prononce pas ou se prononce comme *an?*

Qui va être obligé de s'atteler à ce labeur ingrat, et cela pour presque tous les mots de notre langue? Qui donc va recommencer ce travail des milliers et des milliers de fois? Car évidemment l'enfant ne reconnaîtra rien au milieu de cet inextricable fouillis de lettres, il ne pourra rien se rappeler, ni une première ni une deuxième fois; pourvu même qu'il parvienne à retenir quelque chose à la centième fois?

Hélas! ce sera le maître, toujours le maître! ou plutôt je me trompe; pour les enfants connaissant la sténographie, ce sera la sténographie. Au-dessus de tous ces groupes de lettres, vrais caractères chinois, qui doivent se prononcer tout autrement qu'ils ne sont écrits, l'enfant sténographe verra le son qu'il doit leur donner; il sera là figuré par le signe sténographique, le maître n'aura rien à dire, rien, absolument rien; l'enfant fera seul ce travail qui, d'après les anciens procédés, exige la présence et les préoccupations incessantes du maître; il pourra le faire, non plus dans le seul local de la classe, non plus seulement pendant le temps consacré à l'école, mais toujours, mais partout.

O vous qui vouliez ne pas donner droit de cité dans l'école à la sténographie, vous ne saviez certainement pas quelle somme énorme de peines et de fatigues elle épargne aux maîtres et aux élèves! Vous ignoriez combien puissamment elle contribue aux progrès de l'élève studieux. Sous peine de se former des idées complétement fausses sur la prononciation des mots, l'élève ne doit pas essayer de lire lorsque le maître n'est pas là. La sténographie soustrait le maître et l'élève à ce pénible assujettissement et contrôle.

C'est l'admirable simplicité et facilité de ce procédé qui explique comment des hommes complétement illettrés ont pu, à l'aide de la sténographie apprise en quelques heures, apprendre ensuite tout seuls la lecture et l'écriture ordinaires.

La sténographie employée pour apprendre la lecture aux enfants, aide donc puissamment à leurs progrès, tout en déchargeant le maître d'un travail long, pénible, fastidieux.

J'arrive à l'écriture, c'est-à-dire aux dictées, à ces malheureuses dictées qui, chaque jour, absorbent presque tout le temps de la classe.

Pour se faire entendre de toute la division à laquelle il s'adresse, le maître doit élever la voix, par conséquent se fatiguer ; pour que tous les élèves puissent écrire ce qu'il dicte, il lui faut parler lentement, très-lentement, répéter deux et trois fois la même phrase. Oh ! instituteurs ! quelle patience et quelle poitrine vous sont nécessaires ! J'espère qu'on ne trouvera pas qu'être obligé de passer beaucoup de temps, lorsqu'on pourrait ne pas en passer du tout, soit un avantage !

Notons que ces dictées faites à haute et intelligible voix, pendant une demi-heure ou trois quarts d'heure à la première division, puis pendant le même laps de temps à la deuxième, et ainsi de suite, ne sont pas précisément propres à favoriser le travail des divisions pour lesquelles la dictée n'a pas lieu. Un homme rompu aux travaux de l'intelligence et désirant ardemment s'instruire est obligé de rechercher le calme et le silence lorsqu'il veut étudier, et l'on voudrait que des bambins qui ne sont pas encore formés au travail intellectuel, qui ne demandent qu'à s'amuser, s'occupassent fructueusement pendant que le maître crie de toutes ses forces pour se faire entendre à d'autres élèves !

La sténographie pourrait-elle épargner aux maîtres et aux élèves la fatigue et la perte de temps occasionnées par les dictées à haute voix ? Mais on dirait qu'elle a été créée et mise au monde tout exprès pour cela !

La sténographie, c'est la parole immobilisée.

Le maître prend pour ainsi dire sa parole à l'aide

d'un crayon; il la pose, il la fixe, il l'immobilise sur le tableau noir, sous les yeux de ses élèves, au lieu de la jeter d'une manière fugitive dans leurs oreilles. Lorsque le maître parle, sa parole pourra, par suite de faiblesse d'organe ou par suite de défaut d'attention de la part de l'élève, n'être pas entendue ou être mal interprétée ; avec la sténographie, cet inconvénient n'est pas possible, la parole est là, sur le tableau ; elle y restera perceptible dans toute sa netteté et vérité, une heure, deux heures..., autant qu'il sera nécessaire ; elle y restera sans faire de vacarme, sans distraire les divisions auxquelles elle ne s'adresse pas ; elle y restera n'ayant demandé que quelques minutes pour être tracée, et si le maître place entre les mains des élèves des livres écrits en sténographie, il pourra économiser même ces quelques minutes qu'il lui aurait fallu pour tracer la dictée sur le tableau noir.

En dehors de cet avantage immense qui, à lui tout seul, suffirait bien pour engager les maîtres à employer la dictée à l'aide de la sténographie, faut-il compter pour rien l'avantage de ne pas déformer l'écriture des élèves ?

Le mode ordinaire de procéder serait vraiment risible si les résultats auxquels il conduit fatalement n'étaient pas si déplorablement tristes ; on tient à ce que les élèves aient une belle écriture ; tout le monde en sent la nécessité ; plusieurs Ministres de l'Instruction publique ont cru devoir faire tout exprès à ce sujet des circulaires ; partout on se plaint qu'on ne rencontre plus de ces magnifiques écritures *moulées* qui font pâmer d'aise les calligraphes et réjouissent la vue des simples mortels. Comment en serait-il autrement ? Est-ce que, dans les écoles, la dictée à haute voix ne fait pas tout son possible pour déformer l'écriture des élèves ? Et certes, elle peut hardiment se vanter d'avoir complètement réussi. N'importe quel instituteur, eût-il la patience de Job, ne peut faire successivement la dictée à plusieurs divisions, en allant assez lentement pour que tous les élèves aient le temps de mouler leurs lettres ; il faut qu'il se hâte, par conséquent que les élèves écrivent vite, bon gré mal gré, par conséquent qu'ils déforment leur écriture.

C'était bien la peine vraiment de se donner et de donner tant de mal aux enfants pour leur apprendre à former régulièrement des bâtons et des ronds, et les lancer ensuite dans ces affreuses *pattes de mouche*, qui constituent l'écriture de tous les écoliers ! Et tant que les dictées à haute voix seront le principal moyen employé pour apprendre l'orthographe aux enfants, les pattes de mouche continueront, en dépit de toutes les recommandations et de toutes les circulaires, à être l'apanage de 99 écoliers sur 100.

Mais les dictées ne se font pas toujours au moyen de la parole ; on emploie des livres spéciaux que l'on appelle *exercices*; certains de ces livres procèdent par le moyen de la *cacographie*, c'est-à-dire qu'ils écrivent *mal* ce qu'on veut faire écrire *bien* à l'enfant. Curieux moyen de vouloir faire tracer par quelqu'un le portrait d'une personne, en lui donnant comme modèle des personnes qui ne ressemblent nullement à celle que l'on veut faire peindre. Ne placer sous les yeux de l'enfant, pour lui apprendre à bien écrire, que des mots mal écrits, a paru un moyen tellement absurde que généralement il est abandonné. Abandonné, il faut s'entendre; abandonné par les éditeurs de livres, mais nullement, nullement par la gent écolière; c'est même le procédé qu'elle affectionne le plus et qu'elle met le plus consciencieusement en usage.

Qu'arrive-t-il, en effet, chaque fois que le maître fait une dictée?

Si on ne peut laisser à l'enfant le temps de mouler toutes ses lettres, à plus forte raison ne peut-on pas lui laisser le temps de réfléchir sur chaque mot, le temps de chercher dans son dictionnaire, s'il en sent le besoin; la dictée qui, chaque jour, prend déjà des heures entières, demanderait tout le temps de la classe, et au-delà.

Que fait l'enfant? Il écrit comme il peut ce qu'il entend. Oh! la magnifique cacographie qu'il vient de composer en splendides pattes de mouche! Regardez plutôt! presque tous les mots sont écrits de manière à rendre jaloux tous les cacographes de profession, passés, présents et à venir; sa dictée est une cacographie près de laquelle vos cacographies les plus savantes sont de l'orthographe de puriste; l'élève se fait chaque jour lui-même, sous votre dictée, ce que vous lui interdisez de lire; vous brûlez les livres cacographes et vous lui faites composer des dictées cacographes! Et ces dictées vous le forcez à les contempler, à les lire, à les relire pendant presque tout le temps de l'école!

Avec la sténographie, ce n'est pas seulement dix mots, vingt mots sur cent qui appellent l'attention de l'élève, qui le font réfléchir, ce sont les cent mots de la dictée, la dictée tout entière. Aussi, à l'enfant qui fait la dictée à l'aide de la sténographie demandez plus tard n'importe quel mot, il saura l'écrire sans faute, car ce mot se sera

présenté à lui des centaines de fois uniquement revêtu
de la prononciation donnée par la sténographie, cette
prononciation qui possède tous les avantages de la
dictée à haute voix sans en avoir les inconvénients,
et qui, de plus, ne tardera pas à uniformiser le
langage français, à faire disparaître toutes les pronon-
ciations vicieuses qui ont résisté au travail des siècles
et des chemins de fer.

Au reste, les succès obtenus, il y a quelques jours
à peine, par un instituteur dont la présence dans cette
assemblée m'interdit de prononcer le nom, mais que
presque tous vous connaissez (M. Gendre), succès
éclatants : les premiers prix dans les concours, rem-
portés par des élèves formés sténographiquement à
l'orthographe, ces succès ne disent-ils pas, eux aussi,
à leur manière, que le moyen le plus rationnel, le plus
facile, le plus expéditif d'apprendre aux enfants l'orthographe, c'est de la leur enseigner à l'aide de la sténographie.

On ne s'étonnera plus après cela que les instituteurs
qui connaissent la sténographie ne puissent plus se
décider à faire la dictée à l'aide des anciens procédés.
Il serait, en effet, par trop naïf, ou plutôt par trop
déraisonnable, de se fatiguer et de fatiguer les élèves, de
perdre du temps et d'en faire perdre aux élèves, d'en-
dormir l'intelligence des enfants, de les habituer à ne
travailler que sur certains mots, de déformer l'écriture
des enfants, alors qu'à l'aide de la sténographie on peut
éviter tous ces inconvénients.

C'est une justice à rendre aux dictées orales, elles
font tout leur possible pour obliger les élèves à désap-

prendre et l'orthographe et la calligraphie. Elles les forcent à écrire des mots pleins des fautes les plus grossières, et à sauter à pieds joints par-dessus ces inimitables pleins et déliés que tout à l'heure on leur faisait caresser lentement, d'une plume complaisante.

La cacographie imprimée est condamnable et condamnée; pourquoi la cacographie écrite, à laquelle on oblige les enfants à l'aide des dictées orales et qui leur désapprend encore la belle écriture, ne serait-elle pas, elle aussi, condamnée?

Pour éviter l'usage de la cacographie, autant qu'il peut être évité lorsqu'on emploie l'écriture ordinaire, on a inventé divers procédés; le mot n'est pas écrit en entier. Notez que, sur cent mots qui composeront un exercice, quatre-vingts mots, peut-être même quatre-vingt-dix, seront écrits complètement, entièrement; l'enfant n'aura pas à s'en préoccuper; il n'aura qu'à les copier machinalement; aussi sera-t-il pris au dépourvu lorsqu'il lui faudra écrire ces mêmes mots sans les avoir sous les yeux. Mais l'élève arrive à un mot tronqué; il veut marcher..... Attrape! la fin du mot manque, ou bien le mot sur lequel l'enfant devra concentrer son attention sera mal écrit, mais ce mot mal écrit sera très-bien appris, très-bien élevé, il aura l'obligeance de prévenir l'élève, il sera souligné, imprimé en italiques, de manière à ce que l'enfant soit bien et dûment averti que le mot est mal écrit et qu'il faut nécessairement l'écrire d'autre manière; par là on évite en partie les inconvénients de la cacographie. Combien tous ces moyens sont mesquins quand on les compare aux résultats que donne l'emploi de la **sténographie!**

La dictée, au moyen de la sténographie, se fait déjà actuellement dans plus de mille écoles; laissez passer quelques années, ce procédé d'enseignement de l'orthographe, si rationnel et si facile, sera partout employé.

Puisqu'il faut, avec nous, Français, former des machines à orthographe, on les formera, à l'aide de la sténographie, d'une manière beaucoup plus rapide et plus sûre et en développant l'intelligence bien plus largement que par les procédés jusqu'à ce jour en usage, et de plus, nous donnerons aux enfants, à titre de surcroît qui, certes, n'est pas à dédaigner, une deuxième écriture de beaucoup plus rapide que l'écriture ordinaire, le chemin de fer et l'électricité au lieu du coucou et de la patache.

L'idée sténographique est descendue des hauteurs de la pensée; elle a pris corps, pour ainsi dire, dans cette curieuse boule de neige, ingénieux symbole de l'Institut sténographique, qui s'en va par le monde augmentant à chaque instant de volume et de vitesse; vous voilà sur son chemin, laissez-vous emporter par elle, ce sera pour votre bien, vous augmenterez sa masse et son entrain. Grâce à votre intelligence et à votre dévoûment, le siècle des chemins de fer et de l'électricité ne peut manquer de devenir aussi le siècle de la sténographie.

Emile DUPLOYÉ.

Nous reviendrons sur les bizarreries de l'orthographe, signalées par M. E. Duployé, et sur les difficultés que rencontre l'enfant dans une telle étude.

Degré de développement de la Maison rurale. — Temps d'arrêt et période d'élan.

Notre œuvre subit en ce moment même le temps d'arrêt que nous avions prévu et annoncé dans nos précédents Bulletins. Ce temps d'arrêt a même été marqué par un mouvement de recul dont nos amis ne doivent pas être surpris. S'ils ont approfondi la Théorie de l'Unité universelle, ils savent que tout mouvement régulier, petit ou grand, au sein de l'humanité, comme dans la création entière, est sujet à de pareilles oscillations. Ce temps de recul, loin d'être un indice de rétrogradation dans notre évolution, doit au contraire être assimilé au fait de l'homme qui, s'apprêtant à franchir un fossé, fait quelques pas en arrière pour prendre son élan. Telle est la situation présente de notre œuvre; elle se recueille et concentre ses forces pour mieux franchir les derniers obstacles et entrer de plain-pied dans la nouvelle phase qui s'ouvre devant elle et qui sera d'autant plus brillante que nous serons plus secondés.

Tout mouvement régulier, nos amis le savent, comprend plusieurs phases distinctes et successives. La première de ces phases est toujours caractérisée par plus ou moins de confusion, plus ou moins d'incohérence dans les éléments qu'elle met en jeu. Celle qui lui succède se caractérise au contraire par une combinaison telle dans les ressorts qu'elle met en mouvement, que tout converge avec un ensemble parfait vers le but poursuivi.

Donc, si le nombre de nos enfants a diminué, il va

se relever (1), et dans de telles conditions que leurs familles comprendront mieux le but que nous nous proposons et se rallieront à nos vues, contrairement à ce qui nous est arrivé dans le passé, où nous nous sommes trop souvent heurtés contre le mauvais vouloir, les fausses préventions ou les exigences outrées de certaines familles.

Notre Conseil de surveillance s'est ressenti lui-même de ce temps d'arrêt. Le nombre de ses membres en effet a diminué au lieu d'augmenter. L'un des plus actifs a quitté la contrée, un deuxième a donné sa démission et deux autres ont vu leur bon vouloir paralysé par des circonstances diverses. Mais il va se reconstituer bien certainement dans le cours de notre nouvelle évolution et d'une manière plus compacte et plus stable.

Nous avions réuni dans ces derniers temps jusqu'à 30 enfants dans un local qui n'était réellement disposé que pour une vingtaine. Nos constructions nouvelles, effectuées l'an dernier, vont nous mettre en état d'en recevoir largement 40 à 50. Ces constructions et remaniements dans le corps même du bâtiment primitif avaient jeté une apparence de désordre dans notre entreprise; à ce point que l'idée nouvelle sur laquelle notre œuvre repose, avait complétement disparu et qu'il restait à peine trace de ce germe d'organisation qui, à diverses reprises, avait frappé si agréablement nos visiteurs.

Pendant cette courte période de confusion, ce qui était seul resté intact, c'était l'enseignement, c'était les soins

---

(1) Il se relève même déjà, puisque, de la vingtaine où il était descendu, il est remonté à vingt-huit.

dont nos enfants ont toujours été l'objet. Sous ce rapport notre œuvre a toujours maintenu sa supériorité comme pensionnat. Et cela devait être. Quant à l'idée neuve que notre œuvre est appelée à réaliser, il importait peu qu'elle disparût momentanément, quand cette disparition avait surtout pour objet de nous mettre en état de donner une impulsion nouvelle à sa réalisation.

Maintenant les choses vont reprendre leur cours régulier, leur marche ascendante, et si de nouvelles constructions sont à effectuer dans l'avenir, ces travaux, exécutés en dehors des édifices actuels, ne pourront en rien troubler notre organisation, à laquelle va se prêter un personnel dont l'esprit, rallié à l'impulsion du chef, n'apportera plus d'entraves à l'exécution de ses vues, comme il est trop souvent arrivé pendant la première phase de notre évolution, où le personnel, s'inspirant d'un esprit d'hostilité contre nos vues d'innovation, s'appliquait trop fréquemment à paralyser nos propres efforts.

Nous avons eu en effet à lutter, non-seulement contre la malveillance du dehors, malveillance qui s'attache toujours à toute nouveauté, si excellente qu'elle soit d'ailleurs, mais nous avons dû aussi lutter contre le mauvais vouloir d'un personnel qui prenait parti pour nos adversaires. Ceux-là même de nos coopérateurs qui s'inspiraient d'une bonne volonté manifeste n'ont pas laissé que de contrecarrer nos efforts, parce qu'ils n'avaient qu'une idée confuse de notre but et voulaient substituer à nos plans les vues étroites de leur esprit fourvoyé. Cette incohérence d'action était inévitable aux débuts d'une œuvre comme la nôtre. Elle est le caractère de la première phase dont nous franchissons la dernière période. Désormais, un personnel choisi, docile à l'impulsion donnée, et s'inspirant d'un esprit d'ensemble et d'unité, va se constituer, et donner à l'œuvre un concours d'une efficacité d'autant plus grande, que son intérêt se trouvera étroitement lié au succès et qu'il aura conscience de cette solidarité.

Alors que s'ouvre devant nous une nouvelle carrière avec une perspective de succès assurée, n'est-on pas fondé dans l'espoir que les souscriptions, un instant ralenties, vont reprendre leur cours? Nous y comptons, et nous avons l'intime conviction que les nouveaux concours de nos premiers souscripteurs nous mettront bientôt en mesure d'attaquer la grande expérimentation décisive, but ultérieur de nos efforts incessants.

Notre œuvre est parvenue à ce point que son existence, sa stabilité, sont désormais assurées, et que nous pouvons procéder en toute sécurité à l'organisation embryonnaire de 30 à 40 enfants, organisation dont les préparatifs s'achèvent en ce moment même. Mais notre but vise plus loin. Tout en procédant à la petite organisation du premier noyau d'enfants, nous avons à préparer l'essai décisif qui est devenu, nous l'avons dit dans le Bulletin, notre principal objectif. Or, l'auteur du *Traité de l'Unité universelle* portait à 500,000 fr. le capital nécessaire pour cet essai. A cette époque, l'argent avait plus de valeur qu'aujourd'hui. Cette somme serait donc à peine suffisante. Ajoutons qu'en procédant par voie progressive, il nous faut tabler sur une plus grande dépense. La voie progressive est sans doute la plus sûre, mais elle est aussi la plus dispendieuse. Nous allons donc avoir à faire de nouveaux efforts. Non-seulement il faudra continuer les souscriptions, afin que l'organisation à laquelle nous allons procéder soit aussi brillante que possible; mais il va falloir aussi envisager la perspective prochaine d'une grande expérimentation et s'inscrire chacun selon ses moyens pour cette grande opération décisive. C'est le moment de se rappeler la *souscription conditionnelle* que nous avons ouverte et d'y adhérer. Cette souscription n'engage à rien; mais elle constitue pour nous un renseignement excessivement précieux.

Mais ce ne sont pas seulement les capitaux qui font défaut pour entreprendre la grande expérimentation décisive, c'est surtout des collaborateurs en organisation. Je me suis bien engagé à organiser le premier noyau, et je remplirai mon engagement, moins rapidement toutefois que si j'eusse été secondé dans cette tâche; mais ce à quoi je ne me suis point engagé, c'est d'organiser l'expérimentation de haut degré qui devra suivre à bref délai. Il faut donc constituer un comité d'organisateurs en vue de cette extension prochaine. Que ceux de nos amis qui se sentent l'aptitude convenable pour intervenir dans ce comité se produisent et se mettent en mesure de pouvoir bientôt s'adjoindre à nous. Si leur nombre est trop restreint qu'ils s'unissent, qu'ils s'entendent pour arriver à se compléter par une propagande sagement conduite à laquelle notre Bulletin pourra fortement contribuer. Pour atteindre ce résultat avec plus de facilité, j'engage tous nos amis à se former en collectivités aussi nombreuses que possible, qui constitueront autant de centres de propagande et pourront se faire représenter, chacune par un délégué, au sein de la Société de fondation. Cette propagande que nous invoquons aura non-seulement pour résultat de faciliter la recherche des hommes aptes à l'organisation, mais elle pourra aussi contribuer puissamment à la recherche des concours en souscription si, contre toute attente, le capital nécessaire à la grande expérimentation ne pouvait se compléter dans les rangs de l'Ecole sociétaire.

Jusqu'à ce jour, la propagande au profit de l'idée nouvelle dont nous poursuivons l'application a toujours été *négative*, ne reposant que sur la critique du mal qui existe au sein de nos sociétés si agitées ; la nouvelle propagande va devenir *positive*, c'est-à-dire qu'elle s'étayera sur les faits qui vont se produire par l'intervention du noyau d'enfants qui se constitue en ralliement avec cette grande et bienfaisante idée. Formons donc des collectivités compactes, en vue de propager la connaissance des faits qui vont surgir de nos premiers efforts; c'est ainsi que nous attirerons à nous tous les concours nécessaires pour assurer le triomphe de ce principe nouveau : *l'Education attrayante!*....

Quant aux familles qui nous ont confié leurs enfants et à celles qui seraient disposées à nous en confier de nouveaux, qu'elles sachent bien que, si nous poursuivons l'expérimentation d'une idée neuve (l'éducation attrayante), nous avons pris à tâche avant tout de donner à leurs enfants tous les soins convenables sous le rapport de l'instruction et du régime hygiénique. La Maison rurale n'est point une spéculation en vue d'un bénéfice quelconque sur des économies dans la nourriture ou l'instruction. Aussi, ne négligeons-nous rien, n'épargnons-nous rien pour satisfaire à toutes les exigences légitimes. Notre établissement réunit le matériel scolaire le plus complet. Ce matériel, joint à l'emploi des méthodes les plus expéditives, serait déjà une garantie suffisante près des familles. Il ne faut donc pas qu'elles attachent la moindre importance à tout ce que l'esprit de malveillance peut inventer contre notre entreprise. Qu'elles n'oublient pas que toute idée neuve a ses détracteurs, et que bien souvent c'est l'œuvre la plus utile qui est la plus dénigrée à ses débuts. Les familles qui se piquent d'un esprit judicieux persévéreront, nous n'en doutons pas, dans la confiance qu'elles nous ont accordée et cette confiance ne sera pas trompée.

Nous ignorons si notre expérimentation complète s'effectuera dans un bref délai. Nous n'avons pas encore réuni tous les éléments indispensables. Nous les réunirons bien certainement. En combien de temps, c'est ce que nous ne saurions dire. Mais qu'importe aux familles, puisque la Maison rurale, comme simple pensionnat, ne laisse rien à désirer. Puis, alors même que leurs enfants, après avoir achevé leurs études dans notre institution, viendraient à la quitter avant l'achèvement de notre expérimentation, il ne leur serait pas moins réservé une grande part dans les avantages qui en résulteront, pourvu qu'ils y soient restés un certain temps et par cela même qu'ils aient mérité le diplôme d'élèves participants de la Maison rurale, et ces avantages seront immenses, ainsi que nous le démontrerons par la suite dans ce Bulletin. Que les familles nous aident donc, en faisant connaître le but véritable que nous poursuivons, qu'elles défendent notre œuvre contre la calomnie. Ce sera le moyen pour elles d'accélérer la réussite dans laquelle elles trouveront certainement de larges compensations aux efforts qu'elles auront faits pour nous seconder.

Et les instituteurs et institutrices, que d'avantages leur réserve aussi le succès de notre expérimentation!... Et les habitants de la localité où elle va s'effectuer, ne sont-ils pas, eux aussi, intéressés au développement de la Maison rurale!... L'espace nous manque pour entrer dans aucun détail à ce sujet. Nous reviendrons ultérieurement sur toutes ces questions. Déjà beaucoup de nos concitoyens sont assez clairvoyants pour entrevoir que le succès de la Maison rurale pourrait donner à notre petit bourg une prospérité sans égale; aussi croyons-nous que désormais leur concours bienveillant est définitivement acquis à notre belle œuvre. Nous croyons de même que parmi les instituteurs et institutrices, surtout ceux ou celles qui nous avoisinent, il s'en trouve qui n'hésiteront pas à joindre leurs efforts aux nôtres pour accélérer la réussite d'une œuvre qui leur procurera d'inestimables avantages. Nous nous tiendrons à la disposition des uns et des autres pour tous les éclaircissements désirables.

THÉORIE DE L'UNITÉ UNIVERSELLE.

Qu'est-ce que la Théorie de l'Unité universelle dont nous parlons quelquefois, et sur laquelle s'appuie notre institution?...

La plupart des souscripteurs de la Maison rurale connaissent cette Théorie et en acceptent les enseignements; mais beaucoup de nos lecteurs y sont encore complètement étrangers. Notre devoir est de la leur faire connaître progressivement. Déjà, nous avons été amené au précédent Bulletin à dire un mot du Garantisme, dont la Théorie est un rameau de la Théorie de l'Unité universelle. Nous ferons de même pour celle-ci.

Cette dernière est une découverte assez récente, qui démontre que toutes les forces de la nature convergent vers un but commun, l'*Unité*. Elle s'appuie sur une seule et unique loi, la loi d'Attraction.

Newton avait démontré par des calculs rigoureux que le cours des astres est réglé par l'Attraction. Depuis, le progrès des sciences tendait à prouver que la même loi régit aussi les atomes imperceptibles dont l'agrégation constitue les différents corps de la nature. Aussi ne pouvons-nous agir sur un corps, en modifier la constitution qu'en respectant la loi d'attraction d'où découlent les différentes propriétés de ces corps. C'est ce que font les chimistes et les physiciens. C'est également ainsi que nous sommes obligés de faire pour tirer parti des êtres qui composent le règne organique. Nous faisons d'autant plus produire les plantes de nos champs et les arbres de nos vergers, que nous nous conformons davantage à leurs attractions pour telle ou telle exposition, pour tel ou tel terrain, tel ou tel engrais, tel ou tel mode de culture. Et de même pour les animaux.

L'homme ne saurait échapper à cette loi. Au moral comme au physique, il est un composé d'attraction; et c'est en cédant à ces attractions, dont ses facultés diverses ne sont que des manifestations; c'est, disons-nous, en cédant à ces attractions, en favorisant leur essor, plutôt qu'en y apportant des entraves, que nous pouvons espérer de le faire arriver au bonheur vers lequel il aspire, et qui ne peut se réaliser en dehors de la justice. Or, la Théorie de l'Unité universelle non-seulement fait connaître par voie d'analyse les attractions de l'âme humaine, mais elle enseigne encore l'art de développer ces attractions conformément à l'esprit de justice. La Maison rurale empruntera à cette Théorie ses procédés pour le développement des vocations naturelles de l'enfant.

JOUANNE.

(A suivre.)

---

placée dans une situation des plus agréables et des plus salubres,
entourée de grands bois qui assainissent l'air, recevant les rayons
du soleil à telle heure que ce soit de la journée, la **Maison rurale** présente aux familles toutes les garanties désirables au point
de vue de la santé des enfants et du développement de leurs forces
physiques.

Quant au régime alimentaire, il suffit de rappeler que la *Maison
rurale* est une fondation toute philanthropique pour que les familles
soient assurées de l'excellence de ce régime. Un conseil de surveillance dont elles peuvent faire partie, le *Conseil de famille*, préside
à l'organisation et au fonctionnement de cette œuvre caractéristique.
Bref, la Maison rurale est fondée et administrée par une Société de
souscripteurs dont peut faire partie toute personne honorable.
C'est une œuvre collective, étrangère par conséquent à toute spéculation individuelle ou mercantile.

La Maison rurale est située à proximité de la ville de Rouen,
d'où l'on peut s'y rendre directement en moins de deux heures.
On peut également s'y transporter par le chemin de fer du Nord,
station de Morgny, où un omnibus fait la correspondance de Ry,
trois fois par jour, aux trains de 8 h. 40 du matin, 1 h. 40 et 6 h.
du soir.

Le *but*

Le *but fondamental* de la Maison rurale est la *Recherche pratique* des moyens de rendre le travail et l'étude *attrayants* aux enfants. Ses principaux Fondateurs pensent être en possession d'un procédé spécial dont l'essai, qui ne peut se faire que dans des conditions particulières qui ne sont pas encore réunies, s'il réussit, comme ils sont fondés à l'espérer, entraînera des conséquences d'une immense portée, en ouvrant une carrière qui offrira de grands avantages et mettra à l'abri des éventualités malheureuses, si communes à notre époque, tous ceux qui l'auront favorisé, tels que maîtres et souscripteurs, et notamment les élèves de la Maison rurale et leurs familles.

ROUEN.—IMP. LÉON DESHAYS, RUE SAINT-NICOLAS, 30.

L'ÉDUCATION NOUVELLE

PAR LE LIBRE ESSOR DES FACULTÉS.

BULLETIN TRIMESTRIEL

De la MAISON RURALE d'Expérimentation sociétaire

FONDÉE A RY

Avec Ménage d'enfants, Ecoles de différents degrés, Jardins
et Ateliers d'apprentissage.

6e Année. — 2e Série. — N° 3.

AVRIL 1876.

S'ADRESSER, POUR TOUS RENSEIGNEMENTS

A M. JOUANNE, DIRECTEUR DE LA MAISON RURALE

A RY (Seine-Inférieure).

La **Maison rurale** a pour objet de développer chez les
enfants leurs différentes aptitudes ; faciliter, dès leurs plus jeunes
années, l'éclosion de leurs vocations, afin de les rendre aptes à
s'ouvrir, plus tard, dans l'agriculture, l'industrie, le commerce ou
les sciences, une brillante carrière conforme à leurs aptitudes naturelles.

Les Fondateurs de la Maison rurale se sont proposé surtout de
créer un milieu qui soit, autant que possible, la reproduction en
petit des industries primordiales, pour que l'enfant placé dans ce
milieu puisse manifester ses tendances et développer ses capacités
pour telle ou telle profession.

Un vaste jardin annexé à l'établissement permet aux enfants de
s'initier à la taille des arbres et aux premiers éléments de la culture,
d'expérimenter la valeur, l'aménagement et la fabrication des différents engrais. Un atelier spécial leur permet de s'exercer aux
travaux sur bois et sur métaux. Enfin, une basse-cour variée complète le cadre actuel des amusements récréatifs et instructifs offerts
aux enfants.

Des professeurs instruits, pourvus de leurs diplômes universitaires et possédant une longue expérience de l'enseignement, prodiguent à ces enfants l'instruction dans ses différents degrés.

Placée dans

L'ÉDUCATION NOUVELLE

PAR LE LIBRE ESSOR DES FACULTÉS

Les Instituteurs et la nouvelle Education par le libre essor des facultés ou attraction.

Nous détachons de notre correspondance avec de nombreux instituteurs le fragment suivant :

« 7 mars 1876.

« ..... Je vous crois dans le vrai ; mais pour réussir que de
« difficultés n'aurez-vous pas à vaincre !!!
« Ce matin, j'en causais avec un brave médecin très-instruit...
« Il me disait :
« — M. Jouanne a d'excellentes idées ; mais il faut qu'il les
« abandonne, car il a contre lui *toute la société.*
« — Eh ! mon cher docteur, lui répondis-je, renoncez-vous à
« faire de la médecine vraie, raisonnée, intelligente, presque
« sûre, parce que vous avez contre vous une nuée, plus grosse
« encore que vous ne le croyez, de rebouteux, de gougneurs,
« de sorciers, de compères et de commères, etc. ?
« — Non, cent fois non.
« — Alors pourquoi voudriez-vous qu'il renonçât à l'applica-
« tion de ses idées que vous trouvez vous-même excellentes ?
« — Vous avez bien raison... Mais son système est trop radi-

« cal... et puis c'est un *système*, et en tout, en éducation comme
« en médecine, les systèmes sont dangereux.

« — Docteur, quand un incendie est trop violent, on fait la
« part du feu... quand la gangrène est dans un membre, on le
« coupe... Est-ce assez radical cela? et cependant le condam-
« nez-vous ?...

« — Ce que vous dites est trop vrai pour le contredire. Que
« M. Jouanne essaie donc; mais qu'il s'entoure de bons colla-
« borateurs, et qu'il s'attende à bien du mal, à bien des sacri-
« fices et à bien des ennemis.

« Sur ce dernier point, je suis d'accord avec mon bon doc-
« teur; mais je ne vous découragerai pas; au contraire, je vous
« dirai ce qui est ma pensée intime :

« Vous avez compris les vices de l'éducation actuelle, et vous
« voulez y remédier;

« Vous avez compris que le temps est trop précieux pour le
« perdre, et vous voulez l'économiser dès le début de l'école :
« tout le monde ne peut que vous en applaudir;

« Vous avez compris qu'un des grands malheurs de notre
« époque, c'est que toutes les carrières sont remplies de nullités
« d'autant plus dangereuses qu'elles sont bouffies d'orgueil et
« d'ambition, et vous voulez, par des *vocations vraies et natu-*
« *relles*, y substituer des hommes capables, tout à fait spéciaux,
« ce qui nous conduirait à une espèce d'idéal dont la société
« bénéficierait.

« Quand l'enfant sort de nos écoles primaires, il sait lire,
« écrire, compter; connaît le système métrique, un peu d'or-
« thographe, d'histoire et de géographie; quelques notions géné-
« rales sur l'agriculture, le commerce, l'industrie; mais il ne
« connaît rien des problèmes de la vie *usuelle*. Il connaît le
« mètre et ne sait pas métrer; il connaît le gramme et ne sait
« pas peser; il connaît le franc, mais il ne sait pas apprécier
« les choses, et n'est apte ni à vendre, ni à acheter; il sait
« écrire, mais il est incapable de libeller lui-même un testa-

« ment, un bail, un billet à ordre simple ou solidaire, une péti-
« tion, une requête, une simple lettre d'affaire ou d'amitié ; il
« sait très-bien calculer, mais il ne pourrait faire un mémoire,
« une facture avec calcul de remises, un règlement de compte,
« un inventaire, une liquidation, un cheptel, etc.

« En sortant de votre *Maison rurale,* il serait homme pra-
« tique.

« Donc,

« *Réussite* pleine et entière à votre entreprise ;

« *Succès immense* à vos efforts !.... »

Cette lettre résume parfaitement la pensée d'un grand
nombre d'instituteurs qui nous écrivent de différents
côtés, attestant que le corps des instituteurs adhère en
grande partie aux principes de l'Education nouvelle.
C'est d'un bon augure pour l'avenir de notre œuvre.
Pourquoi, en effet, le corps des instituteurs ne prêterait-
il pas à la Maison rurale le concours nécessaire pour
conduire celle-ci à bonne fin ? La Maison rurale n'est
point l'œuvre d'un seul : c'est une entreprise collective
qui appelle le concours de tous les hommes de bien, de
tous ceux qui comprennent qu'il est temps d'améliorer
l'éducation populaire, et qui veulent prendre à tâche
d'élever cette éducation à la hauteur des grands principes qui régissent les sociétés modernes.

Plus le concours sera grand, nombreux, plus vite nous
arriverons au but. Notre cher correspondant nous prédit beaucoup d'ennemis ; nous en aurons d'autant moins
que nous formerons une masse plus imposante. Nous
avons à conquérir, pour assurer le succès et vaincre
nos adversaires, quelque haut patronage qui impose
le silence à la malveillance. Nous l'obtiendrons promp-

tement, si nous nous constituons en une grande et puissante collectivité. Que les instituteurs nous secondent de leur appui moral, et nous aurons bientôt réduit au silence ces adversaires, éternels ennemis de tout progrès, de toute amélioration !

Quels arguments peuvent-ils mettre en avant contre notre belle entreprise?... Aucun. Ils n'ont d'autres armes que la calomnie et le mensonge, dont on a toujours fait usage contre les idées neuves. En est-il une, en effet, qui n'ait été calomniée à son début et souvent même présentée comme subversive de tout ordre? Les grandes découvertes qui ont fait la richesse et la prospérité des peuples modernes ont passé par cette épreuve. L'idée d'un nouveau continent a été conspuée à son origine, et Christophe Colomb a traîné pendant sept années le poids de l'excommunication, jusqu'à ce qu'un personnage influent, ayant pris sa défense, il fut mis à même de démontrer la justesse de sa conception. La vapeur, l'électricité furent de même ridiculisées et conspuées à leur origine. Ne nous étonnons donc point si le principe d'attraction universelle subit un sort analogue. Mais s'il a été méconnu, dédaigné, ridiculisé même par la génération qui s'en va, le moment approche où justice lui sera pleinement rendue. Quelque personnage influent, prenant sa cause en main, fera bien vite rentrer dans le néant les arguments de la peur et de l'ignorance. Instituteurs, qui êtes les guides de nos jeunes générations, prêtez-nous le concours de votre influence, et la Nouvelle Education sera bientôt mise à l'ordre du jour par les hauts pouvoirs sociaux dont elle deviendra le plus ferme appui.

Extension complémentaire de l'exploitation agricole de la Maison rurale. — Souscription conditionnelle pour une grande Expérimentation ultérieure.

Le Directeur-Gérant de la Maison rurale vient de se rendre acquéreur de près de huit hectares de terre situés dans le voisinage de la Maison et en vue de les adjoindre aux dépendances de celle-ci. L'exploitation de la Maison rurale, qui comprenait à peine trois hectares, va se trouver augmentée d'autant. C'était un complément réellement indispensable pour le développement prochain de notre établissement, tel que ce développement avait été prévu.

En effet, le nombre de nos petites vaches bretonnes, qui était de six à l'époque où nous avions affermé quelques herbages, s'est trouvé réduit à quatre à la fin de ce bail, puis à trois par suite de l'extension de notre culture potagère ; nous allons pouvoir ramener ce nombre à son chiffre primitif et augmenter également le nombre de nos chèvres pour l'amusement de nos jeunes enfants et aussi pour créer quelque rivalité dans la production du laitage. — Nous possédions dans le principe un petit poney qui servait d'amusement aux plus âgés de nos enfants ; depuis l'an dernier nous en avons six. Cet accroissement demandait quelques hectares de terre de plus pour la production suffisante en grains et fourrages. Désormais, nous pourrons parer à ces exigences, et non-seulement pourvoir par nos produits mêmes à la nourriture de ces animaux, mais aussi à celle des volailles, lapins et autres qui vont constituer notre basse-cour attrayante.

L'an dernier, nous avons complété nos constructions dans ce qu'elles avaient de plus indispensable. Aujourd'hui, nous complétons l'étendue de notre exploitation agricole. C'est ainsi que petit à petit, réunissant les éléments nécessaires à notre expérimentation, nous nous approchons de plus en plus du but fondamental de notre œuvre.

A propos d'un passage du rapport de M. le D' Couturier sur la Société de capitalisation lyonnaise, où le rapporteur engageait tous les partisans de l'association à souscrire à cette Société, l'un de nos coopérateurs, **M. Ch. Gouté**, nous écrivait de Blois, en nous disant qu'il serait préférable de diviser les souscriptions en diverses catégories, tel qu'il l'a proposé différentes fois dans sa correspondance, dont nous avons reproduit les passages essentiels : « Il est certain, dit M. Gouté, que « des souscriptions aux différents groupes que j'ai com- « mencé à indiquer seraient d'un effet plus prompt et « plus certain que la Société vaguement indiquée par « M. Couturier, dont par conséquent la marche à venir « est loin d'être indiquée...

« Si, au contraire, les capitalistes acceptent de se for- « mer par groupes, aussitôt qu'un groupe se sentira « assez de puissance, et de l'avis de la direction, qui a « intérêt à sa création, il commence ses opérations, « sans attendre les autres groupes dont la formation

« n'est pas encore assez avancée. Son premier soin est
« de fonder sur son modèle un groupe de travailleurs
« pour l'exécution et un groupe d'intelligences pour
« donner des plans et conseils sur la façon dont se fera
« le travail.

« Ce premier groupe ou ces premiers groupes, s'il y
« en a plusieurs, ont intérêt à encourager la fondation
« de nouveaux groupes pour aider les premiers à éta-
« blir des séries, séries d'autant plus faciles à réaliser
« que, durant l'établissement des premiers groupes, il
« y aurait toujours des capitaux qui se seraient portés
« d'un côté ou d'un autre de ces mêmes groupes.

« Si des groupes ne réalisaient point les espérances
« prévues, les groupes contigus pourraient avoir plus
« de succès et relever les premiers, qui auraient ainsi
« la facilité de revoir et corriger les vices de leur pre-
« mière organisation.

« C'est ainsi que la nature procède dans tout ce
« qu'elle accomplit.

« Vous avez donc, cher condisciple, des moyens d'ac-
« tion plus faciles que ceux proposés... »

Je porte à la connaissance de nos amis les propositions de M. Gouté, leur laissant le soin d'en apprécier
l'importance. Nous y reviendrons d'ailleurs. Aujour-
d'hui, nous voulons seulement faire une observation à
l'occasion de l'achat des terres que nous venons de faire.
M. Gouté avait souscrit une petite somme pour l'achat
des terrains. Si d'autres condisciples avaient suivi son
exemple, si leur nombre et le chiffre de leurs souscriptions l'avaient permis, ils auraient pu constituer une
collectivité spéciale pour ledit achat, et cette collecti-

vité, devenue propriétaire, aurait pu affermer sa propriété à la Maison rurale, ce qui aurait facilité à celle-ci l'emploi de ses propres fonds pour un autre objet. Le succès en eût été accéléré d'autant.

Ce qu'on n'a pas fait pour la Maison rurale, on pourrait le faire pour l'essai ultérieur qu'elle doit provoquer par sa réussite. Pour entrer dans les vues de M. Gouté, nous dirons à ceux de nos amis qui voudraient s'inscrire à la souscription *conditionnelle* ouverte en vue de ce nouvel essai, qu'ils peuvent spécifier leur désir que leur souscription pour la nouvelle entreprise serait affectée dans telle proportion à tel ou tel emploi, achat de terrain ou autre.

Cette souscription *toute conditionnelle*, je le rappelle, n'engage à rien et n'est qu'un pur renseignement. — A cette occasion, nous dirons que M. Salomon, de Strasbourg, vient de se déclarer adhérent pour 500 fr., ce qui ne serait pas son dernier mot; M. Salomon ayant continué chaque année ses versements à la Maison rurale, en agirait de même tout probablement pour l'essai de grande échelle qui devra suivre la complète organisation de la Maison rurale.

Comité d'organisation et Conseil de famille. — Personnel enseignant.

M. le Dr Suin, qui a souscrit à la Maison rurale pour diverses sommes dont le total s'élève présentement à près de 10,000 fr., s'est décidé à venir très-prochainement résider près de cet établissement, dans l'intention de nous prêter un concours plus complet. Nul doute

pour nous que cette décision ne soit favorable à notre
œuvre. M. le Dr Suin, qui n'avait pu faire que de rares
apparitions au conseil de famille de la Maison rurale,
ne manquera pas de participer d'une manière active et
permanente aux travaux de ce conseil. M. le Dr Suin
adhère pleinement aux principes tout à la fois conservateurs et rénovateurs sur lesquels se fonde notre œuvre.
Nous avions donc raison d'annoncer au précédent Bulletin que ce conseil allait se constituer d'une manière
plus stable et plus homogène que par le passé.

Que quelques autres coopérateurs se découvrent participants des mêmes principes, et nous ne tarderons pas
à voir se former le germe du comité organisateur dont
nous invoquons si souvent la formation. C'est ici, à la
Maison rurale, que doit se constituer ce noyau qui aura
pour mission de préparer, ici ou ailleurs, l'essai décisif
qui suivra notre petite expérimentation.

Pendant que de nouveaux éléments s'apprêtent à ren-
forcer notre administration, le personnel enseignant, de
son côté, tend aussi à s'organiser d'une manière également stable et en ralliement avec l'objet de la fondation.
Plusieurs instituteurs, tous parfaitement honorables et
pourvus, la plupart, de titres qui accusent de rares mérites, demandent à prendre une part dans la direction
de l'enseignement à la Maison rurale. Dans un temps
fort rapproché, en effet, le nombre de nos élèves augmentant, nous aurons à compléter notre personnel
actuel par l'adjonction de nouveaux professeurs. Cette
adjonction pourra commencer à s'effectuer dans le courant de l'été, au plus tard aux grandes vacances. Les
demandes vont être incessamment soumises au conseil

de famille, qui émettra son avis sur le choix que devra faire la gérance.

Malheureusement, nous ne pourrons pas admettre tous les postulants; mais bonne note sera prise de ceux que les exigences spéciales de la Maison rurale nous obligeront à refuser : ils trouveront chacun, dans l'entreprise ultérieure, un poste équivalent à celui qu'aurait pu leur offrir la Maison rurale. D'ailleurs, le succès de celle-ci changera complètement la situation de tous les instituteurs véritablement dignes de la belle profession à laquelle ils se sont voués. Partout, dans chaque école, des annexes agricoles plus ou moins importantes seront établies. Les capitaux afflueront pour cette innovation, qui s'effectuera avec beaucoup plus de rapidité que ne s'est effectuée la création des chemins de fer qui couvrent aujourd'hui la France ; et dans cette pacifique révolution, les instituteurs trouveront à la fois une noble indépendance et une voie de fortune rapide et assurée. C'est ce qui sera démontré dans nos prochains Bulletins.

THÉORIE DU QUADRUPLE PRODUIT.

Un instituteur nous demande, par une lettre en date du 4 courant, des renseignements sur la théorie du quadruple produit. Nous déférons à sa demande.

Cette théorie se confond avec la théorie de l'association fondée sur le *libre essor* ou *attraction*, le quadruplement des produits étant la conséquence rigoureuse de l'association intégrale.

De tout temps, on a entrevu les immenses économies qui résulteraient s'il était possible d'associer les habitants d'un village en tous travaux, ménage, culture, industrie. Mais les caractères plus ou moins disparates, les passions et les goûts plus ou moins divergents, les intérêts opposés, les ambitions, la cupidité et l'égoïsme ont toujours paru autant d'obstacles insurmontables. Par suite, aucune tentative n'a été faite pour sortir de l'incohérence et du morcellement, qui sont le caractère de l'organisation actuelle. Les grandes économies devant provenir surtout de la réunion du grand nombre, on s'est dit : Puisqu'on ne peut pas faire vivre d'accord quatre à cinq familles, à plus forte raison serait-il impossible d'en associer quarante, cinquante et plus. Eh bien! la *Théorie sociétaire*, fondée sur le libre essor, démontre que, s'il est impossible d'associer un petit nombre de familles, cette impossibilité disparaît progressivement à mesure que l'on étend la combinaison à un nombre de plus en plus grand, jusqu'aux limites d'un village de quatre à cinq cents familles. Les instincts, passions et intérêts, qui paraissaient former des entraves insurmontables, constituent au contraire des ressorts nécessaires au maintien de la concorde et de l'harmonie dans une organisation qui doit embrasser au minimum trente à quarante familles.

Cette assertion peut paraître étrange. Elle est l'expression de la stricte vérité. Mais pour associer une masse de familles réunissant toutes les inégalités d'âge et de fortune, toutes les variétés de goûts et de caractères, et réaliser au sein d'une pareille réunion la plus parfaite concorde, il convient d'employer une combinaison spéciale, dont la découverte assez récente constitue un art tout nouveau, l'art d'associer.

(La suite au prochain Bulletin.)

AVIS AUX FAMILLES.

Tout le succès de notre expérimentation va reposer, nous l'avons dit, sur une première organisation, qui devra embrasser au moins trente à quarante enfants. Ces premiers enfants participeront naturellement aux avantages de la fondation, et dans une proportion infiniment plus forte que ceux qui seront admis en dernier lieu. C'est pourquoi nous ne saurions trop engager les familles qui ont l'intention de nous confier leurs enfants à ne pas différer de nous les donner. Plus tard, lorsque le premier noyau sera formé, nous serons obligé de choisir parmi ceux qui nous seront proposés, car l'organisation que nous avons en vue exige une proportion déterminée dans le nombre d'enfants, selon leur âge, leur caractère et leurs aptitudes. Nous ne pourrons donc plus, pour compléter ce noyau, admettre indistinctement tous les enfants. Aujourd'hui notre préférence ne pourrait porter que sur ceux-là qui, très-peu nombreux, sont déjà connus de nos élèves actuels.

Nos constructions de l'an dernier ne nous permettent pas d'ailleurs de porter notre premier noyau au delà de la quarantaine. Enfin, une autre considération propre à engager les familles à ne pas attendre plus longtemps, c'est la belle saison qui s'ouvre. N'est-ce pas le meilleur moment pour faire profiter les enfants de tous les avantages qu'offre le séjour de la campagne ?...

JOUANNE.

(Supplément.)

Placée dans une situation des plus agréables et des plus salubres,
entourée de grands bois qui assainissent l'air, recevant les rayons
du soleil à telle heure que ce soit de la journée, la **Maison rurale** présente aux familles toutes les garanties désirables au point
de vue de la santé des enfants et du développement de leurs forces
physiques.

Quant au régime alimentaire, il suffit de rappeler que la *Maison
rurale* est une fondation toute philanthropique pour que les familles
soient assurées de l'excellence de ce régime. Un conseil de surveillance dont elles peuvent faire partie, le *Conseil de famille*, préside
à l'organisation et au fonctionnement de cette œuvre caractéristique.
Bref, la Maison rurale est fondée et administrée par une Société de
souscripteurs dont peut faire partie toute personne honorable.
C'est une œuvre collective, étrangère par conséquent à toute spéculation individuelle ou mercantile.

La Maison rurale est située à proximité de la ville de Rouen,
d'où l'on peut s'y rendre directement en moins de deux heures.
On peut également s'y transporter par le chemin de fer du Nord,
station de Morgny, où un omnibus fait la correspondance de Ry,
trois fois par jour, aux trains de 8 h. 40 du matin, 1 h. 40 et 6 h.
du soir.

Le *but*

Le *but fondamental* de la Maison rurale est la *Recherche pratique* des moyens de rendre le travail et l'étude *attrayants* aux enfants. Ses principaux Fondateurs pensent être en possession d'un procédé spécial dont l'essai, qui ne peut se faire que dans des conditions particulières qui ne sont pas encore réunies, s'il réussit, comme ils sont fondés à l'espérer, entraînera des conséquences d'une immense portée, en ouvrant une carrière qui offrira de grands avantages et mettra à l'abri des éventualités malheureuses, si communes à notre époque, tous ceux qui l'auront favorisé, tels que maîtres et souscripteurs, et notamment les élèves de la Maison rurale et leurs familles.

ROUEN.— IMP. LÉON DESMAYS, RUE SAINT-NICOLAS, 30.

L'ÉDUCATION NOUVELLE

PAR LE LIBRE ESSOR DES FACULTÉS.

BULLETIN TRIMESTRIEL

De la MAISON RURALE d'Expérimentation sociétaire

FONDÉE A RY

Avec Ménage d'enfants, Ecoles de différents degrés, Jardins
et Ateliers d'apprentissage.

« Laissez venir à moi les petits enfants,
« car le royaume des cieux est pour ceux
« qui leur ressemblent. »

ÉVANGILE.

6e Année. — 2e Série. — N° 4.

JUILLET 1876.

S'ADRESSER, POUR TOUS RENSEIGNEMENTS

A M. JOUANNE, DIRECTEUR DE LA MAISON RURALE

A RY (Seine-Inférieure).

La **Maison rurale** a pour objet de développer chez les enfants leurs différentes aptitudes ; faciliter, dès leurs plus jeunes années, l'éclosion de leurs vocations, afin de les rendre aptes à s'ouvrir, plus tard, dans l'agriculture, l'industrie, le commerce ou les sciences, une brillante carrière conforme à leurs aptitudes naturelles.

Les Fondateurs de la Maison rurale se sont proposé surtout de créer un milieu qui soit, autant que possible, la reproduction en petit des industries primordiales, pour que l'enfant placé dans ce milieu puisse manifester ses tendances et développer ses capacités pour telle ou telle profession.

Un vaste jardin annexé à l'établissement permet aux enfants de s'initier à la taille des arbres et aux premiers éléments de la culture, d'expérimenter la valeur, l'aménagement et la fabrication des différents engrais. Un atelier spécial leur permet de s'exercer aux travaux sur bois et sur métaux. Enfin, une basse-cour variée complète le cadre actuel des amusements récréatifs et instructifs offerts aux enfants.

Des professeurs instruits, pourvus de leurs diplômes universitaires et possédant une longue expérience de l'enseignement, prodiguent à ces enfants l'instruction dans ses différents degrés.

Placée dans

L'ÉDUCATION NOUVELLE

PAR LE LIBRE ESSOR DES FACULTÉS.

On ne se figure pas assez combien les idées neuves rencontrent de difficultés dans la pratique. Afin que nos amis ne se découragent point du temps d'arrêt momentané que nous traversons, je ne trouve rien de mieux quede porter à leur connaissance le ralentissement que dut éprouver dans son œuvre un homme qui s'était fait le promoteur d'une importante innovation dans laméthode d'enseignement.

L'idée qu'il s'agissait de réaliser n'était cependant pas absolument neuve. Elle consistait simplement dans l'application judicieuse de la méthode *socratique* (enseignement *oral*) dont on oublie beaucoup trop les principes féconds. Voici à ce sujet comment s'exprime M. E. Charlier dans le *Journal des Instituteurs* (n° du 14 mai) :

« On se plaint avec raison qu'une place trop
« restreinte soit faite à l'enseignement oral dans nos
« écoles. Le travail matériel continue à dominer,
« malgré les conseils de l'inspection, malgré les di-
« rections données par des administrations académiques,
« malgré les instructions de l'autorité supérieure
« (circulaires ministérielles du 20 août 1857 et du
« 7 octobre 1866). Trop souvent la mémoire seule est

« en jeu. On appelle savoir sa langue, être parvenu,
« après cinq ou six années de classe, à faire une dictée
« sans faute! L'élève de l'école primaire, s'il a poursuivi
« régulièrement ses études, connaîtra, si l'on veut, les
« subtilités grammaticales et les règles d'accord de la
« syntaxe et des participes avec toutes leurs exceptions;
« mais aura-t-il appris à penser, à coordonner ses
« idées, à les exprimer clairement?

« Son intelligence a-t-elle été préparée à comprendre,
« et sa volonté à pratiquer le devoir?

« Lui a-t-on appris à réfléchir, à connaître, à juger?

« Mais, nous dira-t-on, apprendre aux enfants à
« penser, à coordonner des idées, à les exprimer avec
« méthode, c'est de la rhétorique; leur parler de l'in-
« telligence, de la volonté, en un mot de l'âme et de
« ses facultés, tout cela, c'est de la philosophie.
« Et depuis quand la rhétorique et la philosophie
« doivent-elles être enseignées dans les écoles primaires?

« Nous répondrons : Qu'on appelle ces connaissances
« des noms que l'on voudra, il faut que tout élève soit
« exercé à cette gymnastique intellectuelle; et il entre
« dans les attributions de l'école de préparer nos
« enfants à devenir des hommes au jugement droit et
« solide, des hommes ayant des notions exactes et
« précises sur leurs devoirs.

« On apprend comment s'écrivent les mots, mais
« absolument comme si ces mots ne représentaient
« pas des idées. Notre mère nous a appris à parler en
« nous parlant. D'où vient qu'une fois l'enfant à l'école
« la méthode maternelle est mise de côté?

« Pourquoi le maître ne parle-t-il plus à ses élèves?

« Pourquoi ne les fait-il pas parler? Pourquoi ne s'a-
« dresse-t-il pas à leur réfléxion, à leur jugement, au
« fur et à mesure que leur intelligence se développe et
« grandit? Pourquoi ne pas faire rendre par écrit, ou de
« vive voix, le sujet d'un entretien, d'une conversation,
« d'une explication, dès que l'enfant peut faire usage de
« la parole et de l'écriture? Il faut, dit-on, pour
« exercer l'enfant à écrire, qu'il ne fasse plus de fautes
« d'orthographe! La mère ne commence-t-elle à poser
« son enfant sur ses jambes que lorsqu'elle est sûre
« qu'il va marcher seul, sans lisière et sans soutien?

« Il en est de même pour les exercices d'intelligence.
« On commence par faire mal, puis le mieux apparaît,
« et enfin on arrive à présenter quelque chose de
« passable.

« En toute chose, la méthode naturelle est toujours
« la plus simple et la plus rationnelle. L'enfant en
« parlant ne se préoccupe pas de la manière dont
« sont écrits les mots qu'il emploie. Cela l'empêche-
« t-il de raconter ce qu'il a vu, entendu, ressenti?
« Pourquoi ne ferait-il pas de même en écrivant?

« Nous supplions les instituteurs de faire rédiger
« leurs élèves le plus tôt possible, et nous leur donnons
« le conseil de les préparer à cet exercice si fructueux
« par des conversations, des explications de toutes
« sortes..... »

Et pour mieux convaincre les lecteurs M. E. Charlier
cite, comme exemple, les résultats obtenus dans une
école gratuite fondée par M. l'abbé Rambaud dans la
ville de Lyon.

Comme on le voit, l'*Enseignement oral* que M. l'abbé

Rambaud voulait appliquer n'était pas de ces idées qui effarouchent l'opinion et soulèvent les défiances de l'autorité. D'un autre côté, M. l'abbé Rambaud par son caractère sacré pouvait se flatter de voir toute entrave disparaître sous ses pas, patronné qu'il devait être naturellement par la haute influence du clergé. Enfin, il était puissamment riche, puisqu'il avait déjà fondé, sous le nom de *Cité de l'Enfant-Jésus*, un établissement qui réunit 500 vieillards et qui pourra en recevoir 1,200 lorsqu'il sera complètement achevé!!... Malgré des conditions aussi favorables, on va voir que les choses ne marchèrent pas aussi vite qu'on aurait pu le penser tout d'abord.

« L'école (de M. l'abbé Rambaud, ouverte dans la « *Cité de l'Enfant-Jésus* en 1864) devint immédiatement « trop nombreuse, dit M. E. Charlier, pour pouvoir « être dirigée uniquement par son fondateur. Il fut « obligé de s'adjoindre des aides, des instituteurs. Mais « ces premiers maîtres ne savaient faire l'école que « comme on la faisait partout. En dehors des récitations « par cœur, des analyses grammaticales et des conju- « gaisons de verbes, M. l'abbé Rambaud ne trouvait « chez eux aucune ressource pour l'enseignement oral « tel qu'il l'entendait. Il s'adressa alors à diverses « catégories d'instituteurs laïques et congréganistes; « il eut le regret de constater la même insuffisance « chez tous.

« Sans l'énergique volonté de l'honorable abbé, cette « pénurie absolue de maîtres eût compromis et peut être « anéanti pour toujours l'œuvre qu'il avait entreprise. « Voyant qu'il ne pouvait rien obtenir de maîtres imbus

« des vieilles routines d'un enseignement machinal et
« sans vie, il les congédia et dut, par suite, renvoyer
« la plupart de ses élèves. Il ne garda que quelques
« enfants auprès de lui et se mit à former lui-même
« des collaborateurs.

« La providence lui fit heureusement rencontrer
« quelques personnes de bonne volonté, qui, n'étant
« *ni instituteurs ni institutrices*, et n'ayant encore reçu
« par conséquent aucune espèce de direction pédago-
« gique, se trouvaient dans d'excellentes conditions
« pour se conformer à ses vues.

« Il n'y eut d'abord, dans la nouvelle création, *que*
« *15 ou 20 enfants*, débris de l'ancienne école. Les
« débuts furent encore un peu hésitants. On se mit
« cependant, tout en continuant les exercices ordinaires
« de lecture, d'écriture, de calcul, etc., à beaucoup *parler*
« aux élèves. On leur faisait des leçons *orales* sur les
« principales vérités de la religion, sur les préjugés
« populaires et les erreurs ayant cours; on leur ra-
« contait les beaux traits de l'histoire de France,
« de l'histoire romaine, de l'histoire ancienne; on
« exigeait ensuite qu'ils racontassent à leur tour ce
« qu'ils avaient entendu; on leur faisait, en outre,
« rapporter par écrit, comme ils l'avaient compris et
« retenu, ce qu'on leur avait dit. Bientôt on ne se
« contenta plus de leur parler et de leur faire reproduire
« ce qu'ils avaient entendu. On les interpellait, on les
« interrogeait, on cherchait à provoquer leurs ré-
« fléxions, leurs jugements; on les habituait à penser
« et à raisonner. Des notions d'économie sociale ou
« politique variaient de temps à autre les sujets d'en-

« trelien; on étudiait les bienfaits du commerce, de
« l'industrie; on faisait comprendre à ces enfants la
« nécessité absolue, les avantages des institutions
« sociales et le respect que nous devons professer
« pour elles.

« Peu à peu ces petites intellignces prirent goût aux
« nouveautés d'un tel enseignement. Quelques élèves
« firent des progrès merveilleux, dont personne même
« ne fut plus étonné que leur maître. M. l'abbé Rambaud
« n'aurait jamais osé penser qu'on pût amener si
« facilement des enfants à répondre sur tant de questions
« vraiment sérieuses et élevées. »

Ainsi à partir du jour de l'ouverture de sa première école, il a fallu à M. l'abbé Rambaud douze
longues années d'efforts persévérants pour atteindre
le but qu'il s'était proposé. Son école compte aujourd'hui
150 élèves et des constructions se poursuivent pour en
admettre 500. Ajoutons avec M. Charlier que « la
« méthode suivie actuellement par M. Rambaud n'est
« point sortie tout d'une pièce et toute armée de
« l'imagination de son auteur. Peut-être maintenant, dit
« M. E. Charlier, cette méthode est-elle à peu près ce
« qu'elle doit être; mais c'est seulement après 25 an-
« nées de tâtonnements et d'essais qu'elle est devenue
« ce que nous la voyons. » Les premières tentatives de
réforme pédagogique de M. l'abbé Rambaud remontent
en effet aux années 1849 - 1850.

Faut-il donc nous étonner si, de notre côté, nos
efforts ne sont pas encore couronnés de succès? Les
idées d'éducation *attrayante* commencent à être goûtées,
il est vrai, et le Ministre actuel de l'Instruction pu-

blique parlait dans une de ses dernières circulaires de rendre l'école *attrayante*. Mais si l'idée est goûtée, les moyens de la réaliser sont loin d'être acceptés et passent encore pour des utopies. De plus, nos efforts se sont produits jusqu'à ce jour dans une sphère dépourvue des circonstances de fortune et de haute protection dont l'œuvre de M. l'abbé Rambaud était entourée dès ses premiers débuts.

Le temps d'arrêt que nous traversons et qui va bientôt prendre fin pour faire place à notre nouvelle évolution devrait être employé à examiner nos ressources de toute nature, les concentrer et combiner, afin de pouvoir donner à cette nouvelle évolution tout le développement dont elle est susceptible.

Nous ne comptons encore que deux seules adhésions pour la *Souscription conditionnelle,* celles de M. Salomon et de M. Tiquet, l'une de 500 fr., l'autre de 2,000 fr. Ces Messieurs ont parfaitement compris le caractère de notre œuvre, sa marche progressive et le devoir pour chacun de nos coopérateurs de nous continuer un concours actif et permanent par des versements annuels. Aussi ont-ils accompagné leur adhésion d'un envoi de fonds qui grossit d'autant leurs souscriptions antérieures.

Il importe, en effet, tout en préparant par la *Souscription conditionnelle* l'œuvre de l'avenir, de consolider en même temps l'œuvre du présent. Il conviendrait pour cela de compléter le capital de la *Société de Fondation.* Ce capital, fixé dans le principe à 6,000 fr., déduction

faite de l'apport du Gérant, ne dépasse guère aujour-
d'hui 19,000 fr. en chiffres ronds. C'est 13,000 fr. de
souscrits depuis la fondation de la Société. Plusieurs des
souscripteurs dont les versements sont compris dans ces
13,000 fr., nous ont demandé les titres définitifs de ces
versements. Pour pouvoir délivrer ces titres nous aurions
à remplir, au préalable, les formalités qu'il convient
pour que notre capital soit porté légalement de 6,000 fr.
à 19,000 fr. (ou de 30,000 à 43,000, y compris l'apport
du Gérant). Si nous avons différé jusqu'à ce jour à remplir ces formalités, c'est que nous voulions attendre que
les souscriptions aient atteint un chiffre de quelque importance et pour nous éviter d'avoir recours, à différentes reprises, à ces formalités toujours coûteuses. Mais
le moment est venu de mettre un terme à ces délais, et
nous allons nous occuper incessamment de cette régularisation.

Ne serait-ce pas le moment aussi pour nos adhérents
de porter, dès à présent, le chiffre de leur souscription
à la somme dont ils pensent pouvoir disposer en vue de
la première ébauche d'éducation attrayante, sauf à frac-
tionner leurs versements en plusieurs annuités? Quelques-uns ont pris des engagements pour la souscription
d'honneur jusqu'en 1877; ils pourraient fixer leur premier versement pour la Société de fondation à la fin de
cette même année, de manière à se ménager toute facilité. La souscription que nous sollicitons a surtout pour
objet de constituer un fonds de réserve à notre œuvre.
Lorsque nous avons ouvert la souscription d'honneur,
nous demandions 8,0 0 fr., à l'effet de couvrir un déficit annuel qui nous paraissait au-dessus de nos forces

personnelles. Cette somme a été obtenue, et assurément ceux de nos amis qui ont ainsi contribué à sauver l'œuvre commune ne doivent pas regretter aujourd'hui le sacrifice qu'ils ont fait. Maintenant, il s'agit de préserver cette même œuvre de toute éventualité fâcheuse en lui constituant un fonds de réserve suffisant pour parer à l'imprévu, avec lequel on doit toujours compter dans l'ordre actuel où les bouleversements sociaux sont toujours imminents. Serait-ce trop que de compter sur une même somme de 8,000 fr. à réaliser en quatre ou cinq années, et ne devons-nous pas espérer que la somme souscrite sera portée à 12,000 fr. plutôt qu'à 8,000? Nous arriverions ainsi, avec les sommes actuellement disponibles, à constituer à notre œuvre une réserve qui assurerait suffisamment son avenir. Nous engageons donc nos amis à ne pas hésiter de nous envoyer leur adhésion, notre intention étant de clore, dans un délai rapproché, les souscriptions au capital commanditaire après avoir régularisé toutes celles qui auront été réalisées depuis la formation de la Société de fondation, y compris celles-là même dont le payement devra s'effectuer en plusieurs annuités. Quelques-uns de nos coopérateurs, souscripteurs soit de la dotation industrielle, soit de la souscription d'honneur, ne figurent point parmi les souscripteurs au capital commanditaire; ce serait l'occasion pour eux d'y participer sans retard. Ce n'est plus un sacrifice que nous demandons aujourd'hui, puisque le capital commanditaire est appelé d'ici peu à recevoir un intérêt.

On sait que notre objectif fondamental, c'est l'organisation d'un mécanisme de 45 séries (*a*), nombre nécessaire pour l'équilibre des facultés et attractions. Dès que ces 45 séries seront organisées, la cause de l'attraction industrielle sera gagnée. Notre opération préalable sur une quarantaine d'enfants n'a pas d'autre objet que de déterminer par quelques faits en faveur du principe d'attraction, des concours suffisants pour aborder cette organisation décisive de 45 séries. C'est donc en vue de cette dernière qu'est ouverte notre souscription

(*a*) La *Série* est le principal ressort d'attraction. C'est une corporation affectée spécialement à un genre de travail, d'étude ou d'industrie. Le mécanisme *sériaire*, pour être bien équilibré, doit comprendre un certain nombre de séries, dont les prétentions se font réciproquement contre-poids. Pour atteindre ce résultat, les séries doivent pousser la division du travail assez loin pour que chaque individu puisse faire partie de plusieurs séries, de telle sorte qu'il se trouve intéressé à la fois au succès de chacune d'elles et qu'il soit porté, par l'égoïsme même, à ne pas vouloir favoriser l'une aux dépens de l'autre. Nous reviendrons sur cet important mécanisme.

Pour les enfants, ce que, dans les écoles, on appelle classe, division, etc., peut être considéré comme le germe de la série. Il suffit, pour obtenir une organisation sériaire plus ou moins complète, d'étendre ce classement à quelques travaux qui plaisent aux enfants, et en ayant soin de ménager les rivalités et faciliter leur intervention dans plusieurs divisions.

Cette distribution, appliquée à des travaux amusants, offre le moyen d'y greffer toutes les branches de l'enseignement primaire, de manière à rendre l'instruction elle-même aussi amusante que les travaux. On conçoit, en effet, que l'administration de chaque série peut donner matière à des leçons d'écriture, de calcul, de comptabilité, d'orthographe, etc. On a vu par le rapport de l'élève Lequeux sur l'excursion dans la forêt de Lyons que cette promenade a été l'occasion d'une leçon d'histoire. Toutes les menues cultures de jardinage offrent le même avantage. C'est ainsi que la pomme de terre conduit à connaître l'Amérique, pays d'origine de ce tubercule, et par suite Parmentier, Louis XVI, etc.; le cerisier se rattache à l'Asie-Mineure, sa patrie, et nous mène à Lucullus, et par suite à l'Italie et à l'histoire romaine. Toutes ces applications seront reproduites par nos élèves dans leur Bulletin spécial.

conditionnelle. Car, une fois que le mécanisme d'attraction sera porté à une cinquantaine de séries bien organisées, les concours abonderont de toutes parts pour l'extension générale du nouveau régime. Alors, notre tâche, à nous, coopérateurs et fondateurs de la Maison rurale, sera terminée. C'est ce que nos amis ne paraissent pas encore admettre d'une manière complète et absolue. Ainsi, indépendamment des 2,000 fr. que M. Tiquet propose pour le développement ultérieur de notre entreprise portée à 45 séries, il ajoute que, dans le cas d'un grand essai, il pourrait porter sa souscription à 10,000 fr. Or, nous n'avons pas à nous préoccuper de cette dernière phase du mouvement. Il est même plus que probable que, dans le cours de notre nouvelle évolution, M. Tiquet, convaincu par les faits qu'elle aura fait surgir, n'hésitera pas à consacrer à l'organisation des 45 séries enfantines toute la somme dont il pourra disposer pour un essai intégral du régime attrayant. Et ainsi feront tous ceux de nos condisciples qui, ainsi que lui, hésitent à donner une pleine et entière confiance aux affirmations de l'auteur du *Traité d'attraction*. Nous les engageons, d'ailleurs, à faire comme MM. Salomon et Tiquet, en nous renseignant sur l'importance du concours qu'ils pourront donner à l'essai intégral d'attraction qui suivra l'organisation de la Maison rurale. Ces renseignements nous seront précieux en ce qu'ils nous feront connaître le chiffre dont l'École sociétaire peut disposer, et, par suite, l'importance du concours qu'il nous faudra chercher en dehors de ses rangs. Ces renseignements, nous le répétons, n'engagent à rien ceux qui nous les donnent. C'est à nous d'entraîner leurs convictions, et par suite leur adhésion définitive, par les faits que nous allons produire d'ici peu.

Ce qui est d'un bon augure pour les résultats qui suivront notre petite organisation, et ce qui nous fait espérer de larges conconcours dans un avenir prochain, ce sont les tendances que nous voyons se manifester de différents côtés, chez les hommes les plus recommandables.

Ainsi, l'autorité supérieure invoque l'éducation *attrayante* (circulaire de M. Waddington) quoique n'en connaissant pas les procédés. Si la pensée venait à M. Waddington de prendre quelques renseignements sur ces procédés près des hommes compétents, il est plus que certain qu'il en apprécierait de suite la grande importance et qu'il se hâterait d'en favoriser l'expérimentation, dont le succès rendrait si facile la solution de tant de questions en face desquelles l'autorité demeure impuissante.

Ainsi encore, l'honorable Laroche-Joubert demande avec instance que l'on s'occupe du bien-être du plus grand nombre. M. Laroche Joubert a déjà puisé dans la *Théorie sociétaire* la féconde idée d'intéresser à ses bénéfices les nombreux ouvriers de ses usines. C'est un premier pas. Que M. Laroche-Joubert, qui ne s'effarouche point des idées neuves, fasse un pas de plus ; qu'il aborde franchement l'étude de l'attraction, qu'il en patronne l'essai, et bientôt le problème qui le préoccupe sera résolu.

Le nombre est grand aujourd'hui des hommes bienveillants qui se préoccupent des maux inhérents à nos sociétés chancelantes et voudraient y trouver un remède. Mais la plupart, comme l'un de nos souscripteurs, M. Menier, s'attachent aux questions secondaires, usant le temps et leurs bonnes dispositions dans des problèmes qui ne visent le but qu'indirectement. L'impôt unitaire dont M. Menier poursuit si laborieusement la solution, ne saurait atteindre le mal dans sa racine. La théorie sociétaire, l'attraction industrielle donnerait seule ce résultat. Il faut donc en provoquer l'essai le plus vite possible. Ce serait fait rapidement, si quelque personnage influent, comme ceux que nous venons de nommer, en revendiquait hautement le patronage. C'est à ceux de nos condisciples qui approchent de ces hommes bienveillants à les éclairer et leur faire connaître notre modeste expérimentation. Ayons la persévérance, et nous finirons par en décider quelques-uns.

JOUANNE.

Souscriptions du 15 juillet 1873 au 15 juillet 1874 (a).

MM. Alfred Artaud, à Marseille.	100 fr. »
Belin, propriétaire, à Juilly.	5 »
Bert et Chauveau, à Amboise	15 »
Boulogne, à Bohain.	5 »

(a) Dans ces listes de souscriptions ne sont pas comprises les sommes reçues par suite d'engagements, dont le montant a figuré dans les listes précédentes.

Les petites sommes de 6 à 12 fr. s'appliquent à la *Ligue de l'Education nouvelle*, dont le produit est spécialement affecté aux frais de publicité. A l'avenir il en sera fait mention séparément.

MM. De Boureulle, colonel d'artillerie en retraite.   20 fr.   »
Catineau, chef d'escadron en retraite. . .   32   »
M° Cailhabet, à Florence.   7   50
Durrbach, ingénieur, à Pau.   12   »
L'*Etoile du Progrès*, à Bordeaux. . . .   25   »
Estienne, à Cosne.   25   »
M° Goûlé, à Ouchamps.   20   »
Glorget, à Coutances.   10   »
Théophile Héring, à Barr (Alsace). . . .   100   »
Houdin, ancien notaire, à Saint-Léonard. .   20   »
Ledru, ingénieur en chef des ponts et chaus-
sées.   40   »
Menier, fabricant de chocolat, à Paris. . .   250   »
Morlon, propriétaire, à Nevers. . . . . ,   15   »
le Dr Pancin, à Caveyrac (Gard)   6   »
Ragot-David, à Trigny.   110   »
le Dr Rasse, à Saint-Honoré-les-Bains. . .   40   »
Salomon, à Strasbourg.   10   »
Silberling, à Roman (Moldavie).   6   »
Templier, à Ry.   400   »
Vallot, à Dijon.   6   »

Du 15 juillet 1874 au 15 juillet 1875.

Alfred Artaud, à Marseille.   100   »
Afaise, à Marseille.   12   »
Boulanger, à Paris. . . . .   5.000   »
De Boureulle, colonel d'artillerie en retraite.   20   »
M° Cailhabet, à Florence.   7   50
Le *Cercle des Frères réunis*, à Strasbourg.   25   »
Chesneau, à Londres.   5   »
La *Constance éprouvée*, à Rouen. . . .   100   »
Deleage   6   »

MM. Durrbach, à Pau . . . .   6 fr.   »
   Goûté, à Ouchamps.   848   »
   Lagier, à Besançon.   20   »
   Ledru, ingénieur des ponts et chaussées. .   200   »
   Malatier aîné, à Velluire.   6   »
   le Dr Pancin, à Caveyrac.   20   »
   Ragot-David, à Trigny.   100   »
   Salomon, à Strasbourg.   10   »
   Silberling, à Roman (Moldavie).   18   »

Du 15 juillet 1875 au 15 juillet 1876.

Alaise, à Marseille.   12   »
De Boureulle, colonel d'artillerie en retraite. .   20   »
Catineau, à Châtellerault.   12   »
Deleage   6   »
Drouard, à Boisgeloup (Eure).   5   »
Durrbach, ingénieur, à Pau   6   »
His, à Forges-les-Eaux.   6   »
Louvel, maître de pension, à Remalard. .   6   »
Oscar Kœchlin, chimiste, à Dornach (Alsace)   40   »
Ledru, ingénieur des ponts et chaussées. .   100   »
Prévost, à Ry.   20   »
Salomon, à Strasbourg.   105   »
Tiquet, à Baignes.   300   »

CORRESPONDANCE.

Notre Bulletin était déjà à l'impression lorsque nous avons reçu la lettre suivante :

Galatz, 12 juillet 1876.

CHER CONDISCIPLE ET AMI,

« . . . .

« Pour compléter ma souscription de 240 fr. qui expire cette
« année, je vous adresse ci joint 60 fr.; et pour vous continuer
« dorénavant mon concours d'une façon plus efficace, je mettrai
« à votre disposition une somme de 60 fr. par trimestre. Je
« laisse à votre appréciation le soin de distribuer cette somme
« dans les différents groupes dont se composent les sous-
« criptions, ou d'en disposer toute entière pour l'un ou l'autre
« groupe qui serait en souffrance, et où l'utilité s'en fera le
« plus vivement sentir. Je vous effectuerai le premier versement
« de cette souscription nouvelle le premier octobre de cette
« année, et à partir de cette date régulièrement tous les
« trimestres.

« Vous parlez dans votre Bulletin de janvier d'une *sous-*
« *cription conditionnelle* à verser au moment décisif. Je ne
« puis encore vous fixer quelle pourra être ma part de
« concours; seulement vous me trouverez à ce moment entiè-
« rement à votre dispositon.

« Puisse-t-il arriver bientôt le moment où nous pourrons
« faire jaillir dans les ténèbres du monde social l'étincelle qui
« devra les éclairer et les faire disparaître. . . . . »

SILBERLING.

Placée dans une situation des plus agréables et des plus salubres,
entourée de grands bois qui assainissent l'air, recevant les rayons
du soleil à telle heure que ce soit de la journée, la **Maison rurale** présente aux familles toutes les garanties désirables au point
de vue de la santé des enfants et du développement de leurs forces
physiques.

Quant au régime alimentaire, il suffit de rappeler que la *Maison
rurale* est une fondation toute philanthropique pour que les familles
soient assurées de l'excellence de ce régime. Un conseil de surveillance dont elles peuvent faire partie, le *Conseil de famille*, préside
à l'organisation et au fonctionnement de cette œuvre caractéristique.
Bref, la Maison rurale est fondée et administrée par une Société de
souscripteurs dont peut faire partie toute personne honorable.
C'est une œuvre collective, étrangère par conséquent à toute spéculation individuelle ou mercantile.

La Maison rurale est située à proximité de la ville de Rouen,
d'où l'on peut s'y rendre directement en moins de deux heures.
On peut également s'y transporter par le chemin de fer du Nord,
station de Morgny, où un omnibus fait la correspondance de Ry,
trois fois par jour, aux trains de 8 h. 40 du matin, 1 h. 40 et 6 h.
du soir.

Le but

Le *but fondamental* de la Maison rurale est la *Recherche pratique*
des moyens de rendre le travail et l'étude *attrayants* aux enfants.
Ses principaux Fondateurs pensent être en possession d'un procédé
spécial dont l'essai, qui ne peut se faire que dans des conditions
particulières qui ne sont pas encore réunies, s'il réussit, comme
ils sont fondés à l'espérer, entraînera des conséquences d'une
immense portée, en ouvrant une carrière qui offrira de grands
avantages et mettra à l'abri des éventualités malheureuses, si communes à notre époque, tous ceux qui l'auront favorisé, tels que
maîtres et souscripteurs, et notamment les élèves de la Maison rurale et leurs familles.

ROUEN. — IMP. LÉON DESHAYS, RUE SAINT-NICOLAS, 20.